Schön bist du und verlockend

Große Paare der Bibel

BEGEGNUNG. *Die prunkvolle Seite im Farnese-Stundenbuch (16. Jahrhundert), gemalt von Giulio Clović im Stil der Renaissance, benutzt ein überschwengliches Repertoire an Dekorationen als Rahmenwerk für eine Szene mit intimem Charakter: Ein Mann und eine Frau begegnen sich in impulsiver Zuwendung. Hier sind es König Salomo und die nach Jerusalem gereiste Königin von Saba.*

BLICKKONTAKT. *Holzschnitt von Albrecht Dürer, Detail, vgl. S. 34 (rechte Seite).*

Schön bist du und verlockend

Große Paare der Bibel

HERBERT HAAG
KATHARINA ELLIGER
MARIANNE GROHMANN
HELEN SCHÜNGEL-STRAUMANN
DOROTHEE SÖLLE
CHRISTOPH WETZEL

HERDER
FREIBURG · BASEL · WIEN

»Dann sprach Gott, der Herr: Es ist nicht gut, dass der Mensch allein bleibt. Ich will ihm eine Hilfe schaffen, die ihm entspricht.«

GENESIS 2,18

Die Deutsche Bibliothek –
CIP-Einheitsaufnahme
Schön bist du und verlockend: grosse Paare der Bibel/Herbert Haag ... –
Freiburg im Breisgau, Basel, Wien: Herder, 2001
ISBN 3-451-27616-X

Verlegerische Leitung:
Jürgen Braunschweiger, Motovun Book

Gestaltung und Produktion:
Motovun Book, Luzern
Lektorat und Bilderläuterungen:
Christoph Wetzel, Göppingen

Die Zitate aus der Bibel folgen in der Regel der Einheitsübersetzung:
Die Bibel. Altes und Neues Testament, Herder, Freiburg Basel Wien

Satz: F. X. Stückle, Ettenheim
Fotolithos: atColor, Mailand
Druck und Verarbeitung: Editoriale Lloyd, Trieste. Printed in Italy.

ISBN 3-451-27616-X

DIE SIEGERIN. *Judit, die betörende Frau und Befreierin ihres bedrohten Volkes, mit dem Kopf des enthaupteten Gegners Holofernes, dargestellt 1909 vom Meister des Wiener Jugendstils, Gustav Klimt, 1909 (rechte Seite).*

DAS ERSTE PAAR. *Ein Kreis als Symbol der Vollkommenheit und Ewigkeit umschließt den Garten von Eden mit dem gotisch geschmückten Brunnen des Lebens im Mittelpunkt. Der Garten ist Schauplatz der Bilderzählung vom Sündenfall über den Richterspruch Gottes bis zur Vertreibung des ersten Menschenpaares, das als Adam und Eva sein gemeinsames Erdenleben beginnt. Miniatur im »Sehr reichen Stundenbuch des Herzogs von Berry« (15. Jahrhundert).*

INHALT

– PROLOG 7

Einführung

– LIEBE, EROS, SEXUALITÄT 8
von Herbert Haag und Katharina Elliger

– BIBLISCHE PAARE 26
von Christoph Wetzel

Das Ur-Paar

– ADAM & EVA 28
von Helen Schüngel-Straumann

Die Erzeltern

– ABRAHAM & SARA 40
– ISAAK & REBEKKA 47
– JAKOB & LEA & RAHEL 51
von Marianne Grohmann

Vorfahren Davids

– JUDA & TAMAR 58
von Helen Schüngel-Straumann

– RUT & BOAS 62
von Marianne Grohmann

Frauen um David

– MICHAL & ABIGAJIL & BATSEBA 68
von Christoph Wetzel

Königliche Paare

– AHAB & ISEBEL 88
– ESTER & ARTAXERXES 92
von Marianne Grohmann

Poetisch-literarische Paare

– DAS HOHELIED 98
– SALOMO & DIE KÖNIGIN VON SABA 105
von Katharina Elliger

– TOBIAS & SARA 114
von Helen Schüngel-Straumann

Zerstörerische Begierde

– SICHEM & DINA 120
– AMNON & TAMAR 124
– JUDIT & HOLOFERNES 129
– SIMSON & DELILA 135
– JOSEF & DIE FRAU DES POTIFAR 141
von Helen Schüngel-Straumann

Männer mit ausländischen Frauen

– ABRAHAM & HAGAR 147
– MOSE & ZIPPORA 152
– JOSEF & ASENAT 157
von Helen Schüngel-Straumann

– IJOB & SEINE FRAU 162
von Katharina Elliger

Rück- und Ausblick

– WO LIEBE IST, DA IST GOTT 167
von Dorothee Sölle

Anhang 182

– Bilderläuterungen (182), Die Autorinnen und Autoren (188), Personenregister (189/190), Bildnachweis (191)

MARC
CHAGALL

PROLOG

BRAUT UND BRÄUTIGAM. *Zu den biblischen Themen, denen sich Marc Chagall mit Vorliebe gewidmet hat, gehören die Liebeslieder im Hohenlied. Das Gemälde trägt den Titel »Hohelied I« und ist 1956 entstanden.*

Mit Küssen seines Mundes bedecke er mich.
Süßer als Wein ist deine Liebe.
Köstlich ist der Duft deiner Salben,
dein Name hingegossenes Salböl;
darum lieben dich die Mädchen.

Schön bist du, meine Freundin,
ja, du bist schön.
Zwei Tauben sind deine Augen.
Schön bist du, mein Geliebter, verlockend.
Frisches Grün ist unser Lager,
Zedern sind die Balken unseres Hauses,
Zypressen die Wände.

Wer ist sie,
die aus der Steppe heraufkommt,
auf ihren Geliebten gestützt?
Unter dem Apfelbaum hab' ich dicht geweckt,
dort, wo deine Mutter dich empfing,
wo deine Gebärerin in Wehen lag.
Leg mich wie ein Siegel auf dein Herz,
wie ein Siegel auf deinen Arm!
Stark wie der Tod ist die Liebe,
die Leidenschaft ist hart wie die Unterwelt.
Ihre Gluten sind Feuergluten,
gewaltige Flammen.
Auch mächtige Wasser
können die Liebe nicht löschen;
auch Ströme schwemmen sie nicht weg.
Böte einer für die Liebe
den ganzen Reichtum seines Hauses,
nur verachten würde man ihn.

HOHESLIED 1,2–3,15–17; 8,5–7

LIEBE, EROS, SEXUALITÄT

RANGORDNUNG. *Im Unterschied zur Erschaffung des Menschen als Mann und Frau im ersten Schöpfungsbericht (Gen 1,27) diente in der bildenden Kunst die Entstehung der Frau aus dem Mann, gleichsam als nachgeordnete Zweitgeburt, als »realistische« Deutung des Verhältnisses zwischen Mann und Frau. Darstellungen wie diese in einer Biblia pauperum (14. Jahrhundert) stützten sich auf Genesis 2,22 im zweiten Schöpfungsbericht (oben).*

SYMMETRIE. *Zwar bezieht sich die in vier Szenen gegliederte Bilderzählung der Kreuzritterbibel (um 1250) auf die traditionelle Reihenfolge: Erschaffung des Mannes mit den Tieren der Erde, dann Erschaffung der Frau. Auffallend ist jedoch das vierte Bild mit der streng symmetrischen Anordnung von Mann und Frau beim Sündenfall (rechte Seite).*

Dieses Buch handelt von Menschen, die uns in der Bibel vorgestellt werden, von ihrem Umgang mit einander und im Besonderen mit Liebe, Eros und Sexualität. Wir haben uns zwar daran gewöhnt, dass Liebe und Eros in der Bibel von untergeordneter Bedeutung seien. Diese Sicht entspricht allerdings in erster Linie der kirchlichen Sexualmoral und dem dualistischen Menschenbild, das grundsätzlich zwischen Geist und Materie, Seele und Körper unterscheidet. Schauen wir uns jedoch die israelitische Geschichte an, so werden wir eines Besseren belehrt. Auch für den biblischen Menschen sind Liebe und Leidenschaft Anlass für menschliches Glück und ebenso für Intrigen und Leid. Auch seine Beziehungen werden von ihnen geprägt. Wozu wir erst allmählich und mühsam zurückfinden, zu der Einsicht, dass der Mensch eine Einheit ist, war dem biblischen Menschen eine Selbstverständlichkeit. Alles Geistige, alle Gefühle und sittlichen Wertungen sind demnach nur im Gefüge des menschlichen Körpers denkbar. So wenig wir heute noch den lebenden Menschen als eine Komposition von Leib und Seele (oder Geist) verstehen können, wobei der Leib mit seinen Bedürfnissen den minderwertigen Teil ausmacht, so unvorstellbar ist der Gedanke, dass der Mensch im Tod in seine Bestandteile zerfällt. Er stirbt als ganzer Mensch.

DER MENSCH, WIE IHN DIE BIBEL SIEHT

Es sollte uns deshalb nicht schwerfallen, einen Zugang zum Menschenbild der Bibel zu finden. Unser modernes Verständnis vom Menschen entspricht in erstaunlicher Weise dem Denken des Alten Testaments. Dieses Menschenbild ist schon in der Entstehungsgeschichte des Menschen verankert. In dem jüngeren, theologisch reflektierten Schöpfungsbericht (Gen 1,1–2,4a), der zur Quelle P (= Priesterschrift) gehört und aus der Mitte des 6. Jahrhunderts v. Chr. stammt, heißt es: »Gott schuf also den Menschen (*adam*) nach seinem Bilde, nach dem Bilde Gottes schuf er ihn. Als Mann und Frau schuf er sie« (Gen 1,27). Demnach schuf Gott den Menschen in einem Akt in zweifacher Gestalt, beide gleichzeitig, gleichwertig. Wie aus einer übergeordneten Perspektive heraus wird der Mensch als Einheit verstanden. Dies ist keine Einheit, die dann – wie in vielen Mythen – durch die geschlechtliche Trennung gespalten wird, sondern es ist eine ursprüngliche Einheit, die gleichzeitig eine ursprüngliche Unterscheidung beinhaltet. Die beiden Geschlechter verbindet eine tiefe innere Verwandtschaft. Diese besteht im gemeinsamen Menschsein. Geschlecht ist dann nicht gleich Person, sondern ein Merkmal der Person unter anderen Merkmalen, die alle zu seiner Struktur gehören.

DIE BESEELUNG DES MENSCHEN. *Der traditionelle Titel dieser Szene in Michelangelos Bilderzyklus an der Decke der Sixtinischen Kapelle (1508–12) lautet »Die Erschaffung Adams«. Treffender ist die Bezeichnung als Belebung oder Beseelung: Vom Finger des Schöpfers springt ein Funke auf den Finger des ersten Menschen über. Dieser Funke »belebt« die prachtvolle Körperlichkeit: Adam »erwacht« als physisch-psychisches Wesen. Zur Kühnheit dieser Schöpfungsszene gehört die Gestalt Evas, die Gottes linker Arm umfängt.*

Das ist gemeint, wenn im ersten Schöpfungsbericht zunächst »die Menschen« im Blickfeld stehen (hebräisch *adam* ist ein Kollektivbegriff im Singular, vergleichbar dem englischen *people*), dann aber der Inhalt des Begriffes differenziert wird in Mann und Frau, jetzt Plural: »Als Mann und Frau schuf er sie.« Aber sowohl im ersten als auch in diesem zweiten Teil des Verses 27 sind beide Geschlechter gemeint. Wenn also einer allein herrscht oder über den anderen herrscht, ist der Schöpfungswille nicht erfüllt.

Wird hier schon sprachlich die Einheit in der Zweiheit betont – sie sind zwei Geschlechter und doch ein Mensch –, so erfährt sie noch dadurch eine Überhöhung, dass Mann und Frau zusammen Gott widerspiegeln, einen Gott, der zwar nicht geschlechtlich determiniert ist, aber gleichermaßen männliche und weibliche Züge aufweist. Die Wiederholung des Ausdruckes »Bild Gottes« zeigt, welch großer Wert auf diese Aussage gelegt wird. Dabei wurde jedoch kaum – wie manche christliche Ausleger meinten – an die physische Gestalt des Menschen gedacht, etwa an seinen aufrechten Gang, noch weniger an den Geist, den der Mensch mit Gott gemein haben könnte. Vielmehr wird hier dem Menschen die Fortsetzung der Schöpfung übertragen: »Gott segnete sie, und Gott sprach zu ihnen: Seid fruchtbar, und vermehrt euch« (Gen 1,28). Das bedeutet nichts Geringeres, als dass der Mensch an Gottes Stelle weiterwirken soll. Für die Israeliten war deshalb, wie im »Schulchan Aruch«, dem für das Judentum maßgeblichen

Gesetzeskodex, formuliert ist, das Fortpflanzungsgebot das erste und wichtigste, das Gott den Menschen gegeben hat, kaum dass sie erschaffen sind. Liebe und Sexualität sind also aus diesem Menschenbild nicht ausgeschlossen. Sie zählen vielmehr zu den selbstverständlichen Lebensfunktionen des Menschen und stehen deshalb zunächst einmal außerhalb aller moralischen Wertungen. Eine grundsätzliche Ablehnung der Sexualität, wie sie in der Qumransekte und bei den frühchristlichen und mittelalterlichen Ordensgründungen praktiziert wurde, gab es bei den Israeliten nicht. Der Gedanke, dass Sexualität die Beziehung zu Gott hindern oder trüben könnte, wäre Israel absurd vorgekommen.

DIE GEFÄHRTIN. *Das Detail aus Michelangelos Deckenfresko »Die Erschaffung Adams« zeigt Eva. Der von Engeln umgebende Schöpfer legt, während sein rechter Arm mit ausgestrecktem Zeigefinger auf Adam gerichtet ist, seinen linken Arm um Eva, deren Blick sich auf den zum Leben erwachenden Menschen richtet. Die Botschaft dieser ungewöhnlichen Darstellung bildet eine neuartige Deutung der biblischen Bezeichnung der (erst zu erschaffenden) Frau als »Hilfe, die dem Menschen entsprach« (Gen 2,20). Michelangelos Darstellung war insofern revolutionär, als hier die Frau als präexistentes Wesen erscheint. Dies schloss nicht aus, dass sich Michelangelo in einem weiteren Bildfeld dem traditionellen Motiv der Erschaffung Evas angenähert hat.*

DIE EINHEIT VON LEIB UND SEELE

Einen anderen Zugang zum Verständnis des Menschen gewinnen wir aus dem älteren Schöpfungsbericht, der am Beginn des Buches Genesis dem jüngeren folgt (Gen 2,4 b–25). Er wird dem Jahwisten zugeschrieben und stammt aus dem 10. Jahrhundert v. Chr. Hier liegen die Akzente anders: »Und Jahwe, Gott, formte den Menschen aus Staub von der Ackererde, und er blies in seine Nase den Odem des Lebens, und so wurde der Mensch zu einer lebenden Seele« (Gen 2,7). Dies ist die wörtliche Übersetzung jenes bekannten Satzes, mit dem der Mensch auf der Erde eingeführt wird. Er ist *adam*, aus der *adamah* geformt. Was uns verwundert, ist nicht so sehr, dass Gott wie ein Künstler den Körper des Menschen aus Ton formt und diesen dann mit seinem Atem belebt, denn dass Gott sich wie ein Mensch verhält, zeigt die Bibel auf Schritt und Tritt, und die Erschaffung des Menschen aus Erde ist ein Motiv, das im Vorderen Orient verbreitet war. Verwunderlich ist vielmehr, dass die Tonfigur durch den Hauch Jahwes zu einer »lebenden Seele« wird. Das erscheint uns paradox. Durch die Belebung wird der Leib nicht zu einem lebendigen Leib, sondern zu einer lebendigen Seele. (Die Einheitsübersetzung von 1980 wählt die Formulierung: »So wurde der Mensch zu einem lebendigen Wesen.«)

Jener ursprüngliche Wortlaut macht klar, dass für den Hebräer Leib und Seele etwas anderes sind als für uns. Das zeigt sich schon daran, dass er gar kein Wort für Körper oder Seele allein kennt. Er unterscheidet zwar zwischen Körper und Seele, aber nicht im Sinne einer Zweiteilung, sondern einer gegliederten Einheit. Leib und Seele sind auch hier verschiedene Aspekte einer Ganzheit. Und wie der ganze Mensch »Seele« ist, das heißt lebendiges Wesen, so ist auch der ganze Mensch »Fleisch«, das heißt hinfälliges Wesen. Daher kann der ganze Mensch als Seele oder als Leib bezeichnet werden (Ps 44,26; Hld 3,1ff.; Mt 6,22f.). Und deshalb können die Hebräer sagen: Der Mensch, die Seele, das Fleisch denkt, hofft, wünscht, liebt, lebt und stirbt. Von hier aus gewinnt auch das Wort: »Und sie werden zu einem Fleisch (Leib)« (Gen 2,24), das die Zusammengehörigkeit von Mann und Frau begründen soll, eine neue Dimension. Sehnsucht und Verlangen nach dem Partner sind bereits in der Schöpfung angelegt. Die inneren Organe sind

Träger seelischer Empfindungen und ethischer Entscheidungen (wir kennen noch die Redewendung »auf Herz und Nieren prüfen«), aber auch den Gliedmaßen werden Gefühle zugesprochen: Nach Psalm 51, 10 »jauchzen die Knochen«, die zerschlagen waren, über Jahwes Vergebung.

Deshalb ist der Leib unentbehrlich für alles, was der Mensch tut. Er braucht ihn, um Gott zu loben. Der ganze Leib ist am Gebet beteiligt, und bis heute machen die Juden dabei wippende Bewegungen. »Herr, stell eine Wache vor meinen Mund, eine Wehr vor das Tor meiner Lippen« (Ps 141,3), so bittet der Mensch in seiner Angst, er könnte Unwahres sprechen. Was immer der Mensch tut, denkt und fühlt, er erlebt sich ganzheitlich. Wenn nach der Darstellung der biblischen Urgeschichte die Menschen, kaum aus dem Paradies vertrieben, zum ersten Mal die geschlechtliche Hingabe vollziehen (Gen 4,1), so soll damit gewiss ausgedrückt werden, dass Sexualität und Liebe ihnen in der rauhen Wirklichkeit dieses Lebens Trost und Geborgenheit schenken. Im Glück des Paradieses scheinen die beiden Menschen gar nicht auf diesen Gedanken gekommen zu sein. Jetzt, wo es ihnen schlecht geht, finden sie zueinander. Sexualität ist Ausdruck warmer menschlicher Beziehung (vgl. Spr 5,15 – 19; Hld), und sie verheißt deshalb Genuss und Freude.

SINNLICHKEIT. *Entgegen der Auffassung, Hieronymus Bosch habe auf dieser Mitteltafel eines Altares einen »Garten der Lüste« als Warnung vor sündiger Ausschweifung dargestellt, kommt heute eine differenzierende Betrachtung zur Geltung: Der »Garten der Lüste« (um 1480/90) erscheint als eine Deutung der Welt, in der sich die ursprünglich paradiesische und natürliche Sinnlichkeit in unzähligen Erscheinungsformen ausprägt. Insofern erweist sich hier der »Phantast« Hieronymus Bosch als ein psychologisch kenntnisreicher »Realist« (rechte Seite).*

HERMETIK. *Dieser Ausschnitt aus dem sog. »Garten der Lüste« verbildlicht die hermetische Zweisamkeit durch sinnliche Liebe.*

HELL UND DUNKEL. *Im Hohenlied rühmt sich die begehrenswerte Braut: »Braun bin ich, doch schön« (Hld 1,5).*

LIEBESSPIEL. *Zärtlich anmutende Szenen als Darstellungen von Wollust unterstützen den Titel »Der Garten der Lüste«.*

SCHÖNE MÄNNER, SCHÖNE FRAUEN

Es wäre deshalb für den alttestamentlichen Menschen undenkbar gewesen, seinen Leib zu vernachlässigen. Körper- und Schönheitspflege waren eine Selbstverständlichkeit. Man badete nach Möglichkeit am Fluss, aber auch im Garten oder auf

»Ihre Schwiegermutter Noomi sagte zu ihr: Meine Tochter, ich möchte dir ein Heim verschaffen, in dem es dir gutgeht. Nun ist ja Boas, bei dessen Mägden du warst, ein Verwandter von uns. Heute abend worfelt er die Gerste auf der Tenne. Wasch dich, salbe dich, und zieh dein Obergewand an, dann geh zur Tenne!«
RUT 3,1–3

KÖRPERPFLEGE. *Das Aktbild der schönen Batseba von Heinrich F. Füger (um 1790) betont die Pflege des Körpers. Dem Bad im Wasser folgt das Sonnenbad, durch ein Tuch vor neugierigen Blicken geschützt.*

dem Dach des Hauses, und zwar ohne jede Prüderie, sonst hätte David Batseba nicht so ungeniert beim Baden beobachten können. Welch großen Wert man auf die Körperpflege legte, zeigt der geradezu verschwenderische Umgang mit Salben, Parfüms und duftenden Kräutern. Sie erzeugen ein positives Lebensgefühl, sind Ausdruck von Wohlstand und Zufriedenheit. Ein ergreifendes Beispiel liebevoller Verschwendung steht im Neuen Testament. In verschiedenen Versionen (Joh 12,3ff.; Mt 26,6–13; Mk 14,3–9) findet sich die Begebenheit, dass eine Frau auf Jesus zugeht und ihm mit echter Narde die Füße salbt oder mit einer Alabasterflasche hinter ihn tritt, die Flasche zerbricht und das kostbare Nardenöl, dessen Wert auf den Jahreslohn eines Arbeiters geschätzt wurde (Joh 12,5), über seinen Kopf fließen lässt. Das ganze Haus ist von diesem Duft erfüllt. Und Jesus verteidigt die Frau gegen die Vorwürfe seiner Jünger.

Unerlässlich ist jedoch die Körperpflege vor einer intimen Begegnung. Davon gibt das Hohelied vielfältig Zeugnis, aber auch die Geschichte von der Königin Ester, die sich ein Jahr lang mit Myrrheöl, Balsam und Duftkräutern auf die Begegnung mit dem König vorbereitete (Est 2,12).

Die Verwendung von Kosmetika macht natürlich auch schön. Und Schönheit ist für den biblischen Menschen mehr als sonstwo das auslösende Moment für die Liebe. Während das Neue Testament an den Frauen nur ein blasses Interesse zeigt und an keiner Stelle von einer Frau sagt, sie sei schön gewesen – auch nicht von der Mutter Jesu –, weiß das Alte Testament immer wieder von der Schönheit und Anmut israelitischer Frauen zu erzählen, so zum Beispiel von Sara, Rebekka, Rahel, Judit und Ester. Batseba fällt David auf, weil sie »sehr schön anzusehen« war. Er ließ sie holen und schlief mit ihr (2 Sam 11,2ff.). Aber auch von Männern wie Josef, David, Abschalom wird ausdrücklich betont, sie seien schön gewesen. Am anschaulichsten ist im Hohenlied von der Schönheit des Geliebten die Rede. Die Menschen wissen um ihre körperlichen Reize, und die Frauen suchen mit Leidenschaft die Gunst der Männer.

EROTIK UND ZÄRTLICHKEIT

Dass Sexualität zu einer kultivierten Körpersprache wird, hat bestimmte Voraussetzungen. Ein junger Mensch muss lernen, Freude am eigenen Körper zu entwickeln, zu spüren, dass er von anderen angezogen oder abgelehnt werden kann, Erfahrungen mit der eigenen ungestümen Vitalität zu machen, das Bedürfnis zu entwickeln, für einen anderen Verantwortung zu übernehmen, ja sogar Eifersucht und triebhaftes Habenwollen zuzulassen. Der Umgang mit diesen Verhaltensweisen fördert Konfliktfähigkeit, Rücksichtnahme und Treue, die ja für eine gute Beziehung unabdingbar sind.

Erst in jüngster Zeit wurde die wichtige Rolle der Zärtlichkeit für den Menschen wieder entdeckt, nicht nur für den Bereich der Sexualität, sondern für das menschliche Zusammenleben insgesamt. Der Verlust der Zärtlichkeit hatte mit der Berührungsangst der herkömmlichen Sexualmoral zu tun, leibfeindliche

Prüderie hatte sie verdächtigt, sie könnte mit Sinnlichkeit oder Triebhaftigkeit zu tun haben oder solche auslösen. Demgegenüber befähigt Zärtlichkeit, einem Menschen die Zuneigung auch körperlich mitzuteilen, ohne ihm zu nahe zu treten. Denn sie ist nicht besitzergreifend, sondern einfühlsam und respektvoll. Zärt-

ZÄRTLICHKEIT. *Der Ausschnitt aus Giottos Fresko »Die Begegnung an der Goldenen Pforte« in der Arenakapelle von Padua (1305/06), verdeutlicht die Zärtlichkeit, mit der sich Joachim und Anna umarmen (links).*

ZWEISAMKEIT. *Bei genauerer Betrachtung des mittelalterlichen Buchschmucks entdecken wir die Darstellung von Themen, die zwar bei Handschriften der Bibel nicht im Mittelpunkt des Interesses stehen, aber dennoch bildwürdig sind. Ein Beispiel ist das Liebespaar im Rankenwerk einer Bordüre der Ottheinrich-Bibel aus dem 15. Jahrhundert (oben).*

lichkeit nimmt den anderen an, und sie nimmt ihn ernst und schenkt deshalb Geborgenheit, Wärme und Einverständnis. Deshalb muss sie auch mit der Sexualität Hand in Hand gehen. Wo nicht, wird diese unmenschlich.

Unter Erotik wird meist eine nichtsexuelle Liebe verstanden. Indes gibt es Erotik nur bei sexuell begabten Menschen. Sigmund Freud hat immer wieder davor gewarnt, die Erotik von der Sexualität zu trennen. Wer von Sexualität spreche, spreche auch von Erotik und umgekehrt. Beide gehörten zusammen, auch wenn sich Erotik auf einer anderen Ebene abspiele. So wie keine Esskultur entstehen könne, wo Hungersnot herrscht, so auch keine Erotik, wo Sexualnot den Menschen versklavt. Erotik setzt also eine gelebte Sexualitätskultur voraus.

»Hesiod sagt also, diese beiden seien zuerst nach dem Chaos entstanden: die Erde und Eros. Parmenides aber schreibt von der zeugenden Urkraft: ›Unter allen den Göttern zuerst ersann sie den Eros.‹ Von so vielen Seiten her stimmt man darin überein, dass Eros einer der ältesten Götter sei. Als einer der ältesten ist er uns aber zugleich Urheber der höchsten Güter. Denn was den Menschen, der sein Leben schön und würdig zubringen will, durch sein ganzes Leben leiten muss, das vermögen ihm weder Verwandtschaft, noch Ehrenstellen, noch Reichtum, noch irgend etwas anderes in dem Maße zu gewähren wie die Liebe.«

PLATON,
DAS GASTMAHL

EIN ZWEIFELHAFTER TRIUMPH. *Der Titel dieses Gemäldes von Giovanni Baglione entspricht der kirchlich vertretenen Verteufelung der – wie das Motiv des Kindes verdeutlicht – angeborenen Sinnlichkeit: »Der Sieg der Himmlischen Liebe über die Welt, das Fleisch und den Teufel« (um 1602).*

Wir verstehen die Vielschichtigkeit und Vielgestaltigkeit der Erotik am besten, wenn wir uns dem Ursprung des Wortes zuwenden. In der griechischen Mythologie steht Eros, der Gott der Liebe, als Urgott am Anfang der Welt. Er ist eine weltschaffende Kraft, die dem Werden dient und auf Leben ausgerichtet ist. Er überwindet das Tote und versöhnt Gegensätze. Nach Platon gründet er in Sehnsucht und Verlangen, strebt nach Neuem und begeistert sich, nie zufrieden mit dem Erreichten, für Höheres. So ist Eros die Spannung zwischen der Realität und dem Erträumten, dem ersehnten oder gedachten Möglichen, die den Menschen kreativ sein lässt. Auf dem Eros beruht, wie Freud es nennt, die Sublimierung. Er meint damit, dass die scheinbar ohne Beziehung zur Sexualität vollzogenen Leistungen auf intellektuellem und künstlerischem Gebiet in Wirklichkeit dem Sexualtrieb zu verdanken sind. Erotik ist also kultivierte und sublimierte Sexualität. So gesehen, ist sie eine humane Hinführung zur Sexualität. Umgekehrt: Wer – aus welchem Grund auch immer – sich auf ein zölibatäres Leben verwiesen sieht, kann zum Urheber großer kultureller Leistungen auf religiösem, künstlerischem und intellektuellem Gebiet werden. Freud geht so weit, zu erklären, ohne die Sublimierung gäbe es gar keine Kultur.

GELEBTE LIEBE

So gesehen ist keine Liebe, keine engagierte Beziehung, keine kreative Schöpfung ohne Eros bzw. Erotik möglich. Aber wie wurde Liebe konkret gelebt? Wir haben heute andere Vorstellungen von Liebe. Das Aufbrechen des Geschlechterschemas bewirkte eine große Pluralität des Verhaltens auf allen gesellschaftlichen und persönlichen Ebenen. Die Liebe ist in die unverfügbare Freiheit und Intimität des einzelnen gestellt. Aber für alle Menschen aller Zeiten gilt: Immer wieder werden wir vom andersartigen Partner angezogen, weil er einen ersehnten Teil von uns selbst verkörpert, und wir brauchen ihn, um in jene Bereiche des Lebens und der Erfahrung zu gelangen, die wir selbst und allein nicht erreichen können. Sexualität und Liebe sind der körperliche Ausdruck der Sehnsucht nach diesem anderen.

Das Abenteuer von Rut und Boas auf der Tenne mündet in der Ehe. Und gewiss war die Ehe im alten Israel das Leitbild für Beziehungen. Traditions- und kulturbedingt war Sexualität durch Gesetze geregelt, und die Frau war vom Mann gesellschaftlich abhängig. Die Fortpflanzung von Familie und Sippe bildete das

ZWEIERLEI LIEBE? *Dieses Gemälde von Tizian ist unter dem Titel »Himmlische und Irdische Liebe« (1515/16) bekannt. Wir dürfen vermuten, dass es sich auf die antike Auffassung vom sowohl »himmlischen« als auch »irdischen« Wesen der Liebe bezieht.*

eigentliche Ziel, denn die Kindersterblichkeit war hoch und die Lebenserwartung gering. Nur so lässt sich die polygame Ehe verstehen. Grundsätzlich war die Eheschließung Privatsache und nicht religiös institutionalisiert. Die Kinder wurden von ihren Vätern, die den Brautpreis aushandelten, in der Überzeugung verheiratet, dass sich die Liebe schon später einstellen werde; so ist es ja im Orient auch heute noch.

»Dann sprach Gott, der Herr: Es ist nicht gut, dass der Mensch allein bleibt. Ich will ihm eine Hilfe machen, die ihm entspricht.«
GENESIS 2,18

Dass ein Mann mehrere Frauen haben konnte, machte die Beziehung gewiss nicht leicht. Dafür ist das Zerwürfnis zwischen Sara und ihrer Magd Hagar, das zur Vertreibung der Magd führte, ein Beispiel (Gen 16,4ff.). Und ebenso die Eifersucht der kinderlosen Rahel auf die fruchtbare Lea. Rahel versteht ihr Leben geradezu als Kampf gegen ihre Schwester (Gen 30,8) und bestürmt ihren Mann: »Schaffe mir Söhne, sonst sterbe ich« (Gen 30,1). Ähnlich sieht sich die kinderlose Hanna von ihrer mit Kindern gesegneten Rivalin (wörtlich: »Feindin«) Peninna gedemütigt (1 Sam 1,2–6). Gleichzeitig zeigt die Erzählung von den beiden Frauen Elkanas, dass die Liebe des Mannes auch andere Wege gehen konnte. Elkana jedenfalls verstößt die unglückliche Hanna nicht wegen ihrer Kinderlosigkeit, sondern er tröstet sie: »Bin ich dir nicht mehr wert als zehn Söhne?« (1 Sam 1,8). Und er bevorzugt sie beim Mahl.

So finden sich trotz der patriarchal bestimmten Ehegesetze noch zahlreiche Hinweise auf die Liebe und Zärtlichkeit, in der Mann und Frau miteinander umgingen. Dieser Erfahrung liegt wohl der Ausdruck »erkennen« zugrunde, den das Alte Testament für die intime Begegnung verwendet. Er umfasst nicht nur Sexualität und Liebe, zwei Begriffe, die wir heute voneinander trennen. Damit ist in erster Linie auch nicht die intellektuelle Erkenntnis oder Einsicht gemeint, son-

HOCHZEIT. *Das zweigeteilte Bild einer in Italien entstandenen hebräischen Handschrift (1435) gehört zum Kapitel mit Gesetzen über Ehe und Scheidung. Im rechten Teil hält das Brautpaar seinen Einzug, links steckt der Bräutigam der Braut einen Ring an den ausgestreckten Finger der rechten Hand. Dabei spricht er wohl die Worte: »Siehe, du bist mir angeheiligt durch diesen Ring nach dem Gesetz Moses und Israels.«*

dern ein umfassendes Verstehen. Der ganze Mensch ist beteiligt: Herz, Geist und Sinne. Man müsste also von einem Erfahren oder Vertrautsein sprechen, das auf einer ganz persönlichen Beziehung beruht, von einem Entdecken des Partners als Mann und als Frau.

ZUR LIEBE SCHWEIGEN DIE GESETZE

Zwar waren die Ehegesetze streng und die Hürden für den Mann, selbst aus Bagatellgründen die Scheidung einzureichen, niedrig. Aber es gibt im Alten Testament keine Einschränkungen für den freien Verkehr eines (verheirateten oder ledigen) Mannes mit einer ledigen Frau. Das Sittengesetz scheint sich dafür nicht interessiert zu haben. Der einzige Ausnahmefall ist die Vergewaltigung eines Mädchens. Diese versteht die Rechtsprechung allerdings als Eigentumsdelikt. Denn für ein vergewaltigtes Mädchen konnte der Vater keinen so hohen Brautpreis erzielen. Wie das Hohelied bestätigen auch die erzählenden Texte, dass die offizielle Moral Israels die Sexualität keineswegs nur in Relation zur Ehe sah. Der ganze Bereich von Liebe, Erotik und Sexualität war ein so hohes Gut, dass er zu den unbegreiflichen Dingen dieser Schöpfung gezählt wurde (Spr 30,18f.).

Drei Dinge sind mir zu wundersam,
ja vier, die ich nicht begreife:
der Weg des Adlers am Himmel,
der Weg der Schlange auf dem Felsen,
der Weg des Schiffes auf hoher See
und der Weg des Mannes bei einer jungen Frau.

Darin stimmen die Moralvorstellungen des Alten Testaments mit denen im übrigen Alten Orient, etwa in Babylonien und Ägypten, überein. Und nach allem, was wir wissen, hat auch Jesus sich nicht von der alttestamentlichen Leibfreundlichkeit distanziert.

VERGEBUNG. *Die Tafel von Michael Pachers Wolfgangsaltar (um 1480) illustriert auf eindrucksvolle Weise die Erzählung im 8. Kapitel des Evangeliums nach Johannes. Bemerkenswert ist die aufrechte Haltung, mit der die des Ehebruchs beschuldigte Frau vor Jesus tritt. Die in Wahrheit Beschuldigten sind ihre Ankläger, zumal diese von der Absicht geleitet wurden, Jesus eine Falle zu stellen.*

JESUS UND DIE EHEBRECHERIN

Es ist jedenfalls auffallend, dass Jesus das Thema Sexualität offenbar überhaupt nicht interessiert hat. Kein Wort ist in den Evangelien gesagt über Prostitution, Unzucht oder Reinheitsvorschriften im Zusammenhang mit dem Geschlechtsleben. Nichts, dass er die Homosexualität verurteilt hätte oder die Selbstbefriedigung, den vor- oder außerehelichen Geschlechtsverkehr – alles Verhaltensweisen, für deren Verbot sich die christliche Kirche auf die Bibel beruft. Nur zu Ehebruch und Ehescheidung hat Jesus sich geäußert, beidemal zugunsten der Frau. Dass das Dekalogverbot des Ehebruchs im allgemeinen Bewusstsein war, zeigt seine mehrmalige Zitierung im Neuen Testament. Jesu Verhalten wird jedoch nur in der Szene mit der Ehebrecherin (Joh 8,2–11) thematisiert. Da wird eine Frau zu Jesus

JESU ELTERN. Der Beginn des Evangeliums nach Matthäus ist in der Urbino-Bibel (1476–78) mit der Heirat Marias und Josefs geschmückt sowie mit der Geburt Jesu. Die Bilder veranschaulichen den letzten Eintrag im Stammbaum Jesu (Mt 1,1–17): »Jakob war der Vater von Josef, dem Mann Marias; von ihr wurde Jesus geboren, der der Christus (der Messias) genannt wird« (rechte Seite).

SPOSALIZIO. Diesen Titel tragen Darstellungen der Verbindung, die als Verlobung oder Heirat Marias mit Josef verstanden wird. Dieses Gemälde mit dem Tempel von Jerusalem ist ein Frühwerk (1504) von Raffael (oben).

geschleppt, die in flagranti ertappt worden ist. Und Jesus soll nun entscheiden, ob die im Gesetz vorgeschriebene Strafe der Steinigung vollstreckt werden soll. Damit fordern »die Schriftgelehrten und Pharisäer« Jesus, dessen Nachsicht mit den Sündern bekannt war, heraus, gegen das mosaische Gesetz zu verstoßen. Aber er lehnt es ab, den Richter zu spielen. Das Verfahren endet mit einem Freispruch: »Auch ich verurteile dich nicht!« Allerdings fügt er hinzu: »Sündige nicht mehr.« Damit qualifiziert er die Tat als Sünde, aber gleichzeitig nimmt er die Frau in Schutz.

MARIA UND JOSEF

Dass Jesus sich der Ehebrecherin gegenüber tolerant verhält, hat sicher mehrere Gründe. Der wahrscheinlich wichtigste liegt in seiner eigenen Biografie. Die Kindheitsgeschichte bei Matthäus berichtet, dass Josef seine Verlobte Maria ohne jedes Aufsehen entlassen wollte, als er bemerkt hatte, dass sie schwanger war (Mt 1,18). Da eine Verlobte rechtlich einer Verheirateten gleichstand, wäre das ohne weiteres möglich gewesen. Dafür reichten schon viel geringfügigere Anlässe als die Tatsache, dass eine Frau von einem anderen Mann ein Kind erwartete. Es genügte, dass ihr Mann etwas Anstößiges an ihr fand, und das konnte etwas moralisch Zweifelhaftes sein, oder dass ein Mann eine Frau schöner fand als seine eigene oder auch nur – nach einer laxeren Auffassung –, dass sie die Suppe versalzen hatte. Josef hätte aber auch die des Ehebruchs verdächtigte Maria steinigen lassen oder sie zumindest durch einen Ehebruchprozess der Schande preisgeben können. Denn eine solche Frau hatte im gesellschaftlichen Leben keine Chance mehr. In einem Dorf kennt jeder jeden.

Josef hat dies alles nicht getan. Deshalb wird er nach biblischem Sprachgebrauch »gerecht« genannt. Josef muss Maria sehr geliebt haben. Und auch sie war eine starke Persönlichkeit, die ihm aufs innigste verbunden war. Lukas kennt sie als aktive, gläubige Frau. Das Magnifikat (Lk 1,45–55) entspricht ihr sicher mehr als die späteren theologischen Überhöhungen und der fromme Kitsch. Schließlich hatten die beiden noch andere Kinder. Im Evangelium nach Markus wird berichtet, dass seine nächsten Angehörigen, seine vier Brüder und seine Schwestern, ja selbst seine Mutter, Jesus verständnislos gegenüberstehen. In einem einzigen Satz wird die ganze Familie vorgestellt (Mk 6,3). Wir haben es hier mit einer alten Überlieferung zu tun. Sie besagt das historische Wissen um die biologische Abstammung Jesu von Maria. Dass Josef hier nicht genannt wird, könnte auf den Witwenstand Marias schließen lassen. Es könnte aber auch eine polemische Äußerung gegen eine uneheliche Mutterschaft Marias angedeutet werden. Im Vergleich zu den wortreichen Kindheitsgeschichten bei Matthäus und Lukas mit ihren Engelserscheinungen wird jedenfalls in Nazaret dann der Familienalltag gelebt. Fragen wie: »Ist das nicht der Sohn der Maria?« (6,3), und: »Ist das nicht der Bruder von Jakobus, Joses, Judas und Simon?« und: »Leben nicht seine Schwestern hier unter uns?« deuten nicht darauf hin, dass Josef und Maria eine besondere Beachtung in

LIBER GENERATIONIS

Iesu christi filii dauid: filii abraham. Abraham au
tem genuit ysaac. Ysaac autem iacob genuit.
Iacob autem genuit iudam et fratres eius. Iudas
autem genuit phares et zaram de thamar: Pha
res autem genuit esrom. Esrom autem genuit
aram. Aram autem genuit aminadab. Ami
nadab autem genuit naason. Naason autem
genuit salmon. Salmon autem genuit booz
de raab. Booz autem genuit obeth et ruth.
Obeth autem genuit iesse. Iesse autem genu
it dauid regem. Dauid autem rex genuit sa
lomonem ex ea que fuit urie. Salomon autē
genuit roboam. Roboam autem genuit a
biam. Abias autem genuit asa. Asa autem
genuit iosaphat. Iosaphat autem genuit io
ram. Ioram autem genuit oziam. Ozias au
tem genuit ioatham. Ioatham autem genuit
acaz. Acaz autem genuit ezechiam. Eze
chias autem genuit manassem. Manasses au
tem autem genuit amon. Amon autem genu
it iosiam. Iosias autem genuit ieconiam et
fratres eius in transmigratione babilonis. Et
post transmigrationem babilonis: iechonias
genuit salathiel. Salathiel autem genuit zo
robabel. Zorobabel autem genuit abiud.
Abiud autem genuit eliachim. Eliachim
autem genuit azor. Azor autem genuit sadoch.
Sadoch autem genuit achim. Achim autem
genuit eliud. Eliud autem genuit eleazar.
Eleazar autem genuit mathan. Mathan
autem genuit iacob. Iacob autem genuit ui
rum marie: de qua natus est iesus qui uoca
tur christus. Omnes ergo generationes abra
ham usq; ad dauid generationes quattuorde
cim. Et a dauid usq; ad transmigrationem ba
bilonis generationes quattuordecim. Et a trās
migratione babilonis usq; ad xp̄m generati
ones quattuordecim. Xp̄i autem generati
o sic erat. Cum esset desponsata maria ma
ter iesu ioseph. antequam conuenirent in
uenta est in utero habens de spiritu sanc
to. Ioseph autem uir eius cum esset iust'
et nollet eam traducere: uoluit occulte di
mittere eam. hec autem eo cogitante ecce
angelus domini in somnis apparuit ei di
cens. Ioseph fili dauid noli timere accipere
mariam coniugem uxorem. Quod enim in e
a natum est. de spiritu sancto est. Pariet au
tem filium. et uocabis nomen eius iesum. Ipse
enim saluum faciet populum suum a pecca
tis suis. Hoc autem totum factum est ut ad
impleretur quod dictum est a domino p

»Sie zogen zusammen weiter, und er kam in ein Dorf.
Eine Frau namens Marta nahm ihn freundlich auf.
Sie hatte eine Schwester, die Maria hieß.«
LUKAS 10,38

MARIA UND MARTA.
Zu den Jüngerinnen Jesu, denen eigene Erzählungen gewidmet sind, gehören Maria und Marta (Lk 10,38–42), hier dargestellt von Tintoretto (um 1580). Nach dem Bericht des Johannes sind es die Schwestern des Lazarus im Dorf Betanien (Joh 11,1).

ihrem Dorf gefunden hätten. Der Josef in der Ikonographie, der alt und abseits ein Feuerchen bewacht oder bei der Geburt hilflos wegschaut, und die schöne Madonna entsprechen jedenfalls nicht der Wirklichkeit in Nazaret. Jesus stammt aus einer ganz normalen Familie.

JESUS UND DIE FRAUEN

Ein anderer Grund, warum Jesus soviel Verständnis für die Ehebrecherin aufbrachte, liegt in seiner Einstellung zu den Frauen. Aus den Evangelien wissen wir, dass zu seiner Gefolgschaft nicht nur Jünger, sondern auch Jüngerinnen gehörten. Soweit es die Quellen erkennen lassen, war Jesu Verhalten zu den Frauen natürlich, frei, ungezwungen, eben normal. So wie er andere Kranke heilte, so heilte er auch Frauen. Frauen folgten ihm, unterstützten ihn finanziell, nahmen ihn bei sich auf. In der damaligen jüdischen Gesellschaft verstieß das gegen jede Regel des Anstands. Dass Frauen ihre Familien verließen und den Mut hatten, mit einem fremden Mann umherzuziehen, war unerhört. Das war unehrenhaft. Dass Jesus sie akzeptierte und ihre Dienste vorbehaltlos in Anspruch nahm, zeugt von seiner Souveränität gegenüber den Sitten seiner Zeit. Die Evangelien nennen mehrere Freundinnen Jesu beim Namen: Maria und Marta von Betanien, Maria aus Magdala, Johanna, Susanna und noch »viele andere« (Lk 8,1–3; 10,38–42). Er wies die Dirnen nicht ab, so wenig er Zöllner und andere Sünder ablehnte. Er legte Frauen die Hände auf und ließ sich von ihnen berühren. Das war gewiss anstößig. Die Frauen waren jedenfalls von ihm fasziniert und liebten ihn. Darf man diese Beziehungen nicht auch erotisch nennen?

Wie ist es denn zu verstehen, wenn eine Frau während des Essens von hinten an Jesus herantritt und ihm unter Weinen, Küssen und Trocknen mit kostbarem Öl die Füße salbt (Lk 7,36–50)? Sie ist eine stadtbekannte Sünderin, deshalb kultisch unrein, und trotzdem übertrifft sie die Liebe des Gastgebers Simon. Gewiss erkannte sie in Jesus den gütigen und verständnisvollen Menschen, der sie nicht verurteilte wie alle anderen. Nach der Begegnung merkt die Frau, vorher verachtete Außenseiterin, dass sie doch noch eine Zukunft hat.

Es ist viel darüber geschrieben worden, welche Art von Liebe Jesus meinte, als er sagte: »Ihr ist viel vergeben, denn sie hat viel geliebt« (Lk 7,47). Ist es die Liebe zu anderen Männern, die sie umtrieb, oder ist es die Liebe zu Jesus, von dem sie sich verstanden weiß? Jesus hatte jedenfalls sehr konkret und realistisch mit der Liebe zu tun, und war ohne Prüderie oder Hemmungen. In dieser überschwenglichen Szene ist die Konvention gebrochen.

MARIA AUS MAGDALA

Unter den Frauen, die sich in der Nähe von Jesus aufhielten, war auch Maria aus Magdala. Sie wird als erste genannt von vielen Frauen, die ihn von Galiläa nach Jerusalem hinauf begleiteten, um ihm zu dienen. Sie folgte ihm bis unter das Kreuz und war Zeugin seines Todes und seiner Grablegung. Nach allen vier Evangelien geht sie (zum Teil mit einer oder zwei anderen Frauen, nach Johannes allein) am ersten Tag der Woche zum Grab Jesu. Es war für sie riskant, am Grab eines Staatsfeindes gesehen zu werden. Sie wird charakterisiert als eine mitwandernde Jüngerin, aus der Jesus sieben Dämonen ausgetrieben hatte. Nach damaliger Vorstellung wurden Krankheiten von Dämonen verursacht. Jesus hatte sie also von einer schweren psychischen Krankheit befreit, die sie zerrissen und zerspalten haben muss. Was diese Heilung für Maria aus Magdala bedeutete, können wir kaum ermessen. Sie fand zu sich selbst zurück. Es war ein Wendepunkt in ihrem Leben. Was Wunder, dass sie in Dankbarkeit und Liebe an Jesus hing. Außerdem fand sie bei ihm eine Existenzsicherung. Denn für eine unverheiratete Frau war es in der damaligen Gesellschaft unmöglich zu existieren. Sie brauchte einen männlichen Schutz oder war der Prostitution preisgegeben.

Maria aus Magdala weint, als sie früh am Morgen Jesu Grab geöffnet findet und sein Leichnam verschwunden ist. Ohne ihn kann sie nicht leben, so will sie ihm wenigstens in der Trauer verbunden sein. Vielleicht kriecht in ihr auch die Angst vor der alten Krankheit wieder hoch. Als sie sich umdreht, steht Jesus vor ihr und fragt sie, warum sie weine. Aber sie hält ihn für den Gärtner und bittet ihn, ihr zu sagen, wohin er Jesu Leichnam gebracht habe, damit sie ihn holen könne. Da redet Jesus sie an: »Mirjam!«an (Joh 20,16). Es ist seine vertraute Stimme; so hat er immer ihren Namen ausgesprochen. Damit erreicht er sie in ihrer Trauer. Und sie antwortet mit dem hebräischen Ausdruck »Rabbuni« (mein Meister). Ein innigeres Zwiegespräch, ein zärtlicheres, liebenderes Aufeinanderzugehen ist nicht denkbar. Zwei Worte, welche die lange gemeinsame Geschichte offenbaren und die Liebe, die sie verbindet. Niemand hat Jesus so geliebt. Aus seiner Reaktion »Rühre mich nicht an!« darf man wohl schließen, dass sie im Begriff ist, ihn spontan zu umarmen. Nicht von ungefähr spielt die Szene im Garten und erinnert damit an das Hohelied und an das Paradies, beides Symbole der Liebe.

Dann erhält Maria von Jesus den Auftrag, den Jüngern seine Auferstehung zu verkünden. Augustinus nennt sie deshalb *apostolorum apostola*, die »Apostolin der Apostel«. In der apokryph-gnostischen Literatur erscheint sie als Vertraute Jesu und als Konkurrentin zu Petrus, was eine Autoritätskrise bzw. einen Machtkampf in der jungen Gemeinde auslöste.

MARIA AUS MAGDALA.
Um diese Jüngerin rankt sich eine Vielzahl von Legenden, welche die »Sünderin« als Heilige mit dem Namen Maria Magdalena verehren.
Dieses bezaubernde Bildnis ist ein Ausschnitt aus Raffaels Altarbild mit der hl. Cäcilie als Hauptfigur (1514).

DER WEG INS ABSEITS

Diese liebevolle und erosfreundliche Seite im Neuen Testament, die allerdings kaum zur Sprache kommt, darf jedoch nicht darüber hinwegtäuschen, dass die

»Jesus sagte zu ihr: Maria!
Da wandte sie sich ihm zu
und sagte auf hebräisch zu ihm:
Rabbuni!, das heißt: Meister.
Jesus sagte zu ihr:
Halte mich nicht fest;
denn ich bin noch nicht
zum Vater hinausgegangen.«
JOHANNES 20,16F.

NOLI ME TANGERE *sind die ins Lateinische übersetzten Worte des Auferstandenen an Maria aus Magdala; Miniatur, um 1195 (oben).*

EINE LIEBESBEZIEHUNG? *Die Darstellung Jesu mit der »Sünderin« Maria aus Magdala von Peter Paul Rubens spielt bereits auf die neuzeitliche Sicht an, derzufolge die geheilte und bekehrte Jüngerin ebenso wie Jesus durch ihre jeweilige erotische Ausstrahlung miteinander verbunden sind (rechts).*

warnenden, ja rigiden Einstellungen zu Liebe, Eros und Sexualität allmählich die Oberhand gewannen. Richtungweisend für die christliche Moraltheologie wurden die grundsätzlich erosfeindlichen Überzeugungen des Paulus, an denen auch einige wenige freundlichere Einlassungen wie im Ersten Korintherbrief (11,11f.) nicht viel ändern. Die sog. Lasterkataloge der Paulus- und Pastoralbriefe führen immer wieder, meist sogar an hervorgehobener Stelle, zwei Begriffe auf, *porneia* und *akarthasia*, die in der Regel mit »Unzucht« und »Unkeuschheit« wiedergegeben werden. Und was Paulus zum Thema Liebe und Ehe zu sagen hat, ist alles andere als ermutigend. Sexualität gibt es nur im Getto der Ehe und auch da nur notgedrungen oder zur Verhütung größeren Schadens. Da erscheint die Ehe als

Ventil für überschüssige Sexualkräfte, wenn es heißt: »Wenn sie aber nicht enthaltsam leben können, sollen sie heiraten. Es ist besser zu heiraten, als sich in Begierde zu verzehren« (1 Kor 7,9). Alle anderen geschlechtlichen Beziehungen verfallen einem Verdammungsurteil. Das alles klingt nicht gerade erosfreundlich, und es fehlt nicht an Kritikern aus den verschiedensten Lagern, die dem Neuen Testament Leibfeindlichkeit und sexuelle Verklemmung vorwerfen.

Die Gründe für diesen asketischen Rigorismus mögen zum Teil in der Biografie des Paulus zu suchen sein, der zu seinem Körper kein harmonisch-bejahendes Verhältnis fand, zum Teil auch in der Naherwartung, die an Zeugung und Fortpflanzung kaum interessiert sein konnte und nach dem Ausbleiben von Christi Wiederkunft einem gewissen Weltekel Platz machte. Dazu kamen Einflüsse der griechischen und orientalischen Philosophie. Die stoische Forderung der *apatheia*, der Leidenschaftslosigkeit, gipfelte in der Ignorierung alles Körperlichen, und auch das von den Kynikern gepredigte und praktizierte Ideal der Bedürfnislosigkeit war alles andere als körper- und lustbetont. Zusätzlich hoben östliche Lehren den strengen Dualismus hervor zwischen Licht und Finsternis, Gut und Böse, Geist und Materie, Seele und Körper. Die für das Alte Testament noch selbstverständliche Einheit von Leib, Seele und Geist war endgültig aufgegeben zugunsten einer Zweiteilung mit unterschiedlicher Bewertung der beiden Ebenen.

Das war der Nährboden für ein asketisches Eremitentum, die Lebensform der Apokalyptiker, beginnend bei Johannes dem Täufer. Aber auch die Gnosis, diese aus vielen Elementen gemischte Bewegung, neigte dazu, die Sexualität zu verwerfen. Die Abkoppelung des Eros von der Religion ließ nur die nackte Sexualität übrig. Der Körper wurde zur Einfallspforte des Bösen, und deshalb musste alles Geschlechtliche geächtet werden. Dabei scheint man den Widerspruch zu der von Jesus verkündeten Menschenfreundlichkeit gar nicht bemerkt zu haben, aber auch nicht zur Lehre von der Auferstehung, die ja den Leib (unter Berufung auf Gen 2,7) mit einschließt: »Gesät wird ein beseelter Leib, auferweckt ein geistlicher Leib« (1 Kor 15,44). Da gerät Paulus sogar mit sich selbst in Widerspruch. Und wenn das Glaubensbekenntnis von der »Auferstehung der Toten« spricht, ist das eigentlich die »Auferstehung des Fleisches«. Die leibliche Dimension ist also wesentlich, und sie muss es auch sein, weil ja gerade das Christentum den Menschen als ganzheitliche Person versteht, die ohne Leiblichkeit nicht denkbar ist.

JOHANNES UND JESUS.
Diese Darstellung der Taufe Jesu mit Jordanwasser, zugleich eine durch die Taube des Heiligen Geistes symbolisierte Geisttaufe, gibt den Gestalten eine antik geschulte Körperlichkeit im Stil der Renaissance; Farnese-Stundenbuch (16. Jahrhundert).

Liebe und Sexualität in der Bibel, Eros und Religion – das sind keine unversöhnlichen Gegensätze. Man muss sogar fragen, ob ein erotisch verkümmerter Mensch überhaupt religiös sein kann. Allein schon die Tatsache, dass die Sprache der Betenden an die Sprache der Liebenden erinnert – Beispiele gibt es genug, angefangen bei den Psalmen, zum Beispiel Psalm 63, bis zur Mystik –, zwingt dazu, die Frage zu verneinen. Stellen wir uns eine erotische Kirche vor. Sie würde weniger an Macht als an Zärtlichkeit denken. Sie würde weniger moralisch reglementieren und mehr feiern. Sie würde dem Menschen helfen, aus der Vereinsamung herauszutreten und die Trennung vom Lebensgrund zu überwinden.

BIBLISCHE PAARE

EINE FAMILIE. *Der zweigeteilte Bildstreifen handelt von der Entstehung der Familie des Patriarchen Jakob: Er begegnet Rahel am Brunnen (Gen 29,9–12), wird von Laban als Schwiegersohn akzeptiert und versöhnt sich mit Laban (Errichtung eines Steinmals), nachdem er diesen mit seinen beiden Frauen Lea und Rahel, den Mägden Bilha und Silpa sowie der Schar der gemeinsamen Kinder heimlich verlassen hat (Gen 31,45–53).*

Denken wir an die großen Frauen und Männer der Bibel und insbesondere des Alten Testaments, treten eine Vielzahl von unverwechselbaren Personen vor unsere Augen. Kirche, bildende Kunst und Literatur tragen dazu bei, dass wir diese Gestalten zu eigenen Erfahrungen des Menschseins in Beziehung setzen. Zumindest geben uns verbreitete Vornamen wie Esther, Judith, Rebekka, Ruth und Sarah oder David, Jakob, Joseph und Tobias Anlass, uns mit den Geschichten zu beschäftigen, die mit den Namen ursprünglich verbunden sind.

Bei dieser Spurensuche wird uns bewusst, dass Esther, Rebekka, Ruth und Sarah, David, Jakob, Joseph und Tobias jeweils nur die eine Hälfte eines Paares bilden und dass sie erst in ihrer Beziehung zum Partner und zur Partnerin ihr Menschsein zu erkennen geben: »Als Mann und Frau schuf er sie«, verkündet der erste (jüngere) Schöpfungsbericht am Beginn des Buches Genesis. Als Grund wird eine Entsprechung zu den am selben Tag erschaffenen Tieren des Erdbodens genannt. Die Menschen sind Paare, um sich zu vermehren. Was sie jedoch von den Tieren unterscheidet: Sie sind als Mann und Frau gemeinsam ein »Abbild« oder »Ebenbild« Gottes. Der Fruchtbarkeit, Vermehrung, ja der Herrschaft über die Tiere, Pflanzen und die ganze Erde geht der Schöpferwille voraus: »Lasst uns Menschen machen als unser Abbild, uns ähnlich« (Gen 1,26).

Sobald die gemeinsame Gottebenbildlichkeit von Mann und Frau außer acht bleibt, verblasst sie zu etwas Neutralem, zum Neutrum »das Mensch«, das weder jener Fruchtbarkeit, noch der »Ähnlichkeit« mit Gott teilhaftig ist. Und

somit ist »das Mensch« ausgeschlossen vom im übertragenen Sinne fruchtbaren Menschsein, von dem Dorothee Sölles abschließende und weiterführende Betrachtung am Ende dieses Buches handelt: »Wo Liebe ist, da ist Gott«.

Das Mensch-Sein, Mann-und-Frau-Sein, das Paar-Sein bildet aus biblischer Sicht einen Ursprung und richtet sich auf ein Ziel. Dazwischen liegen neben einer geradlinigen Verbindung, falls es überhaupt im Leben eine Gerade als die kürzeste Verbindung zwischen zwei Punkten gibt, die Umwege und Abwege der Frau-Mann-Beziehungen der Paare, von denen die folgenden Kapitel handeln. Wobei der Begriff Paar nicht gleichbedeutend ist mit (monogamem) Ehepaar. Als König hatte David das Anrecht auf eine Vielzahl von Frauen, von denen drei – Michal, Abigajil und Batseba – in drei ganz unterschiedlichen Beziehungen zum Partner David und umgekehrt ins Licht der Überlieferung treten. Diesen drei Geschichten gehen Betrachtungen der Paare zur Zeit der Erzväter und Erzmütter voraus sowie des Paares Rut und Boas, dem die Bibel ein eigenes, in der Kunstgeschichte besonders liebevoll widergespiegeltes Buch widmet. Den Mittelpunkt bildet das Hohelied: eine Sammlung von Liebesliedern mit religiöser Wirkungsgeschichte. Als Paare treten allerdings auch Frauen und Männer in Erscheinung, in deren Beziehungen Begierde und Hass bis hin zu Verrat (Delila und Simson) und Mord (Judit und Holofernes) regieren. An die Stelle der Gottebenbildlichkeit tritt die Gottferne – ein Thema, das beim letzten Paar am Beispiel des von allen Menschen und somit auch von seiner (namenlosen) Frau verachteten Ijob zur Sprache kommt.

DIE KINDER ISRAELS. *Das zweite Bilderpaar in der Kreuzritterbibel (um 1250) zeigt den Kampf mit dem Engel, nachdem er mit seinen beiden Frauen, den beiden Mägden und elf Söhnen die Furt des Jabbok durchschritten hat. In dieser Szene erhält Jakob den Namen Israel, der bedeutet: Gottesstreiter (Gen 32,23–33). Der rechte Teil schildert die Versöhnung zwischen Jakob und seinem Bruder Esau. Als dieser wissen will, wer all die Menschen sind, die Jakob begleiten, erhält er zur Antwort: »Die Kinder, die Gott deinem Knecht aus Wohlwollen geschenkt hat« (Gen 33,5). Diese »Kinder Israels«, geboren von Lea, Rahel, Bilba und Silpa, sind die Stammväter des Volkes Israel.*

ADAM & EVA

Buch Genesis, Kapitel 2 und 3

BUCH GENESIS. *Das 16-teilige Bildfeld gibt in der Hamilton-Bibel (um 1350) einen Überblick zum ersten Buch der Bibel. Die Szenen führen von der Erschaffung der Welt und des Menschen über den Beginn seines Erdenlebens bis zum Traum des Pharao in der Josefsgeschichte (rechte Seite).*

DER SÜNDENFALL. *Das erste Menschenpaar mit dem Baum der Erkenntnis von Gut und Böse in der Mitte des Gartens von Eden. Miniatur in einer hebräischen Handschrift der Bibel aus Nordfrankreich, um 1280/90 (oben).*

Für die Rede vom ersten Menschenpaar in der Bibel dient gewöhnlich die Bezeichnung Adam und Eva, doch diese beiden Namen stammen erst aus der Überlieferung der letzten Jahrhunderte v.Chr. Der ältere biblische Text von Genesis 2 und 3 spricht nicht von einem individuellen Paar, sondern schlicht vom Menschen, der dann in seiner Ausprägung als Mann und Frau vorgestellt wird. Es geht um grundsätzliche Aussagen über die Beziehung zwischen den beiden Geschlechtern und nicht um die Erzählung zweier individueller Schicksale. In diesen alten Erzählungen hat die Frau eine führende Rolle; sie ergreift die Initiative und führt mit der Schlange ein bedeutungsvolles Gespräch. Der Mann ist eher passiv, sodass die Bezeichnung Eva und Adam für diese Geschichten zutreffender wäre, wenn man denn schon Namen gebrauchen will.

Die beiden Kapitel sind eingebettet in einen größeren Rahmen, der wie bei allen altorientalischen Schöpfungsmythen von der Erschaffung der Welt und der Menschen bis zu einer großen Zerstörung, der sog. Sintflut, reicht. Dieser Spannungsbogen von Schöpfung bis Flut wurde von den biblischen Erzählern übernommen. Man darf daher die beiden Kapitel, in denen von der Beziehung zwischen Mann und Frau die Rede ist, nicht allzusehr isolieren, wie es die christliche Tradition weitgehend getan hat. Vor allem aber dürfen sie nicht als historische Berichte gelesen werden, die in einem logischen Nacheinander erzählen, wie es gewesen ist bzw. wie etwas entstanden ist. Bei der Kenntnis der Art dieser Erzählungen, die inzwischen schon über zweihundert Jahre alt ist, muss gattungsmäßig die Urgeschichte, also die Erzählung der Kapitel Genesis 1 bis 11, als mythische Erzählung von der Geschichtserzählung abgehoben werden. Urgeschichte will Menschliches, Allgemeingültiges – häufig auch allzu Menschliches – beschreiben.

Aus diesem Grund geben die Geschichten nicht ein historisches Vorher und Nachher wieder. Alle früheren naiven oder wörtlichen Deutungen, die glaubten, Genesis 2 berichte von einem Menschen vor der Sünde und Genesis 3 von den Menschen nach dem sog. Sündenfall, sind falsch. Diese historisierende Sichtweise ist längst überholt. Vielmehr müssen Kapitel 2 und 3 parallel gelesen werden: Genesis 2 berichtet, wie Gott den Menschen / die Menschheit erschaffen hat und wie das Verhältnis zwischen Mann und Frau sein sollte, Genesis 3 berichtet, wie es faktisch ist. In Genesis 3 erzählt der Verfasser von seinen Erfahrungen mit den Menschen seiner Zeit, die Gebote übertreten, die ihr gegenseitiges Vertrauen verloren haben, sich anklagen, und wo der Mann über die Frau herrscht. Das ist der Befund, wie ihn der Verfasser, vermutlich ein Theologe aus der israelitischen Königszeit (10.–6. Jh. v.Chr.), vorfindet. So, wie der Mensch ist und immer war, wird er in Genesis 3 geschildert.

In principio creauit deus celu͂ 7 terr.
Terra aut͂ erat inanis 7 uacua. et te
nebre erat sup faciem abyssi. 7 spus
dei ferebat͂ sup aquas. Dixitq; ds.
Fiat lux. 7 facta est lux. Et uidit de
us lucem q͂ eet bona. 7 diuisit lu

cem a tenebris. appellauitq; lucem diem. 7
tenebras noct͂e. Factuq; est uespe 7 mane.
dies unus. Dixit quoq; ds. Fiat firmame͂
tu͂ in medio aquar. 7 diuidat aquas ab
aquis. Et fecit deus firmamentu͂. Diuisitq;
aquas que erant sub firmamento. ab hys

Die beiden Kapitel der hebräischen Bibel beschreiben das Grundverhältnis zwischen Mann und Frau, also die Beziehung der Geschlechter. Gen 4 berichtet dann von einer anderen Beziehung, nämlich vom Verhältnis zwischen Brüdern und vom ersten Mord, weiter werden die Beziehungen zwischen Ackerbauern und Viehzüchtern sowie von Land- und Stadtbewohnern thematisiert. In Genesis 6,1–4 geht es schließlich um die Beziehungen von Himmelswesen zu irdischen Frauen. Immer wieder wird das Thema grundsätzlicher Beziehungen zwischen verschiedenen Menschen, Gruppen und Geschlechtern thematisiert. Dabei steht die Beziehung von Frau und Mann am Anfang.

Die Aussagen über den Menschen ganz allgemein finden sich am Beginn von Gen 2. Der Mensch (hebr. *'adam*), besser übersetzt mit Erdling, stammt aus der *adamah*, der Ackererde. Mit dieser ist er zunächst verbunden, auf dieser muss er arbeiten. Die Verbindung von Erdling und Erde kommt im Grundgerüst der Erzählung auch darin zum Ausdruck, dass der Erdling wieder zur Erde zurück muss, d. h. er wird sterben. Diese Erde spielt auch im weiteren Verlauf der Urgeschichte eine große Rolle, in Genesis 4 wird Kain nach dem Mord von der Ackererde vertrieben, denn das Blut seines Bruders Abel, so spricht Gott zu Kain, »schreit zu mir vom Ackerboden. So bist du verflucht, verbannt vom Ackerboden, der seinen Mund aufgesperrt hat, um aus deiner Hand das Blut deines Bruders aufzunehmen« (Gen 4,10 f.). In der Sintflut schließlich werden alle Menschen außer Noach und seine Familie »vom Erdboden vertilgt«, weil »die Schlechtigkeit des Menschen zunahm« und »alles Sinnen und Trachten seines Herzens immer nur böse war« (Gen 6,5–7). Einzig die Fische werden von der Strafe nicht betroffen, aber alles, was Lebensodem hat und auf der Erde lebt, muss ertrinken. Dies ist eigentlich die erste Beziehung, die in Genesis 2 angesprochen ist, die Beziehung des Menschen zur Erde, auf der er lebt und arbeitet.

Erst am Ende des 2. Kapitels schafft Gott die Frau, weil er sieht, dass der Erdling allein ist und dass es nicht gut ist, dass der Mensch allein sei. Das Geschlecht des Menschen ist noch unbestimmt, erst nach der Erschaffung der Frau wird *'adam* zum Mann. Für Mann und Frau gibt es im Hebräischen eigene Begriffe, die erst nach der Erschaffung der Frau gebraucht werden, wobei der Terminus für Frau als erster steht. Erst durch die Erschaffung der Frau wird der Mensch ein Mann.

Diese Erschaffung der Frau wird nun sehr kunstvoll berichtet. Zuerst erschafft Gott die Tiere, um zu sehen, ob der Mensch etwas Passendes findet, ein Wesen, das ihm entspricht. Denn Gott hatte gesagt: »Ich will ihm eine Hilfe machen, die ihm entspricht« (Gen 2,18). Dieser Begriff für Hilfe wurde von einer langen, fast zweitausendjährigen Tradition als Beleg für die Minderwertigkeit und Unterordnung der Frau unter den Mann benutzt. Die Frau wurde verstanden als eine Art Dienstmagd oder Haushaltshilfe für den Mann, von Augustinus sogar einzig als Hilfe für die Zeugung und Aufzucht von Kindern; für jedes andere Werk sei ein Mann für einen Mann die bessere Hilfe, meinte dieser Kirchenvater, dessen Genesis-Auslegung im Mittelalter nachhaltige Wirkung gewonnen hat. Alle diese Auslegungen sind vom Sinn des Bibeltextes nicht gedeckt. Der Begriff für Hilfe,

DAS PARADIES. *Linker Flügel des »Heuwagen-Triptychons« von Hieronymus Bosch, um 1490 (oben).*

DIE SCHÖPFUNG. *Mit Mosaiken ausgekleidete Kuppelschale in der Vorhalle von San Marco in Venedig, um 1220 (linke Seite).*

der hier gebraucht wird, meint ein besonders qualifiziertes Gegenüber. Er wird vor allem für Gott verwendet, wenn der Mensch keinen Ausweg und keine Hilfe mehr findet, so häufig in den Psalmen, wenn Gottes Beistand angerufen wird; es kann sich somit gerade nicht um eine untergeordnete Hilfe handeln. Der Text meint zuerst die grundsätzliche Abhilfe des Alleinseins. Die Aussage gilt zudem für beide, für Mann und Frau. Denn für den Menschen (*'adam*) ist es nicht gut, allein zu sein, also auch nicht für die Frau.

Bei der Erschaffung der Frau entsteht nicht einfach ein zweites Geschöpf aus Erde, sondern Gott nimmt eine Rippe aus dem Menschen und baut daraus eine Frau. Diese Frau führt er dem Menschen zu. Der Ausruf des Mannes (Gen 2,23) ist der Höhepunkt des Kapitels, es sind die einzigen Sätze, die poetisch abgefasst sind:

IDEALBILD DES MENSCHEN. *Albrecht Dürers Darstellung von Adam und Eva (1507) enthält zwar Attribute des Themas »Sündenfall«, widmet sich aber in erster Linie dem Schönheitsideal von Mann und Frau im Stil der Renaissance.*

Diese endlich ist Bein
von meinem Bein
und Fleisch
von meinem Fleisch.
Frau soll sie heißen,
denn vom Mann
ist diese genommen.

Das zweimalige »Diese«, das als erstes und letztes Wort im hebräischen Text steht, ist Ausdruck der Freude darüber, dass der Mensch, der jetzt erstmals Mann genannt wird, endlich die Partnerin gefunden hat, die ihm entspricht. Diese Verwandtschaftsformel, die auch sonst im Buch Genesis gebraucht wird, wenn ausgedrückt werden soll, dass ein anderer aus dem gleichen Stamm oder Geschlecht, also ebenbürtig ist, unterstreicht die enge Verbundenheit der beiden Geschlechter. Weil sie aus dem gleichen Stoff sind, fühlen sie sich immer wieder zueinander hingezogen. Das ist der Sinn der bilderreichen Erzählung mit der Rippe, die in der Tradition überwiegend zum Nachteil der Frau ausgelegt worden ist. Ihr Sinn ist genau das Gegenteil davon: Diese kunstvolle Art der Erschaffung der Frau soll die besondere Bezogenheit der beiden Geschlechter ausdrücken, eine ursprüngliche Einheit, die immer wieder neu zu einer Einheit werden will. So sieht der biblische Verfasser das ideale, von Gott gewollte Verhältnis von Mann und Frau: eine Beziehung, die von Freude und Vertrauen bestimmt ist, dazu von Gleichheit und Ebenbürtigkeit. Das Vertrauen kommt vor allem noch im letzten Satz des Kapitels zum Ausdruck, dass die beiden nackt sind, sich aber nicht voreinander schämen. Die Unbefangenheit und die Zuordnung von Mann und Frau, wie sie in Genesis 2 geschildert sind, kennzeichnen für den theologischen Erzähler das Urbild für das Verhältnis der Geschlechter, wie es seiner Ansicht nach von Gott gedacht war. Verwandt mit Genesis 2 ist das Hohelied, wo in poetischer Sprache (in den Bildbereichen Garten und Früchte) das unbefangene Miteinander von Mann und Frau beschrieben wird.

DER GARTEN VON EDEN. *Mit ihrem gemeinsamen Werk »Adam und Eva im Paradies / Der Sündenfall« (um 1620) legen die Barockmaler Peter Paul Rubens und Jan Brueghel d. Ä. den Vergleich mit der unbefangenen Erotik im Hohenlied nahe.*

DIE VERSUCHERIN. *Hugo van der Goes hält sich bei seinem Bild vom Sündenfall (um 1470/75) insoweit an den biblischen Text, als die Versuchung von der Schlange ausgeht und zunächst die Frau aktiv wird, während der Mann nur teilnimmt (rechts).*

TRENNUNG DER GESCHLECHTER. *Albrecht Dürers Holzschnitt (um 1510) enthält eine Deutung des »Sündenfalls« als Beginn einer Fremdheit zwischen Mann und Frau. Das Antlitz Adams bringt die Tragik dieser Konfrontation zum Ausdruck (oben).*

Die Fortsetzung in Genesis 3 schildert nun die Zustände in den Beziehungen von Mann und Frau, wie sie wirklich sind, der Verfasser schreibt aus der Kenntnis seiner Zeit: So wie die Beziehung sein sollte, ist sie in Wirklichkeit nicht. Das Verhältnis zwischen Mann und Frau ist bestimmt durch Über- und Unterordnung, durch Misstrauen, Sünde und Gewalt. Von Freude ist nicht mehr die Rede.

Durch das Gespräch mit der Schlange am Anfang des Kapitels wird die Frau darauf aufmerksam gemacht, dass es gut wäre, von den Früchten des verbotenen Baumes zu essen. Sie führt zwar ein theologisches Gespräch mit der Schlange, in dem sie Gott verteidigt, aber schließlich nimmt sie von der Frucht und isst selbst sowie auch der Mann neben ihr. Dieser war die ganze Zeit dabei, aber er sagt in dieser Szene kein Wort, er isst nur. Augenblicklich verlieren beide ihre Unbefangenheit und sehen, dass sie nackt sind. Jetzt wird die Nacktheit zu einem Problem, und sie decken ihre Blößen mit Feigenblättern zu. Als sie Gott im Garten umhergehen hören, verstecken sie sich wie kleine Kinder, die ein schlechtes Gewissen haben. Anschaulich wird hier geschildert, wie Vertrauen verloren geht, zuerst zwischen den Menschen und Gott, dann auch zwischen Mann und Frau selbst, denn es beginnt die wechselseitige Beschuldigung, womit der Mann beginnt: Die Frau habe ihm von den verbotenen Früchten gegeben. Damit ist die ursprüngliche Zusammengehörigkeit der beiden zerbrochen.

Gott spricht sodann in drei poetisch formulierten Sprüchen die drei Beteiligten, Schlange, Frau und Mann, auf die Beschwernisse ihrer Lebenssituation an. Es handelt sich hier nicht um »Strafsprüche«, wie gelegentlich immer noch zu lesen ist, sondern um Zustandsschilderungen. Die Zustände, wie sie der biblische Verfasser in seiner Zeit vorfindet, formuliert er in diesen Texten. Angefangen wird mit der Schlange, der einzigen Verführerin im biblischen Text, die auf dem Bauch kriechen und Staub fressen muss.

Für die Frau werden die Mühsal von Schwangerschaften und Geburten sowie ihre Unterdrückung durch den Mann angeführt. Dass der Mann über die Frau herrscht, ist für den Verfasser ein Zustand, wie er nicht gottgewollt ist. Wie das Verhältnis von Mann und Frau sein sollte, hat er in Genesis 2 geschildert. Dass die Frau unter den Beschwerden ihrer Mutterschaft leiden muss und dazu noch vom Mann unterdrückt wird, ist eine Perversion der ursprünglichen Ordnung, die von Freude bestimmt sein sollte. Wenn die Frau sich gegen diese Perversion wehrt, handelt sie genauso gottgewollt richtig wie der Mann, wenn er Hilfsmittel einsetzt, um seinen Schweiß bei der Ackerarbeit zu verringern. Beides, die mühselige Arbeit des Mannes auf der Erde wie die Beschwerden der Frau, sind Zeichen, dass die Menschen ein ursprüngliches Vertrauen, eine gegebene Unbefangenheit verloren haben. Nicht nur die Beziehung der Geschlechter ist gestört, auch die Beziehung zwischen Mensch und Schöpfung wird problematisch.

Erst am Schluss der Erzählung kommt der Name *hawwah* (Leben) für die Frau ins Spiel, der in der späteren Tradition mit Eva wiedergegeben wird. Dieser Name kommt in der ganzen hebräischen Bibel nur hier und im ersten Satz von Genesis 4 vor, der in wörtlicher Übersetzung lautet:

Und der Mensch erkannte seine Frau Hawwah,
und sie wurde schwanger und gebar den Kain.

Erst mit diesem Namen, konkret erst in Genesis 4, wird die Frau auch Mutter. In Genesis 2 und 3 spielt die Mutterschaft noch keine Rolle, dort geht es um die

DIE VERTREIBUNG.
Illustration zu John Miltons Epos »Das verlorene Paradies« (1667). In Miltons Dichtung wird Adam zu Hauptperson; ihm offenbart der Erzengel Michael in einer Vision den Weg zur Erlösung im göttlichen Heilsplan.

Beziehung der Geschlechter, die allerdings noch fast wie Kinder, unbefangen und naiv, miteinander umzugehen scheinen. Die Frage, ob die Menschen schon im Garten sexuell miteinander verkehrt haben, wurde oft behandelt, nach dem biblischen Text ist wohl erst außerhalb des Gartens, in Gen 4, der erste Verkehr und die erste Zeugung erfolgt. Man kann ja die beiden Kapitel auch so lesen, dass sie die Stufen des Erwachsenwerdens der Menschen beschreiben: Zuerst sind sie wie Kinder, dann werden sie erwachsen, entdecken ihre Geschlechtlichkeit und verlieren ihre Unbefangenheit. Leider ist aber die Erzählung oft so ausgelegt worden, als hätte die Geschlechtlichkeit grundsätzlich etwas Negatives an sich, als würde damit die Sünde, der Abfall von Gott, beginnen. Diese Deutung hat in der Erzählung von Gen 2 und 3 keinen Anhalt. Zwar ist explizit erst in Gen 4,1 von einer sexuellen Begegnung der ersten Menschen die Rede, Gen 2 und 3 sprechen darüber nicht, möglicherweise, weil sie für den Verfasser selbstverständlich war.

Die extreme Verengung des Textverständnisses ist in der christlichen Tradition dadurch eingetreten, dass die Frau mit Sexualität und Leiblichkeit identifiziert und, damit zusammenhängend, allein für den sog. Sündenfall verantwortlich gemacht wurde. Dass die Frau von den Früchten des Baumes nimmt und auch ihrem Mann neben ihr gibt, wurde dahingehend interpretiert, sie trage die größere, häufig die alleinige Schuld an der Sünde der Menschheit. Der Mann habe sich sozusagen nur passiv, ja als Kavalier, um die Frau in ihrem Elend nicht allein zu lassen (Augustinus), an der Übertretung des Verbots beteiligt. Alle diese Entschuldigungen für den Mann sind vom Text her nicht gedeckt. Nach der gesamten altorientalischen Bildtradition ist es immer eine Frau, die mit Baum (und Schlange) verbunden ist, zudem sind es die Frauen, die das Essen bereiten und austeilen. Ein Griff des Mannes in den Baum (wie es Michelangelo später darstellt), ist von der altorientalischen Ikonographie her undenkbar. In alter Zeit war man einem Formzwang viel mehr verpflichtet als in der modernen Zeit, wo alle Möglichkeiten erlaubt sind. Im ersten vorchristlichen Jahrtausend war der Bildzusammenhang Frau – Baum – Schlange so fest verankert, dass ein Autor ihn nicht beliebig auflösen konnte. Alle Zuweisungen der Schuld an die Frau sind somit willkürliche Auslegungen zu Lasten der Frau. Sie konnten sich nur so lange halten, weil sowohl die Auslegung der Bibel wie die Bibelübersetzungen in der ganzen christlichen Tradition ausschließlich durch Männer erfolgt sind, die ihr Selbstverständnis, ihre gesellschaftliche Rolle und ihre Interessen in die Texte hineininterpretiert haben.

Dass die biblischen Verfasser, die ja in einer patriarchalischen Gesellschaft leben und schreiben, gerade ein so paritätisches, partnerschaftliches Bild des Verhältnisses von Mann und Frau zeichnen, ist umso erstaunlicher. Offenbar sahen sie ein Gleichgewicht sowohl in der Natur wie auch in der Beziehung zwischen den Geschlechtern, das, wenn es gestört wird, Unordnung, Zerstörung und Gewalt mit sich bringt. Die biblische Tradition ist, anders als die spätere christliche, weder frauenfeindlich noch leibfeindlich, wie am Beispiel des Hohenliedes gezeigt werden kann, das sehr freizügig Lieder über das erotische Spiel zwischen Mann und Frau enthält.

»Dann sprach Gott, der Herr: Seht, der Mensch ist geworden wie wir; er erkennt Gut und Böse. Dass er nicht die Hand ausstreckt, auch vom Baum des Lebens nimmt, davon isst und ewig lebt!«
GENESIS 3,22

STERBLICHKEIT. *Michelangelos Fresko der Vertreibung aus dem Garten von Eden (Decke der Sixtinischen Kapelle, 1508–12) gibt den zur Sterblichkeit verurteilten Menschen die Gestalt von Titanen (oben).*

ROLLENTAUSCH. *Michelangelos »Sündenfall« an der Decke der Sixtina aktiviert Adam, indem er begierig nach den Früchten greift, während Eva sich passiv eine Feige reichen lässt (linke Seite).*

младенцы
стымъ

DIE ERZELTERN

Von den Erzeltern erzählt das Buch Genesis in den Kapiteln 12 bis 36. Die Entstehungsgeschichte dieser Texte verläuft von alten, zunächst mündlichen Erzählungen, Sagen über Erzählkränze und Sammlungen bis hin zu übergreifenden Geschichtsdarstellungen und erstreckt sich über viele Jahre (10. bis 6. Jahrhundert v. Chr.). Daher gibt es immer wieder Brüche und Widersprüche, und manche Erzählungen werden in unterschiedlichen Fassungen überliefert.

Die Zeit, von der in den alttestamentlichen Texten erzählt wird, ist die Frühzeit Israels, 1200–1000 v. Chr. Israel ist in dieser Zeit als Stämmegesellschaft organisiert. Die Erzeltern sind Nomaden. Sie wohnen in Zelten, betreiben Viehzucht und wechseln immer wieder ihren Aufenthaltsort. Sie kommen aus dem Osten, aus Mesopotamien, und besiedeln das Land Kanaan, das ihnen verheißene, gelobte Land. Die Gesellschaftsordnung ist patriarchal. Aber die Erzmütter zeigen doch viel Eigeninitiative, sie handeln aktiv. Es gibt keine Trennung in männliche und weibliche Arbeitsbereiche, sondern Männer und Frauen haben in gleicher Weise sowohl an der Viehwirtschaft als auch am Fortbestand der Familie durch Kinder Interesse. In den Lebensgeschichten der Erzeltern entsteht das Volk Israel.

Die drei Erzelternpaare, die großen Vorbilder, von denen Israel seine Geschichte herleitet, werden nicht als strahlende Heldinnen und Helden oder als Heilige dargestellt, sondern in ihrer ganzen Menschlichkeit, mit allen Stärken und Schwächen. In den zwischenmenschlichen Beziehungen mit ihren Höhen und Tiefen widerspiegelt sich ihr Verhältnis zu Gott. Alle Erzeltern werden sehr alt: z. B. Abraham 175 Jahre und Sara 127. Dieses hohe Alter ist Symbol für ein erfülltes, gelungenes Leben. Wenn einem Menschen so viel Leben geschenkt wird, dann ist dies ein Zeichen für die Treue Gottes.

Die Erzelternerzählungen sind keine romantischen Liebesgeschichten. Die biblische Sprache ist oft knapp und sachlich. Gefühle werden kaum geschildert, sie lassen sich nur zwischen den Zeilen erahnen. Liebe und Eros sind in den Erzelternerzählungen vor allem im Zusammenhang mit Fruchtbarkeit wichtig. Die Erzmütter sind schön, aber zunächst unfruchtbar. Gott ist der Verursacher der Unfruchtbarkeit, aber auch der, der sie beendet. Gerade die zunächst kinderlosen Frauen werden so zum Symbol für Gottes Gnade, sie führen die Verheißungslinie weiter. Die Erzelternpaare leben bezogen auf Gott und seine Verheißungen. Ihre Lebensgeschichten stehen unter der Spannung zwischen Unfruchtbarkeit und Verheißung reicher Nachkommenschaft. In ihren Beziehungen geht es um typisch menschliche Verhaltensweisen und Probleme wie Eifersucht, Geschwisterkonkurrenz, Betrug oder Verzweiflung über Kinderlosigkeit, die – auch wenn die Zeiten ganz andere sind – bis heute aktuell sind.

GASTFREUNDSCHAFT. *Russische Ikone des 14. Jahrhunderts mit der Darstellung der »drei Männer« (Gen 18,2) zu Gast bei Abraham und Sara im Hain von Mamre (oben).*

DREI PATRIARCHEN. Russische Ikone (um 1830/40) mit den Erzvätern Abraham in der Mitte sowie Isaak und Jakob. In ihrem Schutz befinden sich die Seelen Verstorbener wie jene des Armen im Gleichnis (Lk 16,19–33), der »von den Engeln in Abrahams Schoß getragen« wird (linke Seite).

ABRAHAM & SARA

Buch Genesis, Kapitel 11 bis 23

DIE LAUSCHERIN. *Die zweigeteilte Bildseite im Ingeborg-Psalter (um 1195) mit dem Gastmahl im Hain von Mamre (Gen 18,1–33) behandelt zwar Sara als Randerscheinung. Doch der bibelkundige Betrachter weiß, dass es hier um ihre unverhoffte Mutterschaft geht (rechte Seite).*

ZUFLUCHT. *Ein Stadttor dient als Sinnbild für Ägypten, wo sich Abraham, Sara und sein Bruder Lot während einer Hungersnot aufhalten. Miniatur zu Genesis 12 in der Wenzelsbibel, um 1400 (oben).*

Abraham und Sara sind ein Paar, das selbstverständlich verheiratet ist. Über ihr Leben vor der Ehe wissen wir nichts. Sie heißen zunächst Abram und Sarai. Erst als Gott mit ihnen einen Bund schließt, werden sie in Abraham (»Vater vieler Völker«) und Sara (»Fürstin«) umbenannt, weil viele Völker und Könige von ihnen abstammen. Ihre Heimat ist Ur in Chaldäa, in Mesopotamien.

Sara ist unfruchtbar. Trotzdem erhält Abraham Gottes Verheißung: »Ich werde dich zu einem großen Volk machen, dich segnen und deinen Namen groß machen. Ein Segen sollst du sein« (Gen 12,2). So zahlreich wie die Sterne am Himmel sollen seine Nachkommen sein. Unter diesem Gegensatz von göttlicher Verheißung und einer Realität, die dagegen spricht, steht Abrahams und Saras Ehe von Anfang an. Sie verlassen auf Hoffnung hin ihr Land und ihre Verwandtschaft, ziehen ins verheißene Land Kanaan und durchwandern es von Norden nach Süden.

Wegen einer Hungersnot ziehen Abraham und Sara weiter nach Ägypten, das durch den Nil fruchtbar ist. Abraham hat wegen der Schönheit seiner Frau Angst um sich selbst und gibt sie als seine Schwester aus: »Ich weiß, du bist eine schöne Frau. Wenn dich die Ägypter sehen, werden sie sagen: Das ist seine Frau!, und sie werden mich erschlagen, dich aber am Leben lassen. Sag doch, du seiest meine Schwester, damit es mir deinetwegen gut geht und ich um deinetwillen am Leben bleibe« (Gen 12,11–13). Abraham will auf Saras Kosten sein eigenes Leben retten. Es kommt hier zu keinem Gespräch zwischen beiden, Sara ist stummes Opfer. In Ägypten wird Sara in das Haus des Pharao genommen, während Abraham mit Vieh, Knechten und Mägden beschenkt wird. Seine Angst erweist sich also als völlig unbegründet. Aber Gott greift zu Gunsten der preisgegebenen Frau ein und schlägt den Pharao mit Plagen. Daraufhin zieht der Pharao Abraham zur Rechenschaft: »Was hast du mir da angetan? Warum hast du mir nicht gesagt, dass sie deine Frau ist? Warum hast du behauptet, sie sei deine Schwester, sodass ich sie mir zur Frau nahm? Nun, da hast du deine Frau wieder, nimm sie, und geh!« (Gen 12,18f.). In frühjüdischen Auslegungen wird der Skandal, dass Abraham seine Frau zum Ehebruch preisgibt, überspielt: Ein Engel greift ein und schlägt den Pharao mit einem Stab, bevor er sich Sara nähern kann.

In Ägypten zu Wohlstand gelangt, kehrt Abraham mit seiner Familie ins verheißene Land zurück. Abrahams und Saras Ehe ist nach wie vor kinderlos. Sara versucht, einen Ausweg aus der Kinderlosigkeit zu finden, indem sie Abraham

Abrah

»Wenn Abraham aufgrund von Werken Gerechtigkeit erlangt hat,
dann hat er zwar Ruhm, aber nicht vor Gott. Denn die Schrift sagt:
Abraham glaubte Gott, und das wurde ihm als Gerechtigkeit angerechnet.«

PAULUS, BRIEF AN DIE RÖMER 4,2–3

GLAUBE UND GEHORSAM. *Das Mosaik in San Vitale in Ravenna, um 550, verbindet zwei Szenen: Beim Gastmahl im Hain von Mamre vertraut Abraham der Verheißung, dass Sara einen Sohn gebären wird (Gen 18,1–33); als Gott verlangt, dass Abraham diesen wie durch Wunder zur Welt gekommenen Sohn Isaak opfert, leistet er Gehorsam (Gen 22,1–19).*

ihre persönliche Sklavin Hagar zur Frau gibt. Abraham und Sara sind aber nicht in der Lage, den Konflikt zu lösen, der sich aus Hagars Schwangerschaft ergibt. Das stellvertretende Gebären der Sklavin für die Ehefrau scheitert.

Gott schließt einen Bund mit Abraham und besiegelt ihn mit der Beschneidung. Sara wird in die Verheißung Gottes an Abraham eingebunden: Gott segnet auch sie, und sie wird einen Sohn gebären. Sein Name soll Isaak sein, und Gott wird auch mit ihm und seinen Nachkommen einen Bund schließen.

Der Name des lang ersehnten Sohnes Isaak (»er lacht«) leitet sich vom ungläubigen Lachen seiner Eltern her: Als Abraham diese Verheißung hört, fällt er auf sein Gesicht nieder, lacht und fragt sich: »Können einem Hundertjährigen noch Kinder geboren werden, und kann Sara als Neunzigjährige noch gebären?« (Gen 17,17). Auch Saras Lachen gibt dem Sohn seinen Namen. Einmal besuchen drei Männer, aus denen Gott spricht, Abraham und Sara bei den Eichen von Mamre. Sie treffen Abraham um die Mittagszeit vor seinem Zelt an. Abraham begrüßt

sie und bewirtet sie mit großer Gastfreundschaft. Die Männer erkundigen sich nach Sara und kündigen Abraham an, dass sie in einem Jahr einen Sohn haben wird. Sara hört am Zelteingang zu. Sie und Abraham sind alt, haben ihre fruchtbare Zeit schon hinter sich, und sie schätzt die Lage realistisch ein. Da lacht Sara still in sich hinein und denkt: »Ich bin doch schon alt und verbraucht und soll noch das Glück der Liebe erfahren? Auch ist mein Herr doch schon ein alter Mann« (Gen 18,12). Aber bei Gott ist nichts unmöglich. Als Sara erkennt, wer durch die drei Männer spricht, erschrickt sie und leugnet ihr Lachen. Aber Gott spricht sie direkt an: »Doch, du hast gelacht« (Gen 18,15). Nur hier wird Sara direkt von Gott angesprochen, und da wird sie getadelt. Sonst ist es immer Abraham, der Verheißungen von Gott bekommt und mit ihm im direkten Gespräch ist.

Die Erfüllung der Verheißung wird aber – jetzt, wo die Geburt schon so konkret übers Jahr vorausgesagt ist – noch einmal verzögert. In einer zweiten, eingeschobenen Erzählung wird die Preisgabe Saras durch Abraham berichtet. Dies-

GEHORSAM UND LOHN.
Der Bildteppich aus dem 17. Jahrhundert illustriert das gute Ende der Geschichte »Abraham in Gerar« (Gen 20,1–18): Abimelech gibt Abraham dessen angebliche Schwester Sara zurück. Er gehorcht damit einer Weisung Gottes im Traum und wird damit belohnt, dass die Unfruchtbarkeit in seiner Familie ein Ende findet.

mal wird sie an Abimelech in Gerar ausgeliefert, einer Stadt im Gebiet der Philister, zwischen dem Mittelmeer und der Negev-Wüste. In dieser Fassung der Geschichte warnt Gott Abimelech im Traum und verhindert so den Skandal des Ehebruchs.

Bei Sara ist das Wunder der Verheißung im Vergleich zu den anderen Erzmüttern am größten: Sie ist bei der Geburt ihres Sohnes Isaak schon 90 Jahre alt, also schon weit über das Alter der Gebärfähigkeit hinaus, und Abraham ist 100. Aber dargestellt wird dieses lang ersehnte Ereignis in kurzen, knappen Sätzen: Gott nimmt sich der Sara an und handelt an ihr, wie er in seinen Verheißungen versprochen hat. Sara wird schwanger und gebiert dem Abraham noch in seinem hohen Alter einen Sohn, genau zu der Zeit, die Gott vorausgesagt hat. Und Abraham gibt diesem Sohn den Namen Isaak. Im Alter von acht Tagen wird er beschnitten. »Sara aber sagte: Gott ließ mich lachen; jeder, der davon hört, wird mit mir lachen. Wer, sagte sie, hätte Abraham zu sagen gewagt, Sara werde noch Kinder stillen? Und nun habe ich ihm noch in seinem Alter einen Sohn geboren« (Gen 21,6f.). Gott bringt Sara und Abraham zum Lachen, und diese Freude über das lang ersehnte Kind ist ansteckend.

Doch die Liebe der Eltern zu Isaak wird auf eine harte Probe gestellt. Gott gibt Abraham einen ungeheuerlichen Auftrag: »Nimm deinen Sohn, deinen einzigen, den du liebst, Isaak, geh in das Land Morija, und bring ihn dort auf einem der Berge, den ich dir nenne, als Brandopfer dar« (Gen 22,2). Der Sohn, in dem seine ganze Hoffnung auf reiche Nachkommenschaft liegt, soll geopfert werden. Abraham gehorcht und macht sich mit Isaak auf den Weg. Der Sohn merkt, dass etwas nicht stimmt, und fragt den Vater nach dem Opferlamm. Abraham antwortet kurz: »Gott wird sich das Opferlamm aussuchen, mein Sohn« (Gen 22,8). Die Spannung steigert sich: Abraham bereitet das Holz vor, bindet Isaak und legt ihn auf das Holz am Altar. Schon streckt er seine Hand mit dem Messer aus, um seinen Sohn zu schlachten. Da greift in letzter Minute ein Engel Gottes vom Himmel her ein und ruft Abraham: »Strecke deine Hand nicht gegen den Knaben aus, und tu ihm nichts zuleide! Denn jetzt weiß ich, dass du Gott fürchtest; du hast mir dei-

»Ohne im Glauben
schwach zu werden, war er,
der fast Hundertjährige, sich
bewusst, dass sein Leib und auch
Saras Mutterschoß erstorben waren.
Er zweifelte nicht im Unglauben an
der Verheißung Gottes,
sondern wurde stark im Glauben,
und er erwies Gott Ehre,
fest davon überzeugt,
dass Gott die Macht besitzt,
zu tun, was er
verheißen hat.«

PAULUS,
BRIEF AN DIE RÖMER 4,19–21

DIE VERHEISSUNG.
Die Miniatur im Oktateuch (Handschrift der ersten acht Bücher der Bibel von Smyrna aus dem 12. Jahrhundert) konzentriert sich auf den Kern der Szene im Hain von Mamre: Abraham und Sara wird ein Sohn verheißen. Ihre Gesten sind Ausdruck der gläubigen Annahme der Verheißung.

nen einzigen Sohn nicht vorenthalten« (Gen 22,12). Statt Isaak wird ein Widder als Brandopfer dargebracht.

Diese Geschichte stellt bis heute eine Anfrage an den Glauben dar: Was ist das für ein Gott, der einen Vater auffordert, seinen Sohn zu schlachten? Dass diese grausame Tat zuletzt nicht ausgeführt wird, ist kein Trost. Die Geschichte bleibt ungeheuerlich und beschäftigt die Theologie seit Jahrhunderten. Im Christentum wird Abraham als Vorbild des Gottsuchenden, des bedingungslos Glaubenden interpretiert. Die jüdische Tradition verwendet die hebräische Bezeichnung *akeda*, Bindung Isaaks, weil Isaak letztendlich nicht geopfert, sondern von Abraham gebunden wird. Mit der Bindung Isaaks wird versucht, unerklärliches Leiden, Märtyrertum und Verfolgung zu deuten.

In der biblischen Erzählung wird Sara in diesem Zusammenhang nicht erwähnt. Das Geschehen spielt sich zwischen Abraham und Gott ab, obwohl Sara als Mutter genauso betroffen ist. In jüdischen Auslegungen ist Sara eine wichtige Gestalt, sie gilt als Prophetin. Ein mittelalterlicher Midrasch stellt die Frage: Wo war Sara, als Abraham Isaak zur Opferung führte? Abraham gelingt es nur mit dem Vorwand, ihn in ein besonders gutes Lehrhaus zu bringen, Isaak von Sara zu trennen. Nach einem tränenreichen Abschied besucht der Satan Sara und berichtet ihr von der Opferung Isaaks. Aus Trauer darüber stirbt Sara.

Nach der Bindung Isaaks wird in der Genesis von Saras Tod berichtet: Sie stirbt mit 127 Jahren in Kirjat-Arba/Hebron. Abraham beklagt und beweint Saras Tod. Er erwirbt von einem Hetiter die Höhle von Machpela im Hain Mamre und begräbt sie darin. Die Landverheißung ist realisiert, und das erste Stück Grund und Boden, das der Sippe gehört, ist Saras Begräbnisplatz. Nach Saras Tod nimmt Abraham noch eine Frau, Ketura. Seinem Lieblingssohn Isaak vermacht er alles, die Söhne seiner Nebenfrauen schickt er, mit Geschenken versorgt, Richtung Osten, möglichst weit weg von Isaak. Abraham stirbt im Alter von 175 Jahren, alt und lebenssatt. Isaak und Ismael begraben ihn auch in der Höhle Machpela. Die Begräbnisstätte der Erzeltern in Hebron wird bis heute verehrt.

Abraham und Sara führen eine bewegte Ehe zwischen den Nöten der Kinderlosigkeit, göttlicher Verheißung, schließlich Geburt des gemeinsamen Sohnes und seiner neuerlichen Gefährdung. Wanderschaft, Kinderlosigkeit und Elternschaft bestimmen ihre Beziehung. Sie werden vorwiegend als alte Menschen gezeichnet. Abraham und Sara gehen gemeinsam durch Höhen und Tiefen des Lebens. Sie leben aber nicht in ständiger Symbiose, sondern es gibt auch Zeiten eigenständiger Initiativen in ihrer Beziehung: Abraham gibt Sara an fremde Herrscher preis, weil er Angst vor einem Nachteil für sich selbst hat. Die Fast-Opferung Isaaks hat er allein zu verantworten. Und Saras Versuch, durch ihre Magd Hagar zu einem Kind zu kommen, hat eine Ehekrise zur Folge. Abraham steht in ständiger Zwiesprache mit Gott, Sara wird in dieses Verhältnis nur indirekt einbezogen. Die Liebe des ältesten Erzelternpaares drückt sich darin aus, dass sie trotz aller Schwierigkeiten bedingungslos zueinander stehen.

»Dann sagte Isaak:
Hier ist Feuer und Holz.
Wo aber ist das Lamm
für das Brandopfer?
Abraham entgegnete:
Gott wird das Opferlamm
aussuchen, mein Sohn.«
GENESIS 22,7–8

VATER UND SOHN.
Rembrandts Radierung aus dem Jahr 1645 steht im Zusammenhang des Themas »Isaaks Opferung«. Sie zeigt Abraham, wie er die Frage seines Sohnes Isaak nach dem Opferlamm ausweichend beantwortet. Hofft er insgeheim, davor bewahrt zu werden, den eigenen Sohn opfern zu müssen?

ISAAK & REBEKKA

Buch Genesis, Kapitel 24 bis 28

Die Ehe zwischen Isaak und Rebekka wird durch Vermittlung eingefädelt. Abraham beauftragt seinen ältesten Knecht, in seiner Heimat Mesopotamien eine Braut für Isaak zu suchen, und dieser findet Rebekka. Die Frau, die Abraham für seinen Sohn Isaak sucht, soll wie er bereit sein, ihr Land und ihre Familie zu verlassen, um in das gelobte Land zu ziehen.

Ausgestattet mit Geschenken und einer großen Kamel-Karawane, macht sich der Knecht auf die Reise und lässt sich am Brunnen vor der Stadt nieder, zu dem die Frauen zum Wasserschöpfen herauskommen. Er betet zu Gott um Gelingen für sein Vorhaben. Die richtige Frau soll diejenige sein, die auf seine Bitte um Wasser nicht nur ihm, sondern auch seinen Kamelen zu trinken gibt. Bevor er zu sprechen aufgehört hat, kommt Rebekka zum Brunnen: Sie ist Tochter Betuëls und Enkelin von Abrahams Bruder Nahor und dessen Frau Milka. Sie stammt somit aus der im Osten, in Mesopotamien gebliebenen Verwandtschaft Abrahams. Sie ist sehr schön und noch Jungfrau. Rebekka gibt zuerst dem Knecht und dann den Kamelen zu trinken und erweist sich so als die passende Frau. Er beschenkt sie mit Goldschmuck und bittet um Nachtquartier bei ihrer Familie. Während Rebekka zum Haus ihrer Mutter vorausläuft, spricht der Knecht ein Dankgebet zu Gott für die glückliche Fügung.

Im Haus von Laban, Rebekkas Bruder, wo der Knecht mit großer Gastfreundschaft aufgenommen wird, bringt er seine Brautwerbung vor. Die Familie stimmt gottergeben zu, fragt aber auch Rebekka, ob sie mit Abrahams Knecht zu Isaak ziehen will, und sie stimmt zu: »Ich gehe!« Ihre Familie entlässt Rebekka mit einem Segen: »Du, unsere Schwester, werde Mutter von tausendmal Zehntausend! Deine Nachkommen sollen besetzen das Tor ihrer Feinde« (Gen 24,60). Mit dem Segen ihrer Familie macht sich Rebekka mit ihren Mägden auf den Weg, auf Kamelen reitend, und geht mit Abrahams Knecht mit.

Die erste Begegnung zwischen Rebekka und Isaak findet in der Gegend des Brunnens Lahai-Roï im Negev, dem Südland, statt. Die von Abraham und Sara verstoßene Hagar hatte ihm nach ihrer Rettungserfahrung durch einen Gottesboten diesen Namen – »Brunnen des Lebendigen, der nach mir schaut« (Gen 16,14) – gegeben. Als Isaak, gegen Abend auf dem Feld wandelnd, seine Augen hebt, sieht er Kamele kommen. Als Rebekka ihre Augen hebt, sieht sie Isaak und lässt sich, ja fällt vom Kamel herunter. Sie fragt den Knecht, wer der Mann sei, der ihnen auf dem Feld entgegenkommt. Als sie erfährt, dass es Isaak ist, nimmt Rebekka einen Schleier und verhüllt sich. Isaak bringt Rebekka in das Zelt seiner Mutter Sara. Sie wird seine Frau, er liebt sie und wird so über den Tod seiner Mutter getröstet. Im Vergleich zur ausführlichen Schilderung der Brautwerbung um Rebekka ist die

BRAUT UND BRÄUTIGAM. *Nachdem Elieser erfolgreich als Brautwerber tätig gewesen ist, trifft Rebekka ihren Bräutigam Isaak. Im Gegensatz zum biblischen Text (hier verschleiert sich Rebekka) geht sie auf dem Bild (um 1650, Ausschnitt) des neapolitanischen Barockmalers Andrea Vaccaro ihrem zukünftigen Mann im Bewusstsein ihrer Schönheit mit geradezu herausfordernder Offenheit entgegen (linke Seite).*

BRAUTWERBUNG. *Angebahnt wird die Ehe Isaaks mit Rebekka durch Abrahams Knecht Elieser am Brunnen vor der Stadt. Die Miniatur in der Wenzelsbibel (um 1400) zeigt, wie Rebekka den Kamelen Eliesers zu trinken gibt (oben).*

AUSZEICHNUNG. *Rebekka stillt den Durst des Elieser (Gen 24,18). Dadurch zeichnet sie sich, wie das Bild (um 1650) des spanischen Barockmalers Bartolomé Estéban Murillo betont, vor den anderen Mädchen am Brunnen aus (oben).*

HEIMLICHKEIT. *Das Gemälde »Die Judenbraut« (um 1665) von Rembrandt bezieht sich aller Wahrscheinlichkeit nach auf die »Geschwister« Isaak und Rebekka, die von Abimelech beobachtet werden (rechte Seite).*

Schilderung der ersten Begegnung von Isaak und Rebekka knapp und sachlich. In dieser durch Vermittlung eingefädelten Ehe wächst die Liebe erst nach der Heirat. Sie ist nicht selbstverständlich, sondern muss extra betont werden.

Wie alle Erzmütter ist Rebekka zunächst unfruchtbar. Nach einem Gebet Isaaks zu Gott wird sie schwanger und erwartet Zwillinge. Als sich die noch Ungeborenen in Rebekkas Leib stoßen, befragt sie Gott und erhält das Geburtsorakel: »Zwei Völker sind in deinem Leib, zwei Stämme trennen sich schon in deinem Schoß. Ein Stamm ist dem andern überlegen, der ältere muss dem jüngeren dienen« (Gen 25,22f.). Der Erstgeborene ist am ganzen Körper rötlich behaart, wie mit einem Fell bedeckt, und wird Esau genannt, der Zweitgeborene Jakob. In seinem Namen steckt einerseits die Bedeutung »Ferse«, weil er bei der Geburt die Ferse seines Bruders hält, andererseits das »Betrügen«. Der Erstgeborene, Esau, wird Jäger. Isaak hat ihn lieber, weil er gerne Wildbret isst. Jakob bleibt als häuslicher Mann bei den Zelten. Er ist Rebekkas Lieblingssohn. Zwischen den Brüdern besteht von Anfang an Rivalität. Esau ist als der Erstgeborene rechtlich bevorzugt.

Mit seinem Erstgeborenenrecht geht er jedoch recht arglos um: Als er einmal hungrig vom Feld kommt, verkauft er es seinem Bruder für ein Linsengericht.

Die Geschichte von der Preisgabe der Erzmütter an einen fremden Herrscher wird – in einer dritten Parallelerzählung – auch von Isaak und Rebekka berichtet: Wie Abraham und Sara verlassen auch Isaak und Rebekka wegen einer Hungersnot das Land und gehen zu Abimelech, dem König der Philister, nach Gerar. Gott überträgt die Abrahamverheißungen von Land und zahlreicher Nachkommenschaft auf Isaak. Wie Abraham verleugnet auch Isaak seine Frau: Aus Angst, dass die Männer von Gerar ihn wegen ihrer Schönheit töten könnten, gibt er sie als seine Schwester aus. Eines Tages sieht Abimelech durch ein Fenster Isaak mit Rebekka scherzen. Entrüstet stellt er ihn zur Rede, warum er verheimlicht hat, dass sie seine Frau ist. Jakob gibt zu, dass es ihm nicht um Rebekka gegangen sei, sondern nur um seine eigene – unbegründete – Angst. Die Sache geht glimpflich aus, und Abimelech stellt Isaak und Rebekka unter seinen Schutz. Der Segen Gottes ist es, der Isaak hier beisteht und der ihm reichen Ernteertrag beschert.

»Nachdem er längere Zeit
dort zugebracht hatte,
schaute einmal Abimelech,
der König der Philister,
durch das Fenster und
sah gerade, wie Isaak
seine Frau Rebekka liebkoste.«
Genesis 26,8

ZWILLINGE. *Die Miniaturen der Wenzelsbibel (um 1400) zeigen Rebekka mit Esau und Jakob im Wochenbett, dann die Eltern mit ihren heranwachsenden Zwillingen. Hier wie dort hält Rebekka Jakob*

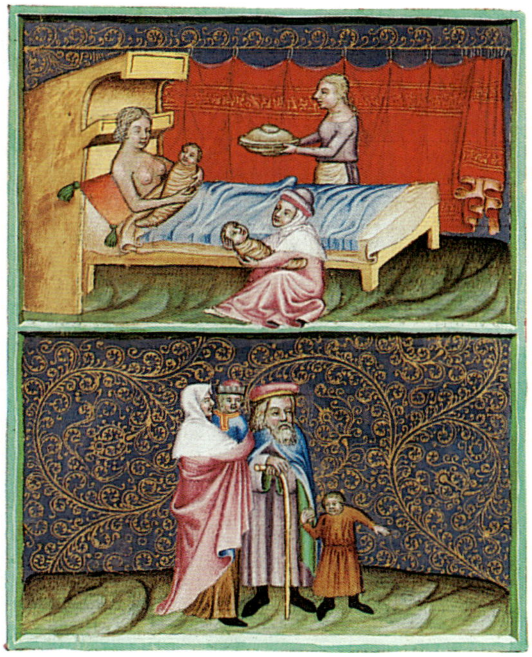

in den Armen, der schließlich mit der Hilfe der Mutter Isaaks Segen für den Erstgeborenen erlistet (unten).

»Der Herr gab (Rebekka) diese Antwort: Zwei Völker sind in deinem Leib, zwei Stämme trennen sich schon in deinem Schoß. Ein Stamm ist dem anderen überlegen, der ältere muss dem jüngeren dienen.«

GENESIS 25,23

Die Rivalität von Esau und Jakob beeinträchtigt die Beziehung zwischen Isaak und Rebekka. Jakob, der Esau schon um das Erstgeborenenrecht betrogen hat, erschleicht sich auch Isaaks Segen: Isaak, der inzwischen alt und blind geworden ist, ruft seinen erstgeborenen Sohn Esau. Er bittet ihn darum, ihm ein Wild zu jagen und wohlschmeckende Speisen zu bereiten, bevor er ihm noch vor seinem Tod den Segen gibt. Rebekka hört diese Worte und schickt ihren Lieblingssohn Jakob, zwei Ziegenböcke für Isaak zu holen, aus denen sie ihm seine Lieblingsspeisen zubereitet. Sie übernimmt die Verantwortung für Jakobs Handeln, weil sie durch das Geburtsorakel weiß, dass er der Träger der Verheißungslinie ist. Rebekkas Plan gelingt, obwohl der blinde Isaak Verdacht schöpft und mit allen seinen Sinnen herauszufinden versucht, ob es wirklich Esau ist, der vor ihm steht. Doch der Geruch von Esaus Kleidern, die Jakob anhat, und die Felle, die er sich auf Hände und Hals gebunden hat, überzeugen Isaak. So segnet er Jakob, den Zweitgeborenen, auf dem die göttliche Verheißung liegt.

Als Esau mit seiner Wildspeise zum Vater kommt, erkennen beide den Betrug. Ihr Erschrecken und ihre Verbitterung ist groß. Der Erstgeborenensegen ist vergeben, und Esau bekommt nur noch einen abgeschwächten Segen. Der wütende Esau wartet nur noch auf den Tod seines Vaters, um sich an Jakob zu rächen. Rebekka rät ihrem Lieblingssohn daher, das Land zu verlassen und zu ihrem Bruder Laban zu flüchten. Jakob geht mit dem Wunsch seiner Eltern, sich eine Frau aus der eigenen Verwandtschaft zu suchen. Der Reisesegen seines Vaters ist eine umfassende Bestätigung des Abrahamssegens.

Isaak und Rebekka werden in unterschiedlichen Phasen ihrer Ehe gezeigt: Am Anfang steht die spannende Brautwerbung, in der sich Rebekka durch göttliche Fügung als die richtige Frau erweist. Am Beginn ihres Ehealltags liebt Isaak Rebekka, und die beiden warten lange gemeinsam auf Nachkommenschaft. In der Lebensmitte steht einerseits Isaaks Verleugnung der Rebekka, andererseits scherzt er auch mit ihr; es besteht also durchaus eine zärtliche Beziehung zwischen ihnen. Durch die Geburt der Söhne distanziert sich das Paar voneinander. Im Alter steht das unterschiedliche Verhältnis zu den beiden Söhnen im Vordergrund: Isaaks Liebe zu Esau und Rebekkas zu Jakob dominiert ihre Beziehung. Die Ehe ist kein Idyll, sondern im Hintergrund findet gegenseitiger Betrug statt: Einmal verleugnet Isaak Rebekka in Gerar, indem er sie als seine Schwester ausgibt. Das andere Mal fädelt Rebekka den Betrug ihres Lieblingssohnes Jakob an Isaak ein, indem sie ihn als Esau ausgibt. Diese Beziehung, die sich von Liebe zu gegenseitigem Betrug entwickelt, zeigt, dass die Erzeltern keine vollkommenen Menschen sind, sondern auch ihre Schwächen haben.

JAKOB & LEA & RAHEL

Buch Genesis, Kapitel 29 bis 35

Zwischen Jakob und den beiden Schwestern Lea und Rahel besteht eine unglückliche Dreiecksbeziehung. Sie zeigt den Alltag einer polygynen Ehe mit ihren Höhen und Tiefen.

Die Liebesgeschichte zwischen Jakob und Rahel beginnt idyllisch. Jakob, auf der Flucht vor seinem Bruder Esau, ist auf dem Weg Richtung Osten und sieht einen Brunnen auf dem Feld, umgeben von Kleinviehherden. Er kommt mit den Hirten ins Gespräch und erfährt, dass er seinem Ziel, dem Ort Haran und seinem Verwandten Laban, dem Bruder seiner Mutter, nahe ist. Während dieser Unterhaltung kommt Labans Tochter Rahel, eine Hirtin, mit dem Kleinvieh ihres Vaters. Als Jakob sie sieht, wälzt er den Stein von der Öffnung des Brunnens und gibt den Tieren zu trinken. Dann küsst er Rahel und weint laut. Dieser Kuss in aller Öffentlichkeit ist ungewöhnlich. Es ist ein freudiger Kuss zwischen Verwandten. Aber er ist auch der Anfang von Jakobs großer, tragischer Liebe zu Rahel.

Jakob teilt Rahel mit, dass er als Sohn von Rebekka ein Verwandter ist, und sie geht, es ihrem Vater zu sagen. Laban kommt, begrüßt Jakob als Sohn seiner Schwester herzlich und lädt ihn zu sich ins Haus ein. Er hat zwei Töchter: Die Ältere heißt Lea und hat matte Augen. Die Jüngere heißt Rahel und ist sehr schön. Jakob verliebt sich in Rahel. Die beiden Männer verhandeln miteinander: Da Jakob mittellos als Flüchtling auf der Suche nach Asyl kommt, hat er keine Brautgeschenke, sondern nur seine Arbeitskraft anzubieten. Also dient Jakob sieben Jahre lang bei Laban um Rahel. Wegen seiner großen Liebe zu ihr kommen sie ihm nur wie wenige Tage vor.

Nach sieben Jahren mahnt er Laban, ihm jetzt seine Frau zu geben, denn seine Zeit sei um, und er wolle nun zu ihr gehen. Laban antwortet nicht, sondern handelt: Er veranstaltet für den ganzen Ort ein Festmahl. Aber am Abend nimmt er nicht Rahel, sondern seine ältere Tochter Lea, führt sie zu Jakob, und dieser geht zu ihr. Als er in der Früh bemerkt, dass es Lea ist, geht er zornig zu Laban und stellt ihn zur Rede. Laban entgegnet gelassen, dass es hierzulande nicht üblich sei, die Jüngere vor der Älteren zur Ehe zu geben. Aber auch die andere könne ihm gehören, wenn er weitere sieben Jahre Dienst tue. Jakob stimmt dem Handel zu. Er geht auch zu Rahel und liebt sie mehr als Lea. Lea bekommt Silpa als Magd, Rahel die Magd Bilha mit in die Ehe.

Der Text lässt offen, warum Jakob, der doch Rahel über alles liebt, nicht gleich in der Nacht bemerkt, dass er mit der falschen Frau schläft. Im Talmud wird der Betrug damit erklärt, dass Rahel ihrer Schwester Lea die Zeichen, die sie mit Jakob für die Hochzeitsnacht vereinbart hat, verrät. Sie hilft ihrer Schwester also, nicht als Lea erkannt zu werden, um sie, die das Vorrecht der Älteren hat, nicht zu beschämen.

»(Lea) erwiderte ihr:
Ist es dir nicht genug,
mir meinen Mann wegzunehmen?
Nun willst du mir
auch noch die Alraunen
meines Sohnes nehmen?«
GENESIS 30,15

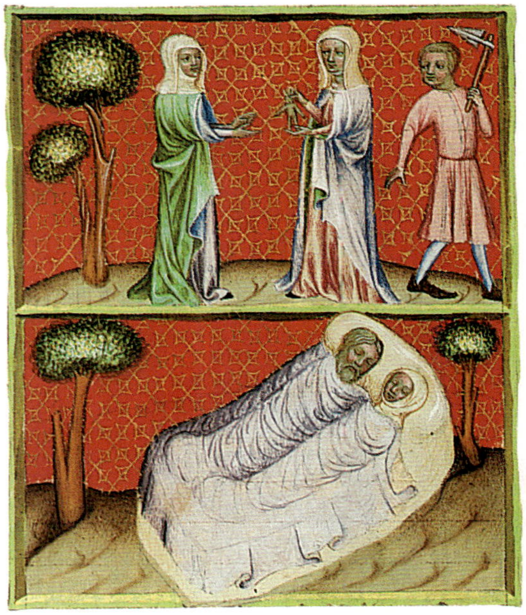

LIEBESZAUBER. *Die zweigeteilte Miniatur der Wenzelsbibel (um 1400) zeigt oben den Disput zwischen Lea und Rahel um die als Aphrodisiaka geltenden Alraunen, die Ruben seiner von Jakob inzwischen verschmähten Mutter Lea gebracht hat, darunter den erneuten Beischlaf Jakobs mit Lea.*

BEGRÜSSUNGEN. *Der unten wiedergegebene Ausschnitt aus einer Zeichnung (um 1460) des Niederländers Hugo van der Goes zeigt die erste Begegnung Jakobs mit seiner Kusine Rahel.*

Sie diente möglicherweise als Vorlage für die Darstellung der anschließenden Begegnung Jakobs mit seinem Onkel Laban, dargestellt auf einem Brüsseler Bildteppich des 16. Jahrhunderts (rechte Seite).

Nach einer Brautwoche mit Lea bekommt Jakob endlich die ersehnte Rahel zur Frau. Den Brautpreis für Rahel, weitere sieben Jahre Dienst, entrichtet er erst im Nachhinein. Dass diese polygyne Ehe mit den zwei Schwestern nicht reibungslos funktioniert, wird im folgenden erzählt. In einer Art »Wettstreit« kämpfen die Schwestern um das, was sie nicht haben: Lea um die Liebe Jakobs, Rahel um Kinder. Rahel und Lea bauen mit ihren Mägden das Haus Israel auf. In die Namensnennungen der Kinder, auf welche die zwölf Stämme Israels ihre Herkunft zurückführen, fließen ihre Lebenserfahrungen ein. Jakobs Gefühle werden in dieser Phase nicht beschrieben, seine Liebe zu Rahel und seine zornige Enttäuschung waren bei der Hochzeit Thema, jetzt geht es um die Perspektiven seiner beiden Frauen.

Gott steht auf der Seite der Benachteiligten: Er sieht, dass Lea ungeliebt, zurückgesetzt, ja sogar verhasst ist. Er macht sie daher fruchtbar, während Rahel zunächst unfruchtbar bleibt. Lea wird schwanger und gebiert nacheinander vier Söhne: Ruben (»Seht, ein Sohn!«), Simeon (»Erhörung«), Levi (»Begleiter«) und Juda (»Dank«). In den Namen ihrer Söhne drückt Lea die – unerfüllt bleibende – Hoffnung auf die Liebe ihres Mannes und ihre Dankbarkeit Gott gegenüber aus.

Als Rahel feststellt, dass sie von Jakob nicht schwanger wird, reagiert sie mit Eifersucht auf den Kindersegen ihrer Schwester. Ihre größte Sehnsucht ist nicht die Liebe Jakobs, sondern sind Kinder. Sie wendet sich in ihrer Verzweiflung an Jakob, er soll ihr Kinder verschaffen. Lieber möchte sie sterben, als kinderlos zu bleiben. Seine Antwort auf ihren verzweifelten Hilferuf ist Zorn: »Nehme ich etwa die Stelle Gottes ein, der dir die Leibesfrucht versagt?« (Gen 30,2). Nicht Jakob, sondern Gott ist für Fruchtbarkeit oder Unfruchtbarkeit verantwortlich. In ihrer Verzweiflung ergreift Rahel – wie Sara – nun selbst die Initiative zu einem Ausweg und gibt Jakob ihre Magd Bilha zur Frau: Indem diese auf ihren Knien gebären soll, will sie selbst zu Kindern kommen. Das stellvertretende Gebären einer Sklavin für ihre Herrin, eine altisraelitische Form der Leihmutterschaft, war im Alten Orient eine durchaus legitimierte Institution. Das Kind, das der Ehemann mit der Sklavin seiner Frau zeugt, gilt durch den Adoptionsakt der Namensgebung als legitimes Kind der Frau mit ihrem Mann. Im Gegensatz zu Sara funktioniert das stellvertretende Gebären bei Rahel: Bilha wird schwanger und gebiert zwei Söhne, denen Rahel ihre Namen gibt: Dan (»Richter«), weil Gott ihr Recht verschafft hat, und Naftali (»Kämpfer«) wegen der Gotteskämpfe, die sie mit ihrer Schwester austrägt. Lea folgt Rahels Beispiel und gibt Jakob ihre Magd Silpa zur Frau. Den zwei Söhnen, die diese für sie gebiert, gibt sie Glücksnamen: Gad (»Glück«) und Ascher (»Glückskind«, »Seligkeit«).

Das erste Gespräch zwischen Rahel und Lea ist ein Tauschhandel – Liebe gegen Fruchtbarkeit: Leas erstgeborener Sohn Ruben findet auf dem Feld Alraunen und bringt sie seiner Mutter. Alraunen sind Pflanzen, deren Wurzeln menschenähnliche Gestalt haben. Im Alten Orient wurde ihnen aphrodisierende Wirkung zugeschrieben. Rahel erhofft sich durch sie Fruchtbarkeit und verhandelt mit Lea: Sie tauscht eine Nacht mit Jakob gegen die Alraunen. Jakob wird hier

»Rahel und Lea antworteten (Gott): Haben wir noch Anteil am Haus oder Erbe unseres Vaters? Gelten wir ihm nicht als Fremde?«
GENESIS 31,14–15

TRENNUNG. *Die wiederum zweigeteilte Miniatur der Wenzelsbibel (um 1400) zeigt Jakob mit Lea und Rahel, wie sie ihrer Heimat den Rücken kehren, und Laban, der sie einholt und des Diebstahls beschuldigt. Jakobs geöffnete Hände bilden eine Geste, die seine Unschuld beteuert.*

zum Spielball seiner beiden Frauen. Als er am Abend vom Feld kommt, geht ihm Lea entgegen und fordert ihn auf: »Zu mir musst du kommen! Ich habe dich nämlich erworben um den Preis der Alraunen meines Sohnes« (Gen 30,16). So schläft Jakob eine Nacht bei ihr. Der Tauschhandel verläuft für Lea besser als für Rahel: Jakob kommt wieder zu ihr, Gott erhört sie, und sie gebiert noch zwei Söhne und eine Tochter: Issachar (»Lohn«), Sebulon (»Bleibe«) und Dina (»Richten«).

Erst jetzt erinnert sich Gott an Rahel, erhört sie und macht sie fruchtbar. Sie wird schwanger und gebiert einen Sohn. »Da sagte sie: Gott hat die Schande von mir genommen. Sie nannte ihn Josef ('Zufüger') und sagte: Der Herr gebe mir noch einen anderen Sohn hinzu« (Gen 30,23f.). Endlich bekommt Rahel den ersehnten Sohn, aber einer ist ihr nicht genug.

Nachdem Rahel geboren hat, wendet sich Jakob an Laban: Nach 14 Jahren Dienst möchte er mit seinen Frauen und Kindern in seine Heimat zurückkehren. Aber Laban will ihn nicht gehen lassen, weil er durch Jakobs von Gott gesegnete Arbeit zu Reichtum gekommen ist. Laban und Jakob schließen erneut einen Vertrag, nach dem Jakob einen Anteil an Labans Herde bekommt und selbst Vieh züchten darf. So bleibt Jakob mit seiner Familie weitere sechs Jahre bei Laban. Er ist im Umgang mit den Tieren so geschickt und erfolgreich, dass seine Herde wächst und Labans Söhne und Laban selbst eifersüchtig werden.

Da greift Gott ein, gibt Jakob den Auftrag, in seine Heimat zurückzukehren, und sagt ihm seinen Beistand zu. Daraufhin lässt Jakob seine Frauen auf das Feld zu seiner Herde rufen und bespricht mit ihnen die Situation. Die beiden Schwestern, zwischen denen bisher vor allem Rivalität geherrscht hat, sind sich einig, dass ihr Vater nicht nur Jakob, sondern auch sie selbst betrogen hat, indem er sie beide bei der Hochzeit ohne Brautpreis verkauft hat. Sie sind der Meinung, dass der Reichtum, den Jakob aus Labans Besitz erwirtschaftet hat, auch ihnen und ihren Kindern zusteht. Ohne Zögern beschließen sie, mit Jakob mitzugehen und sich von seinem Gott leiten zu lassen.

Jakob, seine Familie und seine groß gewordenen Herden machen sich auf, um zu Isaak ins Land Kanaan zu ziehen. Sie brechen heimlich auf, ohne Verabschiedung von Laban. Rahel rächt sich noch an ihrem Vater: Während er bei der Schafschur ist, stiehlt sie seine *Terafim*, das sind Götterbilder für den häuslichen Kult. Drei Tage nach der Flucht erfährt Laban davon, jagt ihnen nach und holt sie nach sieben Tagen im Gebirge Gilead ein. Er stellt Jakob wegen seines Aufbruchs und wegen der Hausgötter zur Rede, versichert ihm aber, dass er ihm nichts antun kann, weil er unter Gottes Schutz steht. Jakob, der nichts vom Diebstahl der Götterbilder weiß, erklärt Laban: »Ich fürchtete mich und meinte, du könntest mir deine Töchter wegnehmen. Bei wem du aber deine Götter findest, der soll nicht am Leben bleiben. In Gegenwart unserer Brüder durchsuche, was ich habe, und nimm, was dein ist.« (Gen 31,31f.). Laban durchsucht die Zelte Jakobs, Leas und der beiden Mägde, findet aber nichts. Rahel hat in ihrem Zelt die Götterbilder in die Satteltasche ihres Kamels gelegt und sich darauf gesetzt. Sie entschuldigt sich bei ihrem Vater, dass sie nicht aufstehen kann, weil sie gerade ihre Monatsblutung hat, und Laban findet auch bei ihr nichts. Nach einem heftigen Streit sieht Laban ein, dass Gott auf Jakobs Seite steht, und schließt mit ihm einen Bund. Dieser enthält eine Schutzklausel für Rahel und Lea: Jakob darf sie nicht misshandeln und sich keine zusätzlichen Frauen nehmen. Es wirkt zynisch, dass gerade der despotische Laban, der das unglückliche Dreiecksverhältnis initiiert hat, eine solche Schutzklausel für seine Töchter formuliert. An der Grenze zum verheißenen Land trennen sich die Wege von Jakob und Laban. Mit Küssen und Segen verabschiedet sich Laban am nächsten Morgen von seinen Kindern und kehrt in seine Heimat Haran zurück.

RECHTFERTIGUNG. *Dieselbe Szene, der sich die spätgotische Miniatur der Wenzelsbibel widmet (linke Seite), in einer barocken Darstellung (um 1650) von Bartolomé Estéban Murillo. Hier wie dort verhindert Rahel, dass Laban die ihm gestohlenen Götterbilder entdeckt, die unter ihrem Sitz versteckt sind: »Zürne mir nicht, mein Herr, dass ich vor dir nicht aufstehen kann, denn es geht mir nach Frauenart« (Gen 31,35).*

Im verheißenen Land, im Gebiet von Edom, weiß Jakob nicht, was ihn empfängt, ob Esau noch auf ihn wütend ist. Daher schickt er Knechte mit Geschenken voraus, um Esau zu beschwichtigen. Vor der Begegnung mit Esau stellt Jakob seine Frauen und die dazugehörigen Kinder nach seiner Wertschät-

HAEC SVNT NOMINA

filioꝝ isrl̃ qui ingressi sunt in ęgyptũ cum Iacob
singuli cũ domib⁹ suis introierunt. Ruben: Syme
on: Leui: Iudas: ysachar: zabulon et Beniamin
Dan: et Neptalim: Gad: et Aser: Erant igitur
omñes animæ eoꝝ q̃ egressi sũt de femore Iacob
septuagita. Ioseph autẽ in ægypto erat. Quo
mortuo et uniuersis frib⁹ eius: omĩq; cognatio
ne sua: filii isrl̃ creuerũt et quasi germinantes
multiplicati sũt. ac roborati nimis impleuerũt
terrã. Surrexit interea rex nouus super ægyptũ
qui ignorabat Ioseph. Et ait ad pplm̃ suum. Ec
ce populus filioꝝ israel mltus: et fortior nobis ẽ.
Venite sapienter opprimamus eũ: ne forte mul
tiplicetur: et si ingruerit contra nos bellũ: ad
datur nr̃is inimicis: expugnatisq; nobis egredi
atur de terra. Preposuit itaq; magistros operũ:
ut affligerẽt eos oneribus: ædificauerũt q; urbes
tabernaculoꝝ Pharaoni Phiton: et Ramesses:
quãtoq; opprimebant eos: tanto magis multi
plicabantur: et crescebãt. Oderantq; filios isrl̃
ægyptii: et affligebãt illudentes eis: atq; ad a
maritudinẽ perducebant uitã eoꝝ operibus
duris luti: et lateris: omniq; famulatu quo in
terræ opibus premebãtur. Dixit autẽ rex æ
gypti obstetricibus hebreoꝝ: quaꝝ una uoca
batur Sephora: altera Phua: precipiẽs eis. Qñ
obstetricabitis hebreas: et partus tẽpus aduene
rit: si masculus fuerit interficite eũ: si femina
reseruate. Timuerunt obstetrices deum: et nõ
fecerunt iuxta preceptũ regis ægypti: sed con
seruabãt mares. Quib⁹ ad se accersitis rex ait.
Quid nã est hoc quod facere uoluistis ut pueõs
seruaretis: Quæ rñderũt. Non sũt hebrææ si
cut ægyptiæ mulieres. Ipæ enim obstetricãdi
hñt scientiã: et priusq̃ ueniamus ad eas pa
riũt. Bene ergo fecit deus obstetricib⁹. Et cre
uit pplus: cõfortatusq; est nimis. Et qa timue
rũt obstetrices deũ: ædificauit illis domos. Pre
cepit autẽ Pharao omni pplo suo dicẽs. Q̃cq̃d
masculini sexus natũ fuerit: in flumẽ proicite:
quicqd femini reseruate: · C · II ·

EGressus est post hæc uir de domo Leui accepta
uxore stirpis suæ: q̃ cõcepit et peperit filium.
Et uidẽs eum elegantẽ: abscõdit mensib⁹ trib⁹.
Cũq; iam celare non posset: sumpsit fiscelam
scirpeã: et liniuit eã bitumĩe ac picæ: posu
itq; intus infantulũ: et exposuit eũ in carec
to fluminis stãte procul sorore eius: et cõsi
derãte euentũ rei: Ecce autẽ descẽdebat fi
lia Pharaonis ut lauaretur in flumine: et pu
ellæ eius gradiebãtur p crepidinẽ aluei. Quæ
cũ uidisset fiscellã in papirione misit unã de

zung auf: zuerst die Mägde, dann Lea mit ihren Kindern und zuletzt Rahel mit Josef. Aber Jakobs Angst erweist sich als unbegründet, Esau läuft ihm freundlich entgegen, umarmt und küsst ihn. Die Brüder versöhnen sich, und Jakob zieht mit seiner Familie und seinen Herden nach Sichem in Kanaan und siedelt sich dort an.

Mit Gottes Auftrag ziehen sie nach Bet-El, und Jakob errichtet dort einen Altar. Auf dem Weg von Bet-El nach Efrata (Betlehem) stirbt Rahel bei der Geburt ihres ersehnten zweiten Sohnes. Sie gibt ihm den Namen »Ben-Oni«: Das kann sowohl – in Voraussicht ihres baldigen Todes – als »Sohn meines Unheils« übersetzt werden als auch im Gegenteil als »Sohn meiner Lebenskraft«, weil das der Sohn ist, in den Rahel ihre ganze Lebenskraft gelegt hat. Noch bevor Rahel stirbt, gibt Jakob dem Sohn einen anderen Namen, der den lautlichen Klang des ersten aufnimmt: Er nennt ihn Benjamin, »Sohn der Rechten« oder »Sohn des Glücks«. Rahel wird gleich am Ort ihres Todes begraben. Das Rahelgrab ist bis heute eine Pilgerstätte, vor allem für Frauen, die um Kindersegen und leichte Geburt beten. Jakobs nächste Station ist Hebron, wo er seinen Vater Isaak noch antrifft. Er stirbt mit 180 Jahren, alt und lebenssatt, und wird von seinen Söhnen Esau und Jakob begraben.

Zwischen Jakob, Rahel und Lea besteht eine unglückliche Dreiecksbeziehung mit unerfüllten Wünschen, in der jeder einzelne Beteiligte das eine hat, aber eigentlich das andere will: Jakob liebt Rahel, diese Liebe ist ihm das Wichtigste. Aber ob er von ihr auch geliebt wird, ist nicht so recht deutlich. Rahel kann sich zwar Jakobs Liebe sicher sein, aber die ist ihr nicht so wichtig wie der Kindersegen, der ihr lange versagt bleibt. Lea wird von Jakob nicht geliebt, gebiert aber ein Kind nach dem anderen. Was diese polygyne Ehe zusammenhält, ist weniger Liebe als eine Art Familiensolidarität. Sie halten zusammen gegen Rahels und Leas Vater Laban und gegen Jakobs Bruder Esau, bestehen Flucht und Kampf gemeinsam.

Die Lebensbereiche von Jakob und seinen beiden Frauen sind sowohl die Viehzucht als auch die Familie. Wird Rahel zu Beginn als Hirtin vorgestellt, so übernimmt Jakob dann ihren Aufgabenbereich. Am Kindersegen und damit dem Wachstum des Volkes Israel sind sowohl Jakob als auch seine beiden Frauen interessiert: Volksgeschichte wird als Familiengeschichte erzählt.

»Das sind die Namen
der Söhne Israels, die
nach Ägypten gekommen waren –
mit Jakob waren sie gekommen,
jeder mit seiner Familie:
Ruben, Simeon, Levi, Juda,
Issachar, Sebulon, Benjamin,
Dan, Naftali, Gad und Ascher.«
EXODUS 1,1–4

EINE GROSSFAMILIE. *Der Beginn des Buches Exodus in der Urbino-Bibel erinnert mit seinem Eingangsbild, das die ersten Verse illustriert, an die Übersiedlung Jakobs (= Israel) und der »Söhne Israels« von Kanaan nach Ägypten (linke Seite).*

FLUCHT NACH KANAAN. *Das Gemälde »Jakobs Reise« (um 1650) des italienischen Barockmalers Giovanni Benedetto Castiglione schildert den fluchtartigen Zug Jakobs mit Lea, Rahel, den gemeinsamen Kindern und allem Besitz von Mesopotamien nach Kanaan.*

JUDA & TAMAR

Buch Genesis, Kapitel 38

»Da bog er vom Weg ab,
ging zu ihr hin und sagte:
Lass mich zu dir kommen.
Er wusste ja nicht,
dass sie seine
Schwiegertochter war.«
GENESIS 38,35

DIRNENLOHN. *Für den Dienst, den Juda von Tamar erwartet (Miniatur mit Juda und der – hier unverschleierten – Tamar im Wiener Codex 2554, um 1210) soll die angebliche Dirne ein Ziegenböckchen erhalten. Als Pfänder, so zeigt die Miniatur der Wenzelsbibel (um 1400), gibt Juda, der sich auf dem Weg zur Schafschur befindet, Stab und Siegelring (rechte Seite).*

Der Name Tamars steht mit dem von drei anderen Frauen aus der hebräischen Bibel im Stammbaum Jesu. In solch einer genealogischen Übersicht finden sich in einer patriarchalischen Gesellschaft für gewöhnlich nur Männer, die nach dem Schema: »X zeugte den Y« aufgeführt werden. In Matthäus 1 finden wir jedoch Tamar, Rahab, Rut und Batseba. Warum stehen diese Frauen unter den Vorfahren Jesu, und was haben sie gemeinsam?

Tamar ist die erste der vier Frauen in dieser Liste. Sie war eine Kanaanäerin und somit Ausländerin. Ihr Name bedeutet Dattelpalme, was in der Bibel auf Fruchtbarkeit hindeutet. Aber gerade diese will sich zunächst nicht einstellen. Doch Tamar ist eine Frau, die weiß, was sie will. Sie handelt zielstrebig, wenn es darauf ankommt, ihre Interessen durchzusetzen. In der Erzählung von Juda und Tamar in Gen 38 liegt eine Geschichte vor, die offenbar ursprünglich in Frauenkreisen erzählt wurde. Sie muss älter sein als das Buch Rut, denn in Rut 4,12 wird in einem Segensspruch über Rut Bezug auf Tamar genommen. Beide Erzählungen kann man sich gut in Kreisen vorstellen, wo Frauen sich über ihre Erfolge, auch über die List, mit der sie Männern gelegentlich ein Schnippchen schlagen, austauschen und unterhalten.

Zwar ist Juda, einer der Söhne Jakobs, die Hauptperson. Auf ihm ruht der Segen, die Verheißung, über ihn geht die Linie, die für das Volk Israel zählt. So ist es auch Juda, der mit drei Söhnen gesegnet ist, und der die Handlung zunächst in die Hand nimmt. Die Zukunft des Stammes scheint gesichert, Juda sucht sich für seinen erstgeborenen Sohn Er eine Frau und findet Tamar; die beiden werden verheiratet. Von einer Zustimmung Tamars wird nichts berichtet, es handelt sich um den Stammesvater, der für seine Söhne nach damaliger Sitte eine Frau sucht; auch Er wird nicht gefragt.

Doch die Erfüllung der Ehe im Sinne von Nachkommen bleibt zunächst aus. Judas ältester Sohn stirbt, ohne einen Sohn gezeugt zu haben. Gemäß dem Levirat muss nun der Schwager der Witwe, d.h. der nächste Bruder Ers, für den Verstorbenen einspringen. Er hat die Pflicht, für diesen einen Sohn zu zeugen, damit der Name des Verstorbenen nicht ausstirbt. So wird Tamar dem Onan zur Frau gegeben. Doch Onan weiß, dass der Nachkomme, den er zeugen wird, seinem Bruder zugute kommt, und, wie es Gen 38,9 ausdrückt: »Sooft er zur Frau seines Bruders ging, ließ er den Samen zur Erde fallen und verderben, um seinem Bruder Nachkommen vorzuenthalten.« Aus diesem Vorgang wurde in christlicher Zeit für Selbstbefriedigung der Begriff Onanie abgeleitet. Aber mit einer Befriedigung hat dieser Vorgang nichts zu tun. Vielleicht handelt Onan hier unsolidarisch an seinem Bruder, darum lässt ihn Jahwe sterben. Im biblischen Text wird dieser plötzliche Tod somit eindeutig als Strafe für Onan gedeutet.

dinck sprach iudas zu thamar
seiner snur. Bis ein witwe in
deines vaters hous uncz bis
mein sun sela gewachset. wenne
er vorchte das er ouch icht wur
de sterben. als seine bruder. Sie
gienk hin und wonte in ires
vaters hous. Und do ir vol
gangen waren vil tage. do
starp die tochter sue iudas
housvrowe. Und het noch der
clage nam her trost und gink
auf zu den scherern seiner schaf
her und hyras der odollamite
der schafmeister seiner hert ge
gen tamna. Und das wart ge
saget thamarn seiner snur so
das ir sweher auf gienge ge
gen thamna die schaf zu sche
ren. Und sie legte von ir ir ge

want des witwetums. und
nam einen summer mantil und
wandilte ir geperde und ire
wat. und saczte sich an des stei
ges wegscheide do man czeu
het gegen thamna. do von
das gewachsen was sela und
in nicht genomen hette czu
einem manne. Do die ersach
iudas do wonente her sich
es were ein hure. wenne sie
hete irn ougen vorhutert das
man sie nicht erkente. Nu
gienk er zu ir ein und sprach
Las mich das ich bei dir lige
wenne her wuste nicht das
sie were sein snur. Und si ant
worte. was wiltu mir geben
das du gebrouchest meines
beislafens. Her sprach. Ich
wil dir senden einen bok aus
der hert. Und aber so sprach
sie. Ich leide was du wilt ist
das du mir empfang gibst
uncz bis du mir das gesen
dest das du mir gelobist. Do
sprach iudas. was wiltu
das ich dir gebe zu pfande.
Und sie antworte. Dein vinger
lein und dein achsil gespan
und den stab den du hast in
deiner hant. Do umbe mit
einem beislafen empfienk
das weip und stund auff
und gienk von danne. und
legte abe die wat die sie hatt
an sich genomen und tat
an ir witwetum gewant.

Nun hat aber Juda noch einen Sohn, den jüngsten. Diesen möchte er Tamar aber nicht geben, weil er Angst hat, auch er könne sterben. So schickt er Tamar in das Haus ihres Vaters zurück. Die Furcht Judas, dass Frauen für Männer den Tod bringen, kommt in manchen Märchen und Mythen vor, auch in der Geschichte von Lilit. Dagegen sind vor allem in der Hochzeitsnacht besondere Schutzvorkehrungen nötig (vgl. Geschichte von Tobias und Sara, einer Frau, der bereits sieben Männer in der Hochzeitsnacht gestorben waren, bevor Tobias die Gefahr durch besonnenes Handeln und Gebete vor Vollzug der Ehe abwenden kann). In allen diesen Geschichten haftet der Frau etwas Gefährliches an; es kommt eine Ur-Angst des Mannes zum Ausdruck vor dem Vorsprung der Frau in Sachen Liebe und Sexualität. Aus dieser Urangst heraus gibt Juda hier Tamar die Schuld am Tod seiner ersten beiden Söhne, wie es Vers 11 ausdrückt: »Denn er (Juda) dachte: Er soll mir nicht auch noch sterben wie seine Brüder.« Der biblische Text weist diese Befürchtungen Judas allerdings ausdrücklich zurück. Bei Er war gesagt worden, dass er Jahwe missfiel, und dieser ließ ihn sterben; ein Grund war nicht angegeben. Dagegen wird bei Onan betont, dass das, was er tat, Jahwe missfiel, und auch ihn lässt er sterben. So ist es einzig Gott, der für den Tod der beiden älteren Söhne Judas verantwortlich ist, d. h. letztlich verursachen die beiden ihren vorzeitigen Tod durch ihre eigenen Taten. Es ist eine Strafe Gottes. Tamar ist unschuldig, wie auch die Fortsetzung der Erzählung zeigen wird.

Nachdem Onan gestorben ist und Tamar, auf deren Betreiben in Thomas Manns Darstellung die »Schwagerehe« gegründet wurde, die Ehe mit Judas drittem Sohn verlangt, empört dieser sich in der Romantetralogie »Joseph und seine Brüder« (1933–43):
»Was denkt sich dies Weib,
dass ich soll auch das
Schäfchen geben und sie's vertilge?
Das ist eine Ischtar,
die ihren Liebsten tötet.
Eine Jünglingsfresserin ist sie,
von unersättlicher Gier.«
THOMAS MANN,
»JOSEPH UND SEINE BRÜDER«

Inzwischen sind viele Jahre vergangen, Schela ist herangewachsen, und Judas Frau ist gestorben. Der Witwer Juda hat aber seinen jüngsten Sohn nach wie vor Tamar verweigert. Von hier an nimmt Tamar die Geschicke in die Hand, sie geht zielgerichtet vor und wendet sich, unter Umgehung des dritten und letzten Sohnes, an den Patriarchen Juda selbst. Mit viel Überlegung und List erstrebt sie ihr Ziel, nämlich sich in die Linie der Verheißung einzureihen.

Ab Vers 14, mit dem der Hauptteil der Erzählung beginnt, ergreift Tamar allein die Initiative. Sie gibt sich nicht mit der Opferrolle zufrieden, sondern legt ihre Witwenkleider ab, verhüllt sich mit einem Schleier und setzt sich an den Eingang des Ortes. Bei der jährlichen Schafschur, die mit einem großen Fest und Gelage verbunden ist, muss Juda hier vorbeikommen und Tamar für eine Dirne halten. Tamar ist verschleiert, denn alles, was sie plant, kann nur gelingen, wenn Juda sie nicht erkennt. Es kommt zu dem Liebeshandel, Juda verspricht der Unbekannten ein Ziegenböcklein, was einem Liebeslohn entspricht. Da er es nicht bei sich hat, gibt er ihr als Pfand drei Gegenstände, die Insignien eines freien Mannes: Siegelring, Schnur und Stab. Mit diesen Pfändern wird Tamar jederzeit die Identität des Vaters eines eventuell gezeugten Kindes beweisen können, und darauf allein kommt es der Erzählung an.

Wiederum vergeht eine gewisse Zeit, bis die Schwangerschaft Tamars offenkundig wird. In der Zwischenzeit hat Juda vergeblich versucht, jene Dirne zu finden und ihr das versprochene Ziegenböcklein zukommen zu lassen. Als man ihm meldet, Tamar habe Unzucht getrieben, spricht er das Urteil über sie aus: Sie soll verbrannt werden. Damit wird klar, dass sie noch zu seiner Familie gerechnet wird, dass eine Bindung besteht. Denn auf gewöhnliche Unzucht hätte keine Todesstrafe gestanden, einzig für Ehebruch wird im Alten Testament die Todesstrafe, gewöhnlich durch Steinigung, verhängt.

Jetzt aber geht der Plan Tamars auf. Sie weist die Pfänder vor. Juda ist damit als Vater identifiziert, und er muss sein Urteil zurücknehmen. Er ist nicht nur gezwungen, öffentlich seine Vaterschaft anzuerkennen, sondern auch sein Unrecht einzugestehen: »Sie ist mir gegenüber im Recht, weil ich sie meinem Sohn Schela nicht zur Frau gegeben habe« (Gen 38,26). Hier steht der Begriff der Gerechtigkeit, jener Grundbegriff in der hebräischen Bibel, der weit über juristisch Korrektes hinausgeht. Tamar hat nach jener Gemeinschaftstreue gehandelt, weil sie einen tieferen Sinn für das, was ihr zusteht und was der ganzen Sippe Judas zugute kommt, angestrebt hat. Mit List und Überlegung hat sie einer höheren Gerechtigkeit zum Durchbruch verholfen.

Der letzte Teil der Erzählung gibt das Resultat bekannt, Tamar bringt die Zwillinge Perez und Serach zur Welt. Das Motiv der Zwillingsgeburt ist vermutlich der Geschichte von Esau und Jakob nachgebildet (Gen 25). Wichtig für die Generationenfolge ist allerdings nur Perez, der auch in der Rut-Erzählung genannt ist, weil er ein Ahnvater Davids wird.

AUF ABWEGEN. *Auf realistische Weise zeigt Horace Vernet um 1840 im Stil des Orientalismus, wie Juda den Weg zur Schafschur unterbricht, um mit der angeblichen Dirne am Wegesrand handelseinig zu werden.*

Das Paar Juda und Tamar ist eher »zufällig« zusammengekommen. Keiner hatte die Absicht, eine dauerhafte Beziehung einzugehen, von Liebe ist erst recht keine Rede. Es geht vielmehr um ein ganz klares Ziel: um die Fortführung der Verheißungslinie, die bei Juda liegt. Aber theologisch interessant an der Geschichte ist, wie sie erzählt wird. Wie bei David und Goliat ist es der kleine, wehrlose, schwächere Partner, der den stärkeren, vor Waffen strotzenden überlistet. So ist es letztlich Gott, der auf der Seite der Schwachen und Wehrlosen steht und ihnen hilft. Aber nicht in der Weise, dass einer/eine durch Warten, durch Geduld, automatisch mit dieser Hilfe rechnen kann. Vielmehr muss die Hauptperson, hier Tamar, die Sache selbst in die Hand nehmen. Sie lässt sich nicht an den Rand schieben, sozusagen aus der Geschichte hinauskatapultieren, sondern sie sorgt für die Zukunft, und dafür setzt sie alles aufs Spiel, sogar ihr Leben. Denn wenn ihre Berechnung nicht aufgeht, wird sie bedeutungslos, ohne jegliche Zukunft. Tamar ist eine Frau, die sich ihr Recht verschafft, wo es ihr Männer, die dafür zuständig gewesen wären, verweigert haben. Sie nimmt ihr Leben selbst in die Hand und wird dafür von Gott bestätigt. Juda spielt in dieser Geschichte eher eine passive, feige Rolle, er ist ängstlich und unschlüssig, wobei er am Schluss, was ihn wieder sympathisch macht, sein Unrecht öffentlich zugibt. So bietet dieses Paar, das in der Ahnenreihe Davids und Jesu steht, eine eher ungewöhnliche Verbindung. Dies zeigt, wie vielfältig in der Bibel Beziehungen, Ehen, Paare gesehen werden und wie wenig sie moralisch beurteilt und verurteilt werden. Das Handeln Tamars, das in der späteren christlichen Theologie häufig als anstößig angesehen wurde, wird in der Bibel selbst gelobt: »Sie ist im Recht, im Gegensatz zu mir«, erkennt Juda.

AUF DEM FELD. *Die figürlich ausgestaltete Initiale I erhebt die Ährenleserin Rut zur Schnitterin; Bibel des Duc de Berry, um 1390 (oben).*

AUF DER TENNE. *Die Miniatur der Wenzelsbibel (um 1400) illustriert weitgehend textgetreu den Vers: »Um Mitternacht schrak der Mann auf, beugte sich vor und fand eine Frau zu seinen Füßen liegen«, Rut 3,8 (rechte Seite).*

RUT & BOAS

Buch Rut, Kapitel 1–4

Von Boas und Rut erzählt das Buch Rut, eine in sich geschlossene Novelle. Die Entstehungszeit ist umstritten: Früher wurde es meistens vorexilisch, in die mittlere Königszeit (7. Jahrhundert v. Chr.) datiert, als Legitimation für die moabitischen Vorfahren Davids; heute wird es meistens als nachexilisch (5. Jahrhundert v. Chr.) eingeordnet, weil der Bezug zu David als sekundär gilt. Dieses Buch handelt vorwiegend von Frauen und ihren Lebensgeschichten, und zwar durchgehend aus der Perspektive von Frauen.

Die Stellung des Buches Rut ist im hebräischen und im griechischen Kanon unterschiedlich: Im hebräischen Kanon steht es bei den *Ketubim*, den Schriften, zwischen dem Buch der Sprichwörter und dem Hohenlied. Im Judentum zählt das Buch Rut neben dem Hohenlied, dem Buch Kohelet, den Klageliedern und dem Buch Ester zu den fünf Megillot, den Festrollen, und wird zu Schawuot, dem Wochenfest, gelesen: Es ist ein Erntedankfest und feiert die Gabe der Tora am Sinai. In der Anordnung der griechischen Bibel, der Septuaginta, die von den Kirchen übernommen wurde, gehört es zu den Geschichtsbüchern und steht als Vorgeschichte Davids zwischen dem Buch der Richter und dem Ersten Buch Samuel. Weil in Rut 1,1 die Handlung »in den Tagen der Richter« datiert wird und 1 Sam von König David, Ruts Urenkel, erzählt, dient es eine Überleitung zwischen Richter- und Königszeit.

Die Handlung ist klar strukturiert erzählt: Die Israelitin Noomi wandert wegen einer Hungersnot mit ihrem Mann Elimelech aus Betlehem ins Nachbarland Moab aus. Dort heiraten ihre beiden Söhne Moabiterinnen: Orpa und Rut. Nachdem ihr Mann und ihre Söhne gestorben sind und sie erfahren hat, dass Gott seinem Volk in Betlehem, dem »Haus des Brotes«, wieder Brot gegeben hat, bereitet sie sich auf die Rückkehr vor. Die verwitweten Schwiegertöchter fordert Noomi auf, ins Haus ihrer Mutter umzukehren, damit sie im Kreis ihrer Familien neue Männer finden und nicht mit ihr als kinderlose Witwen in der Fremde leben müssen. Orpa läßt sich schließlich überreden, trennt sich unter Tränen und Küssen von ihrer Schwiegermutter und kehrt in ihre Heimat Moab zurück; Rut aber bleibt bei Noomi. Sie versichert ihre Treue und Freundschaft mit den Worten: »Wohin du gehst, dahin gehe auch ich, und wo du bleibst, da bleibe auch ich. Dein Volk ist mein Volk, und dein Gott ist mein Gott. Wo du stirbst, da sterbe auch ich, da will ich begraben sein. Der Herr soll mir dies und das antun – nur der Tod wird mich von dir scheiden« (Rut 1,16 f.). Wie Rebekka verlässt sie ihr Volk und Land und schließt sich dem Gott Israels an.

Das Eintreffen von Noomi in Begleitung der Moabiterin Rut in Betlehem verursacht großes Aufsehen und Staunen. Sie kommen zu Beginn der Gersten-

fuzen vnd sprach zu ir· wer
bistu· Jene die antworte·

Ich bins ruth deine dierne·
Breite deinen mantil vber

ernte in Betlehem an. Noomi hat noch Verwandte ihres verstorbenen Mannes in der Stadt. Zu diesen gehört Boas, ein angesehener Grundbesitzer.

Rut ergreift die Initiative und beschließt, für sich und Noomi auf dem Feld Ähren zu lesen. Nach dem Buch Deuteronomium (5. Buch Mose) 24,19 haben Fremde, Waisen und Witwen das Recht, die auf dem Acker vergessenen, liegen gebliebenen Garben einzusammeln. Aus Ruts Sicht ist es Zufall, dass sie ausgerechnet auf dem Feld des Boas Nachlese hält. Die erste Begegnung von Boas und Rut findet auf seinem Feld statt: Er kommt aus Betlehem, wird auf sie aufmerksam und erkundigt sich bei seinen Schnittern über ihre Herkunft und ihren Fleiß. Er spricht sie wohlwollend als »meine Tochter« an und lädt sie ein, auf seinem Feld zu bleiben. Er rät ihr, sich seinen Mägden anzuschließen und verbietet den Knechten, sie zu belästigen. Wenn sie Durst hat, soll sie mit den anderen trinken. Rut fällt auf ihr Angesicht, verneigt sich zur Erde und sagt zu Boas: »Wie habe ich es verdient, dass du mich so achtest, da ich doch eine Fremde bin?« In seiner Antwort drückt Boas seine Achtung vor Ruts Verhalten aus, alles zu verlassen, um ihrer Schwiegermutter Güte zu erweisen, und segnet sie: »Der Herr, der Gott Israels, zu dem du gekommen bist, um dich unter seinen Flügeln zu bergen, möge dir dein Tun vergelten und dich reich belohnen.« In Ruts Antwort zeigt sich ihre Dankbarkeit, aber auch Zuneigung: »Du bist sehr gütig zu mir, Herr. Du hast mir Mut gemacht und so freundlich zu deiner Magd gesprochen, und ich bin nicht einmal eine deiner Mägde« (Rut 2,10–13). Boas lädt sie zum Essen ein, und kann sich sättigen. Die erste Begegnung von Boas und Rut ist geprägt von Boas' Achtung und Großzügigkeit und Ruts Dankbarkeit.

Mit reicher Ernte und den Resten des Essens kehrt Rut zu Noomi zurück. Diese segnet Boas: »Gesegnet sei, der auf dich achthatte.« »Gesegnet sei er vom Herrn, der seine Gunst den Lebenden und Toten nicht entzogen hat.« »Der Mann ist mit uns verwandt, er ist einer unserer Löser« (Rut 2,19.20). Der Löser (*goël*) ist im alten Israel ein zu Beistand verpflichteter Verwandter, wenn die Sippe in eine Notlage geraten ist. Er muss aus Not veräußerten Boden aus dem Familieneigentum zurückkaufen. Güter von in Armut geratenen Verwandten sollen so erhalten werden (Levitikus 25,23–25,47 ff.).

Rut bleibt bei ihrer Schwiegermutter und geht bis zum Ende der Gersten- und Weizenernte mit den Mägden des Boas mit. Nun wird Noomi initiativ: Sie beabsichtigt, eine Ehe zwischen Boas und Rut einzufädeln, aber nicht mit dem primären Ziel der Nachkommenschaft, sondern damit Rut einen Ort der Ruhe findet, an dem es ihr gut geht. Ihr Plan ist allerdings gewagt: Rut soll gewaschen, gesalbt und in Festkleidern zum schlafenden Boas auf die Tenne gehen, seine Beine aufdecken und sich zu ihm legen. Er werde dann schon wissen, was zu tun sei. Rut stimmt dem Plan zu und geht zu Boas auf die Tenne. Sie wartet, bis er gegessen und getrunken hat, sein Herz guter Dinge ist und er sich neben einem Getreidehaufen niedergelegt hat. Sie kommt leise, deckt seine Beine auf und legt sich zu ihm. Die Formulierung ist zweideutig und lässt offen, was genau zwischen Boas

»Salmon war der Vater von Boas;
dessen Mutter war Rahab;
Boas war der Vater von Obed;
dessen Mutter war Rut.
Obed war der Vater von Isai.
Isai der Vater von König David.
David war der Vater von Salomo,
dessen Mutter die Frau des Urija war.«
MATTHÄUS 1,5–6

ENTGEGENKOMMEN. *Indem Boas der Unbekannten empfiehlt, nur auf seinem Acker Ähren zu lesen, bahnt sich die Verbindung an: Miniatur im Oktateuch des Athosklosters Watopédi (oben).*

RATSCHLÄGE. *Die Bildseite der Kreuzritterbibel (um 1250) betont den Anteil von Noomi, die Rut mit gutem Rat beisteht (linke Seite).*

und Rut geschieht. Die Füße bzw. Beine können auch eine Umschreibung für das Geschlecht sein (vgl. Ex 4,25; Dtn 28,57). Um Mitternacht wacht Boas auf und erschrickt, als er eine Frau bei seinen Beinen liegen sieht. Er fragt, wer sie sei, und sie antwortet: »Ich bin Rut, deine Magd. Breite doch den Saum deines Gewandes über deine Magd; denn du bist Löser« (Rut 3,9). Der »Saum« ist wörtlich der »Flügel«, die »Fittiche«, unter die Boas Rut nehmen soll: So wie der Gott Israels die Menschen unter seinen Schutz nimmt, soll es auch Boas tun. Im Handeln der Menschen manifestiert sich Gottes Handeln.

Rut verknüpft hier die Verpflichtung des Lösers zur Solidarität mit in Not geratenen Verwandten mit der Levirats- oder Schwagerehe: Wenn ein Mann kinderlos stirbt, ist sein Bruder verpflichtet, die Witwe zu heiraten. Der erste Sohn aus dieser Ehe gilt als Sohn des verstorbenen Bruders. Wenn ein Mann die Leviratsehe verweigert, hat die Witwe das Recht, sie im Tor bei den Ältesten einzuklagen. Weigert er sich weiterhin, wird er gesellschaftlich geächtet: die Witwe zieht ihm den Schuh vom Fuß und beschimpft ihn öffentlich (Dtn 25,5–10). Sinn der Rechtsinstitution der Leviratsehe ist einerseits die Zeugung von Nachkommenschaft für den Verstorbenen und andererseits der Schutz der Witwe.

BETLEHEM. *Die Urbino-Bibel (1476–78) eröffnet das Buch Rut mit einem Landschaftsbild, das die beiden Schauplätze Betlehem und das »Grünland Moabs« zeigt. Elimelech und Noomi verlassen mit ihren Söhnen Machlon und Kiljon Betlehem, in das die Witwe Noomi mit ihrer ebenfalls verwitweten moabitischen Schwiegertochter Rut zurückkehrt.*

Boas' Antwort auf Ruts Vorschlag ist sein Segen: »Gesegnet bist du vom Herrn, meine Tochter. So zeigst du deine Zuneigung (*chesed*) noch schöner als zuvor; denn du bist nicht den jungen Männern, ob arm oder reich, nachgelaufen. Fürchte dich nicht, meine Tochter! Alles, was du sagst, will ich dir tun; denn jeder in diesen Mauern weiß, dass du eine tüchtige Frau (*eschet chajil*) bist« (Rut 3,10 f.). Boas ist bereit, nach Ruts Vorschlag zu handeln. Aber vorher muss ein Hindernis überwunden werden: Es gibt noch einen anderen Löser, einen näheren Verwandten. Wenn dieser nicht lösen will, wird Boas es tun. Boas schickt Rut noch vor Tagesanbruch nach Hause, damit niemand sie sieht und ihr guter Ruf nicht geschädigt wird. Er gibt ihr Gerste als Geschenk mit. Die zweite Begegnung von Rut und Boas ist geprägt von Ruts ungewöhnlicher Initiative, Boas' Wohlwollen und einer erotisch knisternden Atmosphäre.

Während Rut zu Noomi in die Stadt zurückkehrt und ihr berichtet, geht Boas zum Stadttor, dem Ort, an dem Rechtsangelegenheiten geregelt werden, und trifft dort den anderen Löser. Dieser ist im Gegensatz zu den sprechenden Namen

– Noomi, die »Liebliche«, die bei ihrer Rückkehr nach Bethlehem lieber Mara, die »Bittere«, genannt werden will; Rut, in deren Namen die »Freundin«, aber auch die »Gesättigte« anklingt; und Boas, dessen Name »in ihm ist Stärke, Kraft« heißt – anonym. Der namenlose Löser »So-und-so« ist nur bereit, das Feld von Noomi zu kaufen, aber nicht zur Leviratsehe mit Rut. So bleibt Boas als Löser übrig, weil er beides will. Vor den Ältesten und dem Volk als Zeugen bestätigt Boas, dass er das Familieneigentum von Noomi und Rut als Frau erwirbt. Bestätigt wird das Geschäft dadurch, daß der anonyme Löser seinen Schuh auszieht.

Nach der ausführlichen Erzählung werden Eheschließung und Geburt eines Sohnes nur kurz notiert: Boas nimmt Rut, sie wird seine Frau, er kommt zu ihr, und Gott gibt ihr, das sie schwanger wird und einen Sohn gebiert. Die Frauen von Bethlehem freuen sich mit Noomi: Rut, die sie liebt, ist mehr wert als sieben Söhne. Das Kind, das sie geboren hat, erfreut ihr Herz, bringt ihr das Leben zurück. Sie nennen es Obed, »Diener«, und es wird der Großvater Davids. Der Bezug zu David (Rut 4,18–22) entstammt einer nachträgliche Bearbeitung: Rut wird zur Urgroßmutter Davids und zur messianischen Löserin, die dem Kommen des Messias den Weg bereitet. An David und seine Herkunft aus Betlehem knüpft die messianische Hoffnung auf einen (Er-)Löser an, die sich im Neuen Testament fortsetzt, wo Rut im Stammbaum Jesu genannt wird (Mt 1,5; die Parallele Lk 3,32 zählt die männliche Linie mit Boas auf).

Durch den Hochzeitssegen wird die Moabiterin Rut in die Ahnengalerie der Mütter Israels aufgenommen. Dass sich im Buch Rut eine Moabiterin freiwillig dem Volk Israel anschließt und einen Israeliten heiratet, zeigt eine Gegenposition zu Deuteronomium 23,4–6, wonach Moabiter nicht in die Gemeinschaft Israels aufgenommen werden dürfen, und zur Polemik von Esra und Nehemia gegen Mischehen (Esra 9–10; Neh 13,23 ff.).

Nach Herkunft und sozialem Status sind Boas und Rut ein sehr ungleiches Paar: der angesehene, reiche Grundbesitzer Boas und die mittellose Witwe, Zuwanderin aus Moab. Aber in ihrem Verhalten und ihrem Charakter stehen sie auf gleicher Ebene: Boas wird als *chajil*, als »stark, tüchtig, angesehen, mutig« vorgestellt (Rut 2,1), und er bezeichnet Rut ebenso als *chajil* (Rut 3,11). Im Verhältnis zu Boas ist Rut die aktiv Handelnde. Er reagiert auf ihre Initiativen.

Die Begegnungen von Boas und Rut auf dem Feld und auf der Tenne stehen im Zentrum des Buches Rut. Sie finden in einer Atmosphäre von Anerkennung, gegenseitiger Achtung und Freundlichkeit statt. Chesed, »Gunst, Gnade, Güte, Zuneigung, Treue, Solidarität«von Gott her, aber auch zwischen den handelnden Personen – Rut und Noomi, Rut und Boas – ist ein Leitwort im Buch Rut. Von *ahavah*, »Liebe«, ist nur ein einziges Mal die Rede (Rut 4,15): Sie bezieht sich hier nicht auf das Verhältnis zwischen Boas und Rut, sondern auf Ruts Beziehung zu Noomi. Die Beziehung zwischen Boas und Rut enthält einerseits ganz pragmatische Elemente – es geht um die Sicherung des Fortbestandes der Familie –, andererseits ist immer wieder auch eine erotische Spannung zu spüren.

EINLADUNG. *Die zweigeteilte Miniatur der Wenzelsbibel (um 1400) verlegt die Mahlzeit, zu der Rut von Boas eingeladen wird, vom Feld in einen Raum mit Tisch und Bänken.*

»Zur Essenszeit sagte Boas zu ihr:
Komm und iss von dem Brot,
tauch deinen Bissen
in die Würztunke!
Sie setzte sich neben die Schnitter.
Er reichte ihr geröstete Körner,
und sie aß sich satt
und behielt noch übrig.«
RUT 2,14

FRAUEN UM KÖNIG DAVID

Dreitausend Jahre jüdischer und zweitausend Jahre christlicher Geschichte sind zu einem wesentlichen Teil durch Vorstellungen mitbestimmt, die sich mit der Gestalt des Hirtenknaben und Reichsgründers David verbinden. Zwei »David-Städte« symbolisieren diesen weit gespannten Zusammenhang: Zum einen Jerusalem, die einstige Residenz des kanaanitischen Stadtkönigs und »Priesters des Höchsten Gottes«, Melchisedek (Gen 14,18), die David zum politischen, kultischen und kulturellen Mittelpunkt seines Königreichs Israel erhoben hat; zum anderen Betlehem, Davids Geburtsstadt und geweissagter Geburtsort des Messias. Die genealogische Verbindung zwischen David und dem Messias Jesus Christus, die bereits in den ersten Versen des Neuen Testaments im »Stammbaum Jesu« vorgenommen wird, stützt sich sowohl auf die dynastische Verheißung an David über seine Nachkommenschaft, als auch auf die messianische Weissagung des Jesaja im Bild der »Wurzel Jesse« (vgl. Jes 11,1).

Zu dem im weitesten Sinne dynastischen Fortleben des Königs David als Ahnherr der Königsherrschaft von Gottes Gnaden und der damit verbundenen messianischen Hoffnung, deren Erfüllung in Jesus Christus das Fundament des

Christentums bildet, personifiziert David wie keine andere Gestalt der biblischen Überlieferung die Bedingungen und die Spannweite der menschlichen Existenz. Die Höhen und Tiefen im Leben Davids lassen sich zwar auf die konkreten historischen Bedingungen zurückführen, unter denen er sein Königtum errichtet hat. Darüber hinaus hat diese Biografie jedoch eine Allgemeingültigkeit gewonnen, deren eindringlichstes Zeugnis die Psalmen bilden. Indem diese Dichtungen zu einem Großteil dem Psalmisten David zugeschrieben werden, tritt dieser in den Zusammenhang eines lyrischen Existentialismus. Doch auch die alttestamentlichen epischen und historiografischen Lebenszeugnisse der unterschiedlichen Autoren zeichnen sich durch eine Vielfalt der Gestaltungsformen aus, die wesentlich zur gleichsam plastischen Modellierung der Davidgestalt beitragen, und zwar lange, bevor die bildende Kunst eine Fülle an Erscheinungsweisen des Menschen David geschaffen hat.

Als zentrale Gestalt der beiden Bücher Samuel ist David zugleich in ein Geflecht von Beziehungen verwoben, die jeweils modellhaften Charakter besitzen. Exemplarisch ist beispielsweise die Begegnung des allem Anschein nach Ahnungslosen und Schwachen mit einer furchterregenden Übermacht in Gestalt des sprichwörtlichen Goliat, der einem einzigen Steinwurf zum Opfer fällt. Und als exemplarisch treten uns die Beziehungen zwischen David und drei Frauen entgegen, die um so wirkungsvoller sind, als sie jeweils in prägnanten Szenen bestimmte Verhaltensweisen von Mann und Frau zur Diskussion stellen. Es sind Michal, Davids erste Ehefrau, Retterin in höchster Not und am Ende eine verhärmte Spötterin, die in Hassliebe an ihren gewalttätigen Vater Saul gebunden bleibt. Es folgt Abigajil, die den von Saul Verfolgten auf sein Amt als König von Juda vorbereitet und dann als seine dritte Ehefrau im Harem des Königs untertaucht. Mit Batseba schließlich erlebt David die Höhen und Tiefen menschlicher Existenz: die Wohltat sinnlicher Freude, Blutschuld und Strafe, Sühne und göttliches Erbarmen, Treue und Erhöhung der Geliebten.

»Sein Erstgeborener Amnon
stammte von Ahinoam
aus Jesreel,
sein zweiter, Kilab,
von Abigajil, der (früheren)
Frau Nabals aus Karmel;
der dritte war Abschalom,
der Sohn der Maacha,
der Tochter des Königs
Talmai von Geschur,
der vierte Adonija,
der Sohn der Haggit,
der fünfte Schefatja,
der Sohn der Abital,
der sechste Jitream
von Davids Frau Egla.«

2. SAMUEL 3,2–5

FRAU VICTORIA. *Nicolas Poussins allegorisches Gemälde »Der Triumph Davids« (um 1630) paart den Jüngling nach antikem Vorbild mit der Siegesgöttin (linke Seite).*

KÖRPERWÄRME. *Die Miniatur einer Bible moralisée (um 1410) zeigt Abischag, die zum Bett des greisen David geführt wird und bei ihm ruht. Gesucht wurde ein Mädchen, denn »wenn es an seiner Seite schläft, wird es unserem Herrn, dem König, warm werden« (1 Kön 1,2).*

»Rabbi Pinchas pflegte
die Musik und den Gesang
hoch zu preisen.
Einmal sprach er:
Herr der Welt,
könnte ich singen,
ich würde dich nicht in
den Höhen bleiben lassen,
ich würde dir
mit meinem Gesang zusetzen,
bis du dich hier
bei uns niederließest.«

MARTIN BUBER,
DIE ERZÄHLUNGEN DER CHASSIDIM

זהדוד המנגן בנבל״

DAVID & MICHAL

Erstes Buch Samuel, Kapitel 18 und 19
Zweites Buch Samuel, Kapitel 3 und 6

Davids erste Ehe steht unter einem schlechten Stern. Sie ist für den männlichen Ehepartner und den Schwiegervater des Mannes aus jeweils anderen Gründen ein Mittel zum Zweck. Der Hirtenknabe David ist an den Hof des Königs Saul berufen worden, um diesem durch sein Zitherspiel Erleichterung zu verschaffen, sobald ein böser Geist Gewalt über ihn gewonnen hat. Die Dankbarkeit und das Vertrauen, das Saul seinem jugendlichen Wohltäter entgegenbringt, kommt in der Ernennung zum Waffenträger zum Ausdruck. Ja mehr noch: »Saul gewann ihn sehr lieb« (1 Sam 16,21).

Im nächsten Kapitel ergreift ein anderer Erzähler das Wort. Er weiß davon zu berichten, dass David und Saul sich im Heerlager im Terebintheltal begegnet sind, in dem sich die Israeliten zum Kampf mit den Philistern bereithalten. Drei der Brüder Davids befinden sich im Lager, und sein Vater Isai schickt ihn mit Proviant und dem Auftrag, sich nach deren Befinden zu erkundigen. David wird Zeuge, wie der riesenhafte Vorkämpfer der Philister namens Goliat die Israeliten in Angst versetzt. Und naseweis erkundigt er sich nach der Belohnung, die dafür ausgesetzt sei, den feindlichen Prahlhans unschädlich zu machen. Dabei wird David von seinem Bruder Eliab ertappt und im herablassend-spitzen Ton des älteren Geschwisters der Schaulust bezichtigt: »Ich kenne doch die Keckheit und die Bosheit in dir. Du bist nur hergekommen, um den Kampf zu sehen« (1 Sam 17,28). Doch andere machen die Umgebung Sauls und schließlich den König selbst auf den Knaben aufmerksam, und so kommt es zu dem Zweikampf wider alle Vernunft, in dem Gott der Schwachheit zum Sieg verhilft. Nun erst macht sich David dem König als Sohn des Isai aus Betlehem bekannt und wird mit militärischen Aufträgen betraut. Seine Erfolge machen ihn beim Volk und bei den Dienern Sauls beliebt, Saul aber wird zornig: »Jetzt fehlt ihm nur noch die Königswürde. Von diesem Tag an war Saul gegen David voll Argwohn« (1 Sam 18,8 f.).

Bei jenen Fragen nach der Belohnung für den Sieg über Goliat hat David erfahren, der König werde demjenigen, der die Israeliten von dieser Geißel in Menschengestalt befreit, seine Tochter zur Frau geben. Ob dies nur populäre, im Grunde märchenhafte Vorstellungen sind, erfahren wir nicht. Saul selbst macht David das Angebot, seine Tochter zur Frau zu erhalten, allerdings erst dem allseits gefeierten Heerführer, der dadurch belohnt und in die königliche Familie aufgenommen zu werden scheint. Doch in Wirklichkeit soll diese Aussicht den Rivalen ins Verderben führen, denn die Bedingung ist verstärkter Einsatz im Kampf gegen die Philister: »Saul dachte nämlich: Ich will nicht meine Hand gegen ihn erheben; das sollen die Philister tun« (1 Sam 18,17). Und in der Erwartung, dass seine Intrige gelingt, verheiratet Saul seine älteste Tochter Merab anderweitig.

DIE ERSTE EHE. *Das Relief der byzantinischen Silberschale (um 610/20) zeigt die Heirat des im Kampf gegen die Philister siegreichen David mit König Sauls Tochter Michal.*

DER PSALMIST. *Harfe spielender David in einer hebräischen Miszellen-Handschrift (Sammlung von Texten verschiedenen Inhalts, darunter Psalmen) aus Nordfrankreich, um 1380/90 (linke Seite außen).*

LIEBESPSALM. *Marc Chagall gibt den Gesängen Davids eine Deutung, die in der weltoffenen Mystik des Chassidismus wurzelt: Das Gotteslob gewinnt eine seiner vielen Ausprägungen in den Gemeinsamkeiten von Braut und Bräutigam (linke Seite).*

Und David? Die Aussicht, trotz niederer Herkunft zum Schwiegersohn des Königs zu avancieren, ist viel zu verlockend, als dass er die Absichten seines angeblichen Gönners durchschauen würde. Auch der Wortbruch Sauls durch die Verheiratung Merabs mit Adriël aus Mehola (1 Sam 18,19) macht ihn nicht misstrauisch – es geht ihm ja nicht um eine bestimmte Frau, sondern lediglich um eine Königstochter als Sprosse einer Stufenleiter.

An dieser Stelle wechselt die Perspektive: »Sauls Tochter Michal liebte David« (1 Sam 18,20). Die schlichte Feststellung ist deshalb so inhaltsreich, weil sie mit dem absichtsvollen Vorkehrungen, Handlungen, Versprechungen und

DER BRAUTPREIS. *Der Heerführer David weist seine Siegestrophäen vor und erhält als Lohn die Königstochter Michal zur Frau. Saul selbst, so zeigt die Illustration zu 1. Samuel 18,24 in der Kreuzritterbibel (um 1250), nimmt die Eheschließung vor.*

Überlegungen in Michals Umgebung nichts zu tun hat. Doch unweigerlich wird Michals Liebe instrumentalisiert: Sie kommt Saul gerade recht, und da er durch seine Spitzel weiß, dass sich David mit dem Problem beschäftigt, wie er den mit Sicherheit hohen Brautpreis (für den eigentlich sein Vater Isai zuständig wäre) aufbringen soll, lässt er ihm ein verlockendes Angebot unterbreiten: Es wird genügen, wenn er innerhalb von zwei Jahren als Beweis der Tötung von hundert Philistern deren Vorhäute vorweist.

Der Erzähler schweigt sich darüber aus, ob der Eifer Davids – er entrichtet noch vor Ablauf der Frist den Brautpreis in doppelter Höhe – darin begründet ist, dass er Michals Liebe erwidert, oder ob sein Bestreben darauf gerichtet ist, einem zweiten Wortbruch vorzubeugen. Kennt er überhaupt Michal? Hat sie ihn zusätzlich zur Eile angetrieben? Tatsache ist, dass Saul keinen Vorwand mehr zur Verfügung hat, David als seinen Schwiegersohn zu akzeptieren. Allerdings mit der Konsequenz, dass ihn Furcht erfüllt, die in einem starren Feind-Freund-Denken wurzelt. Auf der Seite der Feinde, die er mehr zu fürchten hat als die Philister, steht Gott, der Davids Partei ergriffen hat, aber auch seine Tochter Michal, die ihren Mann liebt und daher – so ist zu erwarten – sich der Verfügungsgewalt des Vaters, ihrer Verwendung zum Schaden Davids, entzieht. »So wurde Saul für alle Zeit zum Feind Davids« (1 Sam 18,29).

»Michal ließ David durch das Fenster hinab, sodass er flüchten und sich in Sicherheit bringen konnte.«
1. Samuel 19,12

In der Tat tritt Michal mit aller Entschiedenheit auf Davids Seite. Den Höhepunkt in dieser Entwicklung bildet ihr mutiges Handeln angesichts einer tödlichen Gefahr für David, indem sie ihm zur Flucht vor den Schergen Sauls verhilft. In dieser Szene widmet sich die Erzählung zum ersten Mal Michal als einer Frau, die mit Umsicht und Entschlossenheit ans Werk geht: Zunächst sorgt sie dafür, dass David durch ein Fenster und an einem Strick oder über eine Leiter sein Haus verlässt, ohne von den Gehilfen Sauls bemerkt zu werden. Ihr nächstes Ziel besteht darin, David genügend Vorsprung vor der mit Sicherheit zu erwartenden Verfolgung zur verschaffen: Als die mit der Ermordung Davis Beauftragten ins Haus eindringen, lassen sie sich mit Michals Auskunft abspeisen, ihr Mann sei krank. Saul kann es kaum fassen, dass dies ein Grund sein soll, nicht getötet zu werden! Nun erst verlangen die Häscher, sich von der Krankheit ihres Opfers zu überzeugen und David notfalls im Bett in den Palast des Königs zu schaffen, wo der Mord vollzogen werden soll. Doch wieder verstreicht Zeit zugunsten Davids Flucht, denn was sich auf dem angeblichen Krankenlager findet, ist eine Atrappe in Gestalt einer wohl aus Holz geschnitzten Götterfigur, deren realistischer Wirkung Michal durch ein Geflecht aus Ziegenhaar nachgeholfen hat.

Die Flucht. *Ausschnitt aus einer typologischen Bildergruppe zum Thema Fluch in einer Biblia pauperum (um 1430/40): Alttestamentliche »Typen« sind die Flucht Davids vor Saul und die Flucht Jakobs vor Esau; den neutestamentlichen »Antitypus« bildet die Flucht der Heiligen Familie vor Herodes nach Ägypten.*

Wir können uns vorstellen, mit welcher Verblüffung die Schergen auf die Enthüllung der List reagiert haben, die Michal mit solcher Umsicht und Detailgenauigkeit erdacht hat, um Davids Flucht zu sichern. Statt des »Staatsfeindes« schleppen sie die »Verräterin« in den Palast. Als solche betrachtet Saul seine Tochter, obwohl er doch bereits geahnt hat, dass sie durch ihre Liebe an David gebunden und der väterlichen Verfügungsgewalt entzogen sein würde. »Warum hast du mich so betrogen«, herrscht er sie an, »und meinen Feind entkommen lassen, sodass er sich in Sicherheit bringen konnte?« (1 Sam 19,17). Michals Antwort gibt der Erzähler kommentarlos wieder und überlässt uns deren Interpretation als Notlüge, um sich zu schützen, oder als Ausdruck einer inneren Abkehr von David und Unterwerfung unter den Willen des Vaters. Sie beschuldigt David, sie zur Fluchthilfe unter Todesdrohung gezwungen zu haben (1 Sam 19,17).

Faktisch ist Michal wieder auf ein willenloses Wesen reduziert, das Saul nach eigenem Gutdünken verwendet. Wir erfahren, dass sie mit einem Mann namens Palti bzw. Paltiël verheiratet wird, was einer Demütigung Davids gleichkommt. Um seinem Besitzrecht wieder Geltung zu verschaffen – es geht um das Prinzip! – stellt David nach Sauls Tod, seiner eigenen Erhebung zum König von Juda und in den Verhandlungen mit Sauls ehemaligem Gefolgsmann Abner über dessen Wechsel an Davids Seite die Bedingung: »Gut, ich will einen Vertrag mit dir

DER TANZENDE KÖNIG. *Illustration in einer deutschsprachigen Historienbibel (um 1450) zum Einzug Davids mit der Bundeslade in Jerusalem: »Und David tanzte mit ganzer Hingabe vor dem Herrn her und trug dabei das leinene Efod« (2 Sam 614). Das Efod ist eines der acht Gewänder des Hohenpriesters (Ex 39,2f.).*

schließen; aber das eine verlange ich von dir: Du darfst mir nicht unter die Augen treten, falls du nicht Michal, die Tochter Sauls, mitbringst, wenn du vor mir erscheinst« (2 Sam 3,13). Michal ist »Sauls Tochter«, für die David den Brautpreis entrichtet hat (2 Sam 3,14); von vergangener Liebe, von Dankbarkeit oder Mitleid ist nicht die Rede. So scheint es auch nicht der Mitteilung wert zu sein, wie sich David und Michal nach langer Trennung wieder begegnen. Allein Michals zweiter Mann kommt für einen Moment ins Blickfeld. Als Michal, einer Handelsware vergleichbar, abgeholt wurde, lief Paltiël »bis nach Bahurim weinend hinter ihr her. Erst als Abner ihm sagte: Geh, kehre um!, kehrte er um« (2 Sam 3,16). Ein knapper Befehl, und Paltiël, von dem wir nicht wissen, ob ihn Michals Schicksal, die gewaltsame Trennung von einer lieb gewonnenen Frau oder der Verlust seines Besitzes zu Tränen gerührt hat, scheidet aus dem von politischen Interessen bestimmten Handel aus.

Ein letztes Mal begegnen wir Michal am Tag, an dem David einen seiner größten Triumphe feiert: beim Einzug mit der Bundeslade in seine Hauptstadt Jerusalem. In den Worten, mit denen Michal Davids Tanz vor der Bundeslade beurteilt, kommt auf erschreckende Weise der tiefe Gram, die Verbitterung Michals zum Vorschein. Wir können auch schließen: Ihr jahrelang passiv und schweigend erduldetes Schicksal zwingt sie zu einer befreienden, allerdings durch zwanghafte Spottlust verzerrten Äußerung: David hat sich nicht als König benommen, sondern so, »wie sich nur einer vom Gesindel bloßstellen kann« (2 Sam 6,22). Welche Fallhöhe hat Michal wahrgenommen! Vom König, der für Michal wohl durch die Erinnerung an den einst allmächtigen Vater idealtypisch repräsentiert wird, zum Kerl aus dem schamlosen Gesindel, der sich tanzend und zum kreischenden Vergnügen des Pöbels entblößt. Der Erzähler deutet an, dass Michals Vereinsamung der Grund sein mag, weshalb sie ihren Mann an ihrer Vorstellung vom König (bzw. Vater) misst: Sie gehört überhaupt nicht zur Familie Davids, bestehend aus seinen Frauen Ahinoam und Abigajil, Maacha, Abital und Egla sowie den Söhnen Amnon, Kilab, Abschalom, Adonija, Schefatja und Jitream (2 Sam 3, 2–5) sowie weiteren Nebenfrauen – Polygamie zur Sicherung der Dynastie durch leibliche Nachkommen gehört zu den Vorrechten des Königs, der sich einen solchen Haushalt samt Harem auch leisten kann. Vielmehr bleibt Michal trotz Heirat und wiederhergestellter ehelicher Zugehörigkeit zu David die Tochter ihres Vaters: »Als David zurückkehrte, um seine Familie zu begrüßen, kam ihm Michal, die Tochter Sauls, entgegen« (2 Sam 6,20), und dieser Satz drängt die Lesart auf: Es kam ihm eine Fremde entgegen. Das Kapitel, in dem Michal diesen letzten Auftritt hat, endet mit dem vernichtenden Urteil: »Michal aber, die Tochter Sauls, bekam bis zu ihrem Tod kein Kind« (2 Sam 6,23).

Die christliche Rezeption der Gestalt Michal in der Kunst konzentriert sich in Einklang mit den Büchern Samuel auf den Gegensatz zwischen der Hilfe, durch die David sein Leben rettet, und dem Spott, mit dem Michal dem neuen König von Juda jegliche Legitimation abspricht. Die erste Szene setzt Michal aus typologischer Sicht in Parallele zu Rebekka, die Jakob zur Flucht vor Esau verhilft, und beide Fluchtszenen sind Präfigurationen der Flucht der Heiligen Familie nach Ägypten. Als Spötterin wird Michal zur Verkörperung der mit Blindheit geschlagenen Synagoge, die unfähig ist, das in David sich ankündigende und in Jesus Christus vollendete messianische Erlösungswerk wahrzunehmen.

VERACHTUNG. *Das Medaillon einer Bildseite der romanischen Gumbertusbibel (um 1200) illustriert den Vers: »Als die Lade des Herrn in die Davidstadt kam, schaute Michal, Sauls Tochter, aus dem Fenster, und als sie sah, wie der König David vor dem Herrn hüpfte und tanzte, verachtete sie ihn in ihrem Herzen« (2 Sam 6,16).*

DAVIDSTADT. *Dieses Relief des Davidsterns, Symbol der davidischen Herrschaft, befindet sich seit alter Zeit an der Stadtmauer der Davidstadt Jerusalem. Zahlensymbolisch leiten sich die sechs Spitzen von den sechs Tagen der Schöpfung her.*

DAVID & ABIGAJIL

Erstes Buch Samuel, Kapitel 25

HELD IN NOT. *Das prunkvoll gerahmte Bild im Stundenbuch der Anne de Montmorency (1549) erweckt den Anschein, als weise David die Nahrungsmittel, die Abigajil ihm offeriert, entrüstet zurück, um statt dessen Nabal wegen verweigerter Gastfreundschaft bestrafen zu können. Doch ist David sehr wohl auf Abigajils Gaben angewiesen. Vor allem aber bewahrt sie ihn davor, Blutschuld auf sich zu laden (rechte Seite).*

BITTSTELLERIN? *Die Miniatur in einem Heilsspiegel (um 1430/40) erweckt den Eindruck, Abigajil erbitte von David eine Gnade. In Wirklichkeit ist David der umsichtigen Frau zu Dank verpflichtet (oben).*

Die Geschichte von David und Abigajil wird uns in Form einer Novelle überliefert, also einer »unerhörten Begebenheit«. Ein konzentrisch gegliederter Erzählrahmen besitzt als äußeren Ring die Situation Davids in der politischen und militärischen Auseinandersetzung mit König Saul, der ihn als Rivalen verfolgt: David befindet sich mit einem eigenen Heer von 600 Mann im Steppengebiet Paran im Norden der Halbinsel Sinai. Den zweiten Ring bildet die regionale Herrschaft, die David als Schutzherr der hier wirtschaftenden Viehzüchter in Anspruch nimmt: Er betrachtet den reichen Nabal als seinen Untergebenen. Der dritte Ring ergibt sich aus der zeitlichen Begrenzung des Geschehens auf eine bestimmte Situation im jahreszeitlichen Verlauf der Viehzucht: Es ist die Zeit der Schafschur, die in ein üppiges Fest mündet. Dies sind die äußeren Voraussetzungen, das Szenarium, in dessen Mittelpunkt die Verhaltensweisen der handelnden Personen in Erscheinung treten.

David, der verfolgte und auf materielle Unterstützung angewiesene Anführer, erwartet vom wohlhabenden Nabal den freiwilligen Tribut für den Schutz, den er während der Schafschur genossen hat. Genauer: David erhebt Anspruch auf Anteil am Wohlstand des Nabal dafür, dass dieser und seine Knechte unbehelligt geblieben sind, was keineswegs selbstverständlich ist. Nabal, dessen Name soviel wie »Narr« oder »Trottel« bedeutet, gehört allerdings zum Stamm der Kalebiter, dessen Mitglieder als besonders roh und grobschlächtig gelten. Diesem Ruf wird Nabal gerecht, indem er die zehn Boten, die David mit der höflich Bitte um Teilhabe am Festmahl gesandt hat, kurzerhand abweist. Während ihm der Friedensgruß entboten und er daran erinnert wird, dass sein Eigentum (wider Erwarten?) bislang unangetastet geblieben ist, stellt sich Nabal taub: »Wer ist denn David, wer ist der Sohn Isais?« (1 Sam 25,10). Hat Nabal tatsächlich keine Ahnung, was im weiteren Umkreis vor sich geht? Oder verschanzt er sich hinter Unwissenheit? Sie liefert ihm jedenfalls eine aus seiner Sicht stichhaltige Begründung, die unerwünschten Gäste, die nach dem »Gesetz der Steppe« Anspruch auf Gastfreundschaft haben, grob abzufertigen: »Soll ich etwa mein Brot und mein Wasser, und was ich für meine Schafscherer geschlachtet habe, nehmen und es Männern geben, von denen ich nicht weiß, woher sie sind?« (1 Sam 25,11).

In der Tat erweist sich Nabal als Egozentriker ohne Manieren, vor allem aber ohne Umsicht und Weitblick. Sein Verhalten gibt David den Vorwand, die Friedfertigkeit abzulegen und mit Gewalt an sich zu nehmen, was ihm trotz höflicher Bitte und Ermahnung vorenthalten worden ist. Nabals offensichtlich besser mit dem »Gesetz der Steppe« vertraute Knechte ahnen, dass es so kommen wird, und einer von ihnen unterrichtet seine Herrin über die Gefahr, die Nabal mutwil-

OCCVRRIT ABIGAIL, CVM MVNERIBVS DAVIDI CŌMOTO
PRECIBVS ABIGAIL PEPERCIT DAVID DOMVI NABAL

ZWEI BEGEGNUNGEN. *Das Gemälde »Die Geschichte von David und Abigajil« (1617, nach einem verschollenen Werk des Hugo van der Goes) bedient sich der synchronen Darstellung: Die einzelnen Schritte der Handlung ereignen sich gleichzeitig in einer weiträumigen Landschaft. Rechts findet – vor dem Hintergrund von*

lig heraufbeschworen hat. Abigajil, die Herrin, ist rasch im Bilde, ja sie weiß sogar sehr genau über David Bescheid. Sie wird ihn als Anführer würdigen, der keineswegs auf eigene Faust Beutezüge unternimmt, sondern der »die Kriege des Herrn führt« (1 Sam 25,28).

Abigajils Anerkennung der religiösen Legitimation Davids als Anführer eines Heeres und damit seiner Forderung nach materieller Unterstützung ist Bestandteil einer kunstvollen Rede, mit der sie David in den Weg tritt. Dieser Mittelpunkt der Erzählung ergibt sich aus dem Zusammentreffen von zwei Bewegungen: David und seine Bewaffneten marschieren in Richtung des Platzes, an dem Nabal das Fest der Schafschur genießt. Diesen Platz verlässt Abigajil, um David mit Lebensmitteln zu versorgen, die sie in aller Eile zusammengepackt hat: Brote,

Wein in Schläuchen, geschlachtete Schafe, geröstetes Korn, Rosinen- und Feigenkuchen. Dieser Anteil an Nabals Festmahl bildet die materielle Grundlage der Strategie, die Abigajil verfolgt, um das drohende Unheil abzuwenden.

Der Erzähler enthält sich einer Bewertung Abigajils und überlässt es dem Leser, sich selbst ein Urteil anhand der wörtlich wiedergegebenen Rede zu bilden. Abigajil beginnt mit einer Redefigur, die in der Rhetorik als *capitatio benevolentiae* bezeichnet wird: Sie versichert sich des Wohlwollens der Zuhörer, indem sie sich gleichsam erniedrigt und alle Schuld auf sich nimmt. Nebenbei entschuldigt sie ihren Mann, indem sie ihn der Torheit bezichtigt – er ist in gewisser Weise schuldunfähig. Schrittweise erhebt sich Abigajil vom Hinweis auf die Wiedergutmachung in Form des Gepäcks, mit dem sie ihre Esel beladen hat, über die Anerken-

Nabals Festgelage – die erste Begegnung zwischen Abigajil und David statt. der sich hoch zu Ross auf dem Kriegszug gegen Nabal befindet. Links beugt sich der zur Umkehr und inneren Einkehr gelangte König zu Abigajil nieder, um sie aus Dankbarkeit und Liebe in den Stand der Königin zu erheben.

nung der Legitimität Davids bis zur Prophetie: Gott wird David »zum Fürsten über Israel« machen (1 Sam 25,30). Doch Abigajil geht noch einen Schritt weiter, indem sie den von Gott Gesegneten in seiner Eigenschaft als Mensch anspricht. Als solcher ist David darauf angewiesen, ein reines Gewissen zu haben: Nachdem ihn Gott zum Fürsten über Israel gemacht haben wird, soll er sich auf die Sicherheit eines reinen Gewissens stützen können; sein Gewissen soll ihm »nicht vorwerfen können, dass du ohne Grund Blut vergossen hast« (1 Sam 25,31).

Nach diesem Gipfelpunkt einer religiös-moralischen Forderung an David, die unter der Hand Davids Rachebedürfnis für grundlos erklärt, vollzieht Abigajil einen abrupten Rollenwechsel: Die Prophetin als religiös-moralische Instanz wird urplötzlich wieder zur Bittstellerin und Magd, die allerdings ihren Anteil am heilsamen und gottgefälligen Gesinnungswandel zu bedenken gibt: »Wenn der Herr aber meinem Herrn Gutes erweist, dann denk an deine Magd!« (1 Sam 25,31).

EIN UNGLEICHES PAAR. *Mit seinem Holzschnitt »David und Abigajil« (1509) treibt Lucas Cranach d. Ä. den Gegensatz zwischen dem gewaltbereiten Mann und der schutzlosen Frau auf die Spitze. Der Betrachter ist aufgefordert, dem äußeren Anschein zu misstrauen und die »unerhörte Begebenheit« der biblischen Erzählung zu erfassen.*

David reagiert mit dem Lobpreis der Klugheit Abigajils. Dieser Begriff bündelt sowohl die Eigenschaften, die Abigajil in einer Situation größter Gefahr auszeichnen – Entschlusskraft, Tatkraft, Umsicht, Weitsicht –, als auch die Bewunderung, die David ihr entgegenbringt. Was danach folgt, rechtfertigt Abigajils Warnung vor unbedachtem Selbsthelfertum: Nabal wird, nachdem er aus seiner Volltrunkenheit erwacht ist und von Abigajil erfahren hat, auf welche Weise sie sein Leben und das Leben seiner Knechte gerettet hat, vom Schlag getroffen; bald darauf stirbt er. David erkennt darin das Gericht Gottes, der seinen »Rechtsstreit gegen Nabal wegen der Schmach, die mir angetan wurde, geführt hat und der seinen Knecht von einer bösen Tat zurückgehalten hat; die Bosheit Nabals aber hat der Herr auf ihn selbst zurückfallen lassen« (1 Sam 25,39). Indem David kurz darauf Boten schickt, um Abigajil mitzuteilen, er wolle sie zur Frau nehmen, folgt der Bewunderung ihrer Klugheit der Wunsch, sich ihrer auf Dauer zu versichern. Der Erzähler schweigt sich allerdings über Davids Beweggründe aus, ja er zieht sich auf seine konzentrische Umrahmung der »unerhörten Begebenheit« zurück. Die Ehe mit Abigajil erscheint als Bestandteil der Heiratspolitik, denn David hat eben erst Ahinoam aus Jesreel, einem Ort im Stammesgebiet von Juda, zur Frau genommen und knüpft nun mit den Kalebitern verwandtschaftliche Bande. Umgekehrt löst Saul die Verbindung Davids mit dem regierenden Königshaus, indem er seine mit David verheiratete Tochter Michal einem Galiläer namens Palti bzw. Paltiël zur Frau gibt. Somit kehrt die Erzählung von David und Abigajil zur machtpolitischen Auseinandersetzung zwischen Saul und David zurück.

Auch im weiteren Verlauf des ersten und des zweiten Buches Samuel wird Abigajil nur punktuell und aus einiger Entfernung wahrgenommen. Sie folgt ebenso wie Ahinoam ihrem Mann David ins Exil bei den Philistern (1 Sam 27,3). Beide Frauen werden von den Amalekitern gefangen genommen und durch David befreit (1 Sam 30,5 und 18). Als David nach Sauls Tod in Hebron zum König von Juda gesalbt wird, sind Agigajil und Ahinoam bei ihm. In Hebron bringen sie zwei Söhne zur Welt: Ahinoam den Erstgeborenen Amnon, Abigajil den

»Gepriesen sei der Herr, der meinen Rechtsstreit gegen Nabal wegen der Schmach, die mir angetan wurde, geführt hat und der seinen Knecht von einer bösen Tat zurückgehalten hat.«

1. SAMUEL 25,39

GOTTES GERICHT. *Illustration der Kreuzritterbibel (um 1250) zum Bericht über den Tod Nabals: Nachdem er seinen Rausch ausgeschlafen hat, berichtet ihm Abigajil, was vorgefallen ist; da wird Nabal vom Schlag getroffen und stirbt nach wenigen Tagen. Abigajil trägt die Haube der verheirateten Frau; als Witwe heiratet sie in zweiter Ehe David.*

Zweitgeborenen Kilab. Doch inzwischen hat David vier weitere Frauen: die Königstochter Maacha aus Geschur sowie Haggit, Abital und Egla. Sie bringen in Hebron Abschalom, Adonija, Schefatja und Jitream zur Welt (2 Sam 3,2–5).

Um so kostbarer ist die erste Begegnung zwischen David und Abigajil, führt sie doch eine Frau zu ihrer individuellen Erscheinung, die dem »Helden« David nicht allein ebenbürtig ist, sondern ihn im wörtlichen Sinne zur äußeren wie im übertragenen Sinne zur inneren Umkehr bewegt. Sein Wunsch, sie zur Frau zu nehmen, oder besser: zu haben, dürfen wir wohl darauf zurückführen, dass Abigajil bei aller eindrucksvollen Klugheit auch Davids Herz berührt hat. Es ist sicher kein Zufall, dass ihre Rede bei der ersten und hochdramatischen Begegnung das anschauliche Bild vom Beutel als Behältnis alles Kostbaren verwendet, in den das Leben Davids – wir dürfen übersetzen: das Leben des Geliebten – bei Gott geborgen sein soll: In der Verfolgung »sei das Leben meines Herrn beim Herrn, deinem Gott, eingebunden in den Beutel des Lebens« (1 Sam 25,29).

»Als David einmal zur Abendzeit von seinem Lager aufstand und auf dem Flachdach des Königspalastes hin und her ging, sah er von dort aus eine Frau, die badete. Die Frau war sehr schön anzusehen.«
2. SAMUEL 11,2

BEGEHREN. *Das in einem Ausschnitt wiedergegebene Gemälde »Batseba im Bade« (um 1485/90) von Hans Memling setzt voraus, dass Batseba eine Dienerin hat, die ihr beim Anlegen ihres Gewandes nach dem Bad behilflich ist (rechte Seite). Ein Detail zeigt David, der seinem Diener einen für Batseba bestimmten Ring übergibt (oben). Memlings Gemälde bildete wohl, als Beispiel für ungerechtes Verhalten, den Flügel eines Triptychons des Typus »Gerechtigkeitsbild« im Gerichtssaal eines Rathauses.*

DAVID & BATSEBA

Zweites Buch Samuel, Kapitel 11 und 12

Psalm 51 trägt die Überschrift »Bitte um Vergebung und Neuschaffung« und nennt in den beiden ersten Versen den biografischen Hintergrund: »Ein Psalm Davids, als der Prophet Natan zu ihm kam, nachdem sich David mit Batseba vergangen hatte.« Der eigentliche Psalm, der in der christlichen Liturgie zu den sieben Bußpsalmen zählt, beginnt mit dem Schuldbekenntnis:

Gott, sei mir gnädig nach deiner Huld,
tilge meine Frevel nach deinem reichen Erbarmen!
Wasch meine Schuld von mir,
und mach mich rein von meiner Sünde! –
Denn ich erkenne meine bösen Taten,
meine Sünde steht mir immer vor Augen.
Gegen dich allein habe ich gesündigt,
ich habe getan, was dir missfällt.

Diese Verse 3–6 reflektieren den zweiten Teil einer Erzählung, die mit Ereignissen aus dem Leben des Königs David beginnt, die in die Kategorie des Menschlich-Allzumenschlichen zu fallen scheinen. Zumindest der Ausgangspunkt kann wohlwollendes Verständnis in Anspruch nehmen, obwohl bereits im ersten Satz der Erzählung eine Abweichung von den Verhaltensmustern eines Königs angedeutet wird: Zu der Zeit, in der Könige für gewöhnlich an der Spitze ihrer Heerscharen in den Krieg ziehen, schickt David stellvertretend seinen Feldherrn Joab gegen die Ammoniter; er selbst bleibt in Jerusalem (2 Sam 11,1). Weniger verwunderlich erscheint dem Erzähler die Tatsache, dass David durch den Anblick einer sehr schön anzusehenden Frau, die er vom Flachdach seines Palastes aus beim Baden beobachtet, sinnliches Begehren verspürt. Aus ethnografischer Sicht ist diese wohl im Innenhof eines benachbarten Gebäudes angesiedelte und somit vom Dach aus mühelos einsehbare Badeszene Ausdruck der im Orient mit besonderer Sorgfalt gepflegten Körperhygiene. Und der Sozialhistoriker erkennt im Verhalten des Königs einen Reflex, dem zunächst keine sonderliche Bedeutung beizumessen ist: David erkundigt sich über die Identität der Schönen und bittet sie darauf hin zu sich in den Palast, genauer: Er lässt sie holen. Offensichtlich geschieht dies aber ohne Gewaltanwendung, und auch die Tatsache, dass die Frau namens Batseba mit einem Mann namens Urija verheiratet ist, bildet kein Hindernis. David nimmt ein Besitzrecht wahr, das umfassendere Gültigkeit hat als die beschränkten »bürgerlichen Verhältnisse« seiner Untertanen. Anscheinend handelt es sich um eine Episode unter vielen: David schläft mit Batseba, dann »kehrte sie in ihr Haus zurück« (2 Sam 11,4).

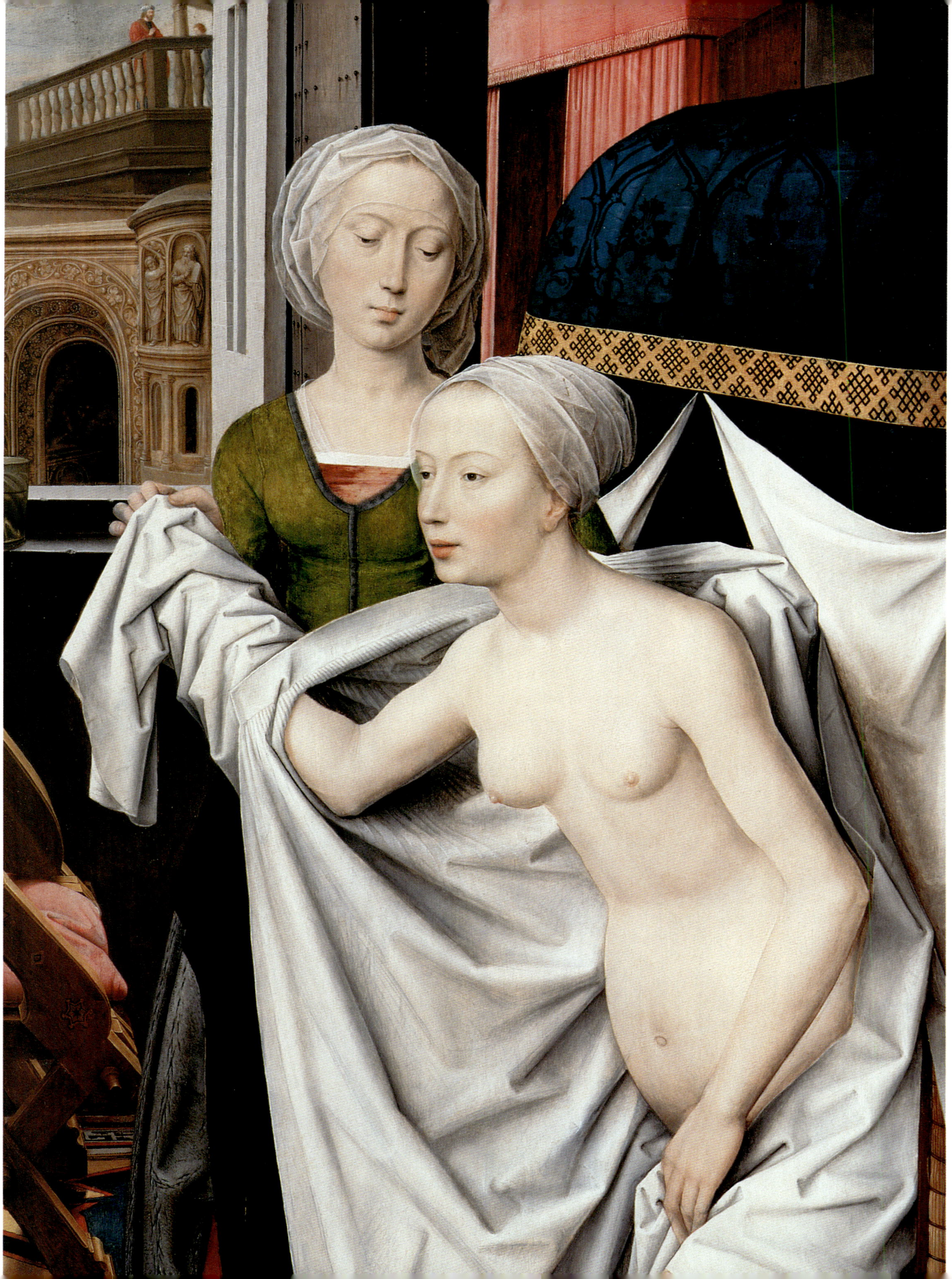

»(David) schrieb in dem Brief:
Stellt Urija nach vorn,
wo der Kampf am
heftigsten ist, dann
zieht euch von ihm zurück,
dass er getroffen wird
und den Tod findet.«
2. SAMUEL 11,15

SCHULD. *Die Darstellung Batsebas (um 1510) wird im betreffenden Stundenbuch am Beginn der Bußpsalmen durch die Szene ergänzt, in der David Batsebas Mann Urija den »Urijasbrief« aushändigt, in dem er dessen Tod in Auftrag gibt.*

Doch der Schein trügt: Batseba wird schwanger, und David verfällt – aus welchen Gründen auch immer – auf den Gedanken, seine Vaterschaft zu verschleiern, indem er für den Anschein sorgt, Batsebas Mann Urija sei der Vater des Kindes; ein illegitimes Kind ist dem mit einer ausreichenden Schar an legitimen Nachkommen umgebenen König derzeit unerwünscht. Rasch leitet David die Vorkehrungen für die geplante Täuschung in die Wege: Urija, der sich unter Joabs Kommando in jenem Krieg gegen die Ammoniter befindet, wird nach Jerusalem zurückbeordert. Ein Vorwand ist leicht konstruiert: Urija soll David Bericht erstatten, ob bei Joab und den Truppen alles in Ordnung sei, kurz: »wie es mit dem Kampf stehe« (2 Sam 11,7). Als Lohn für seinen Bericht soll Urija sein Haus und seine Frau genießen und damit, ohne es zu ahnen, den Anschein erwecken, das in absehbarer Zeit zur Welt kommende Kind gezeugt zu haben.

Doch der tatsächlich ahnungslose Urija erweist sich wider Erwarten als Untertan, der sich – vielleicht in seiner Eigenschaft als Hethiter und somit »Ausländer« – in besonderem Maße mit seinen auf freiem Feld kampierenden israelitischen Kameraden solidarisch fühlt und jegliche Wohltat, die ihm allein zukommen würde, strikt ablehnt. Statt einer Begünstigung besteht er darauf, das unbequeme militärische Nachtlager der Palastwache zu teilen. Seine Begründung, die am folgenden Tag David zu hören bekommt, erscheint dem König wohl allzu weitschweifig oder gar verworren (was hat die vorläufige Unterbringung der Bundeslade in einer »Hütte« mit seiner Weigerung zu tun, bequem und vermutlich lustvoll zu Hause zu übernachten?), und er beschließt, dem einfältigen Kerl mit einer guten Mahlzeit und reichlichem Weingenuss auf die Sprünge zu helfen. Doch Urija bleibt seiner selbst auferlegten Askese treu.

Wie im Märchen folgt den beiden ersten Versuchen, Urija auf den richtigen, aus seiner Sicht aber falschen Weg zu bringen, ein dritter, der allerdings nichts Märchenhaftes, zu einem glücklichen Ende Führendes besitzt, sondern in einen verschleierten, in Wirklichkeit kaltblütigen Mord mündet. Der sprichwörtliche Urijas-Brief, mit dem der Hartnäckige – wiederum als angeblicher Bote – auf den Weg zurück aufs Kampffeld geschickt wird, enthält sein eigenes Todesurteil: Joab soll ihn an einem besonders gefährlichen Abschnitt der Belagerung der Stadt Rabba einsetzen und bei der Gegenwehr der Feinde schutzlos im Stich lassen. Und so geschieht es. Bald darauf lässt Joab seinem Auftraggeber mitteilen, der Hethiter sei tot. Um jedem Verdacht einer Mittäterschaft vorzubeugen, stattet Joab seinen Boten, falls der König in Zorn geraten sollte, mit Argumenten aus, die David ins Feld führen könnte, und mit entsprechenden Gegenargumenten – eine geschickt kalkulierte Aktion der Vernebelung. Doch David nimmt die Todesnachricht vollkommen gelassen entgegen und quittiert sie in äußerster Gemütskälte mit einem Allgemeinplatz: »das Schwert frisst bald hier, bald dort« (2 Sam 11,25). Was beruhigt David, nachdem er mit Erfolg dafür gesorgt hat, dass der ursprünglich als vorgeschobener Vater vorgesehene Urija tot ist? Er hat sich des Mannes entledigt, der ihn als einziger beschuldigen könnte, mag der erste Gedanke gewesen sein.

Doch ein anderer Ausweg ist an die Stelle des ersten Plans getreten: David wird die illegitime Vaterschaft in eine legitime verwandeln, indem er Batseba heiratet; und dafür muss sie zuerst Witwe werden.

Und Batseba selbst? Sie bleibt aus dem Blickwinkel des Erzählers, der mit äußerster Akribie die Winkelzüge des Königs nachgezeichnet hat, auf wenige Eigenschaften beschränkt: Sie ist sehr schön anzusehen, beugt sich dem Wunsch des Königs, kommt nach dem Tod ihres Mannes der Pflicht zur Totenklage nach, lässt sich nach Ablauf der Trauerzeit in den Palast holen, wird Davids Frau und bringt ihren gemeinsamen Sohn zur Welt. Ein einziges Mal hat sie eine Initiative

VORAHNUNG. *Rembrandts Gemälde »Batseba mit Davids Brief« (1654) erweckt den Eindruck, dass Batseba die schlimmen Folgen ihres Gehorsams gegenüber dem König erahnt. Als Modell diente Rembrandt seine Lebensgefährtin Hendrickje Stoffels; sie wurde der Hurerei mit dem Maler beschuldigt.*

ANWEISUNGEN. *Die Bilderzählung der Kreuzritterbibel (um 1250) bedient sich auf treffende Weise der Gestik, um David als beherrschenden Akteur zu charakterisieren. Seiner Anweisung folgt der zu Batseba gesandte Bote, und auch Urija soll den Anweisungen des Königs Genüge tun. Auch beim Beischlaf mit Batseba sind die liebkosenden Hände Davids besitzergreifend.*

BITTE UM VERGEBUNG. *David im Gebet; Miniatur von Jean Bourdichon in einem Stundenbuch aus Tours (um 1480/85). Sie zeigt den König als Verfasser der sieben Bußpsalmen.*

ergriffen, indem sie dem König mitteilen ließ: »Ich bin schwanger« (2 Sam 11,5). Nun ist sie Königin – neben anderen –, und Mutter eines legitimen Königssohnes. Hat sich demnach alles zum Guten gewendet? Nein, endet das Kapitel: »Dem Herrn aber missfiel, was David getan hatte« (2 Sam 11,27).

Der von außen betrachtet glückliche Ausgang der Begegnung und Verbindung zwischen David und Batseba, ja Höhepunkt einer Liebesgeschichte, die Standesgrenzen überwindet, ist in Wirklichkeit der tiefste Punkt. Dies dem König vor Augen zu führen, ist die Aufgabe des Propheten Natan. Er bedient sich des Gleichnisses vom Armen, dessen einziger Besitz, ein mit aller Liebe und Fürsorge aufgezogenes Lamm, vom geizigen Reichen, der seinen eigenen Besitz schonen will, geraubt und geschlachtet wird (2 Sam 122,1–4). Das Gleichnis, in dem David sich selbst als jener erbarmungslose Reiche erkennt, hat als konkreter Rechtsstreit, der David vorgelegt wird, auch in den Koran Eingang gefunden (Sure 38,21–23).

»Und David verstand, dass Wir ihn der Versuchung ausgesetzt hatten. Da bat er seinen Herrn um Vergebung und warf sich in Verneigung nieder und wandte sich ihm reumütig zu. Da vergaben Wir ihm dies. Bestimmt ist für ihn der Zutritt in unsere Nähe und eine schöne Heimstatt« (Sure 38,24 f.).

Dies bildet die Kurzfassung der hebräischen Erzählung von der Bestrafung Davids und Gottes gnädigem Erbarmen: Das erste gemeinsame Kind stirbt, doch Batseba bringt einen zweiten Sohn zur Welt, und »der Herr liebte Salomo und sandte den Propheten Natan, damit er ihm den Namen Jedidja (Liebling des Herrn) gebe« (2 Sam 12,24 f.).

Auch in diesem zweiten Abschnitt der Erzählung, der sich in Psalm 51 spiegelt, bleiben Lücken, was das Verhalten Batsebas betrifft. Beschränkt sich ihre Rolle auf die Geburt eines zweiten Sohnes? Wir sind aufgefordert, die innige Verbindung zu erspüren, die der gemeinsam erlittene Schmerz über den Tod des ersten Kindes gestiftet hat. Sie mag darin zum Ausdruck kommen, dass Batseba als Ratgeberin des Königs die Thronfolge Salomos erreicht und auch nach Davids Tod als Königinmutter politischen Einfluss behält. Zuletzt gewinnt Batseba die Identität einer Frau, die im Bewusstsein ihres Ranges und der damit verbundenen Rechte zu handeln versteht (1 Kön 1,19 f.; 2,13 ff.).

Vor allem aber widersetzt sich die allem Anschein nach zurückhaltende Erzählperspektive der insbesondere in der bildenden Kunst ausgemalten Charakterisierung ihres »schön anzusehenden« Körpers als Inbegriff weiblicher Verführung. Batseba gehörte neben Adam und Eva sowie Susanna als Opfer der beiden Ältesten zu den wenigen biblisch legitimierten Themen, die in der Kunst des Mittelalters die Aktdarstellung zuließen. Als mit der Renaissance der entblößte menschliche Körper an die Spitze der künstlerischen Gestaltungsaufgaben trat, eröffnete das Thema »Batseba im Bad« eine denkbar breit gespannte Projektionsfläche für Auffassungen der sinnlichen Beziehung zwischen den Geschlechtern. Dabei trat eine Tradition christlicher Deutung der David-Batseba-Beziehung in den Hintergrund, die im ersten Kapitel des Evangeliums nach Matthäus zum Ausdruck kommt. Hier gehört Batseba, wenn auch als »Frau des Urija« (Mt 1,6), als Mutter Salomos mit Tamar, Rahab und Rut zu den einzigen vier Frauen in der mit Abraham beginnenden Stammtafel der Vorfahren Jesu Christi.

»Und David tröstete seine Frau Batseba; er ging zu ihr hinein und schlief mit ihr. Und sie gebar einen Sohn, und er gab ihm den Namen Salomo.«
2. SAMUEL 12,24

DIE THRONFOLGE. *Bernardo Strozzis Gemälde (um 1630) zeigt David, Abischag und Batseba, die für ihren Sohn Salomo als Thronfolger eintritt (1 Kön 1,15–21).*

fen syriam vncz bis du es
vortilgest · Vnd alle profe
ten gleich also weissagten
sie sprechende · Czeuch auf
gegen ramoth galaad vnd
gee gelukleich / vnd der herre
wirt sie geben in die hant
des kunges · Der pote vor
war der do was gegangen
zu rüfen mycheam redte
zu im sprechende · Sich die
rede der profeten eines myn
des weissagen dem kun
ge gutes · Sei auch dein
rede gleich yn vnd rede gu
tes · Czu dem sprach my
cheas · Der herre lebet ·
wenne alles das mir der
herre zu spricht das rede
ich · Nu qwam also czu

AHAB & ISEBEL

Erstes Buch der Könige, Kapitel 21
Zweites Buch der Könige, Kapitel 9

Ahab und Isebel sind ein Paar, das zusammenhält und gemeinsam seine Macht gegen andere Menschen einsetzt. Sie sind von unterschiedlicher Herkunft: Er ist König von Israel, und sie ist eine phönizische Prinzessin. Ihre Heirat ist eine Zweckehe: Sie ist für Israel und für Phönizien von politischem und wirtschaftlichem Nutzen. Ahab und Isebel werden schon in der Bibel als der Inbegriff des Bösen angesehen: Einerseits, weil sie fremde, nicht israelitische Kulte betreiben und fördern, und andererseits, weil sie ihre Macht gegen Unschuldige missbrauchen. Das macht sie in der Wirkungsgeschichte unbeliebt, und es gibt verhältnismäßig wenige Darstellungen von Ahab und Isebel in Kunst und Literatur.

Ahab ist ein hebräischer Name und bedeutet »Bruder des Vaters«. Der Name Isebel hängt mit dem ugaritischen *zbl* (»Fürst«) zusammen. In der Bibel wird er hebräisch gedeutet als »ein Haufen Mist« – im Zusammenhang mit ihrem grausamen Ende: Isebels Leiche soll wie Mist auf dem Feld liegen und nicht mehr identifiziert werden können.

Von Ahab und Isebel wird in den Büchern der Könige berichtet. Diese enthalten Texte aus der Zeit der israelitischen Könige, wie z. B. die Elija-Erzählungen aus dem 9. Jahrhundert v. Chr., und Bearbeitungen im Zusammenhang mit dem Deuteronomistischen Geschichtswerk um die Mitte des 6. Jahrhunderts v. Chr. Sie sind ein Beispiel altisraelitischer Geschichtsschreibung. Die Eckdaten der Lebensgeschichte des Königspaares sind historisch. Ahab, Sohn des Omri, war 871–851 v. Chr. in der Zeit der getrennten Reiche Israel und Juda König des Nordreichs Israel. Die Erzählungen von der Auseinandersetzung zwischen Isebel und Elija und die Enteignung von Nabots Weinberg haben einen historischen Hintergrund, enthalten im Detail aber Ausschmückungen.

Die Geschichte der Könige wird in den Königsbüchern als Religionsgeschichte aus der Perspektive der Propheten erzählt. Sie versuchen, den Monotheismus von allen fremden Kulten freizuhalten und mahnen vor dem Abfall vom JHWH-Glauben, dem Glauben an den einen Gott Israels. Das Abweichen vom Monotheismus wird mit Hurerei gleichgesetzt. Wie in der Monogamie will JHWH als einziger verehrt werden. Das Königshaus von Ahab und Isebel entspricht diesem Maßstab nicht. Die religiöse Beurteilung über Ahab fällt negativ aus: Er »tat, was dem Herrn missfiel, mehr als alle seine Vorgänger« (1 Kön 16,30).

Das Gott missfallende Verhalten Ahabs drückt sich darin aus, dass er – als ein Element seiner Bündnispolitik – die nicht-israelitische Isebel, Tochter Etbaals, des Königs über das phönizische Sidon, heiratet. Sie ist von Hause aus Verehrerin des kanaanäischen Gottes Baal, und Ahab fördert mit ihr den Baalskult. Baal ist eine Gottheit v. a. der Fruchtbarkeit und des Wetters, sein weibliches Gegenstück ist Aschera. Der Kult von Baal und Aschera wird in Kanaan mit der JHWH-Verehrung praktiziert. Ahab und Isebel vertreten einen Synkretismus, in dem JHWH-Glauben und Baalskult nebeneinander bestehen können.

Ahab lässt in der Hauptstadt Samaria einen Baalstempel erbauen. Isebel lässt 100 JHWH-Propheten ausrotten. Wegen dieser Förderung des Baalskultes kommen Ahab und Isebel mit dem Propheten Elija in Konflikt, der für den Glauben an den einen Gott Israels gegen die Fruchtbarkeitskulte von Baal und Aschera eintritt. Elija versammelt 450 Baalspropheten, 400 Propheten der Aschera, die von Isebel unterhalten werden, und das ganze Volk Israel auf dem Berg Karmel (1 Kön 18). Das Gottesurteil entscheidet: Baal erscheint nicht, aber JHWH, der Gott Abrahams, Isaaks und Jakobs, zeigt sich im Feuer und erweist sich so als der einzige wahre Gott. Elija lässt daraufhin die Baalspropheten töten. Als Isebel über Ahab davon erfährt, droht sie, Elija zu töten. Er flieht vor ihr Richtung Süden zum Gottesberg Horeb (1 Kön 19). Ob die Religionspolitik des Königshauses tatsächlich so aggressiv war, fremde Propheten auszurotten, ist historisch zumindest fragwürdig. Dagegen spricht, dass alle Kinder von Ahab und Isebel Namen tragen, welche die Gottesbezeichnung JHWH enthalten: Ahasja, Joram und Atalja.

Die einzige ausführliche Erzählung über Ahab und Isebel steht in 1 Kön 21: die Novelle von Nabots Weinberg. Ort der Handlung ist Jesreel, die Winterresidenz der Omriden am Ostrand der Jesreel-Ebene im Norden Israels. Nabot, ein Jesreelit, also ein »Einheimischer«, hat einen Weinberg, der an Ahabs Palast angrenzt. Ahab hat Interesse an diesem Weinberg, weil er ihn als Gemüsegarten verwenden will. Er möchte ihn aus einer Laune heraus zur Abrundung seines Palastareals. Nötig hätte er diesen Weinberg nicht. Er verhandelt mit Nabot und schlägt ihm entweder Kauf oder Tausch mit einem besseren Weinberg vor. Aber Nabot will nicht verkaufen, weil er das Erbe seiner Väter nicht hergeben will.

Ahab kehrt daraufhin missmutig nach Hause zurück, legt sich auf sein Bett, dreht das Gesicht zur Wand und isst nicht. Seine Frau Isebel fragt ihn nach der Ursache für diese Verstimmung. Als Ahab ihr von seinen Verhandlungen mit Nabot berichtet, nimmt sie die Sache in die Hand: »Du bist doch jetzt König in Israel. Steh auf, iss, und sei guter Dinge! Ich werde dir den Weinberg Nabots aus Jesreel verschaffen« (1 Kön 21,7). So sieht der Ehealltag von Ahab und Isebel aus: Der mächtige König schmollt wie ein kleines Kind, weil er nicht bekommt, was er gerne hätte. Aber seine Frau bringt ihn zum Reden, sodass er ihr sein Herz ausschüttet. Sie akzeptiert nicht, dass ihr Mann gegenüber seinem Nachbarn eine Niederlage erlitten hat, und wird selbst aktiv.

Sie schreibt Briefe in Ahabs Namen mit seinem Siegel an die Ältesten und Vornehmen in der Stadt und lässt ein Fasten ausrufen, bei dem Nabot den Vorsitz führen soll. Die zum Fasten zusammen kommende kultische Versammlung dient gleichzeitig als Rechtsgemeinde. Nabot erhält eine Ehrenstellung, damit er keinen Verdacht schöpft. Isebel lässt zwei nichtsnutzige Männer als falsche Zeugen vorladen, die aussagen, dass Nabot Gott und König gelästert hat. Er wird daraufhin aus

DIE KÖNIGIN. *Die wiederum zweigeteilte Miniatur der Wenzelsbibel illustriert die Erzählung von Nabots Weinberg (1 Kön 21). Um ihren Mann, König Ahab, in den Besitz des Weinbergs zu bringen, fälscht sie Briefe mit dessen*

Unterschrift und Siegel; ein Bote trägt sie zu den Ältesten der Stadt. Die untere Hälfte schildert die Folgen der falschen Anschuldigungen: Nabot wird vor den Toren der Stadt gesteinigt.

ZWEI KÖNIGE. *Joschafat, der König von Juda, und Ahab, der König von Israel, in dessen Hauptstadt Samaria (1 Kön 22).*
Die untere Hälfte der Miniatur der Wenzelsbibel (um 1400) zeigt Zidkija; der »hatte sich eiserne Hörner gemacht und rief: So spricht der Herr: Mit diesen wirst du die Aramäer niederstoßen, bis du sie vernichtet hast« (1 Kön 22,11). Statt dessen wird Ahab in diesem Kampf tödlich verwundet (linke Seite).

der Stadt hinausgeführt und gesteinigt. Als Isebel von Nabots Tod erfährt, sagt sie zu Ahab: »Auf, nimm den Weinberg Nabots aus Jesreel in Besitz, den er dir für Geld nicht verkaufen wollte; denn Nabot lebt nicht mehr; er ist tot« (1 Kön 21,15). Und Ahab folgt ihrer Aufforderung, er nimmt Nabots Weinberg in Besitz.

Isebel zeigt sich hier als einflussreiche Königin an der Seite ihres Mannes. Während Ahab, wenn auch missmutig, die Weigerung Nabots respektiert hat, das Erbe seiner Familie zu veräußern, schätzt Isebel die Stellung des Königs anders ein: im Sinne eines Absolutheitsanspruchs mit der willkürlichen Macht über Leben und Tod. Um ihr Ziel zu erreichen, intrigiert sie gegen einen unschuldigen Menschen. Die Initiative geht von ihr aus, und das macht sie in der biblischen Bewer-

tung zur Verführerin. Aber ihr Absicht, Nabot zu enteignen, hätte ohne die Komplizenschaft Ahabs und der Ältesten nicht verfangen. Ahabs Siegel steht unter dem Mordbefehl, und er ist es, der Nabots Weinberg letztlich in Besitz nimmt. Gemeinsam setzt sich das Königspaar über das alte israelitische Recht hinweg, wonach der Wille des Königs am Willen eines freien Bürgers seine Grenze findet, wenn es um dessen Besitz geht. Sie vertreten kanaanäisches Recht, nach dem der König absolute Verfügungsgewalt über den Besitz seiner Untertanen hat. Sie handeln willkürlich und grausam an einem unschuldigen Menschen. Durch Bereicherung an ihren Untertanen festigen sie ihr Königtum.

Der Justizmord an Nabot zieht Elijas Zorn auf sich. Elija tritt für die Bewahrung des israelitischen Rechts ein und verkündet Ahab ein Gottesurteil: Über Ahab und seine Familie wird Unheil kommen. Weil sich Ahab aber reumütig zeigt, fastet und sein Bußgewand anzieht, schiebt Elija seine Drohungen auf.

»Und über Isebel verkündet der Herr: Die Hunde werden Isebel an der Mauer von Jesreel auffressen.«
1. Könige 21,23

Erst in den Tagen seines Sohnes soll das Unheil über sein Haus kommen. Das zusammenfassende Gesamturteil über das Wirken von Ahab und Isebel ist negativ: »Es gab in der Tat niemand, der sich wie Ahab hergab zu tun, was dem Herrn missfiel, da seine Frau Isebel ihn verführte. Sein Tun war überaus verwerflich; er lief den Götzen nach und folgte den Gebräuchen der Amoriter, die der Herr vor den Israeliten vertrieben hatte« (1 Kön 21,25f.).

Ahab stirbt im Krieg gegen die Aramäer. Isebel wird auf grausame Weise getötet: Als Isebel vom Kommen Jehus nach Jesreel erfährt, erwartet sie ihn geschminkt und geschmückt im Audienzfenster des Palastes. Sie zeigt damit vielleicht ihre Entschlossenheit, nach dem Tod des Königs selbst die Herrschaft anzutreten.

Jehu lässt sie aus dem Fenster ihres Palastes stürzen. Seine Pferde zertrampeln sie, Hunde fressen den Leichnam, und nur Kopf, Füße und Hände bleiben übrig.

Die Bewertung von Ahab und vor allem Isebel als Urbilder des Bösen wird zunehmend negativer. Es ist die Mischung von Willkür und Machthunger, religiösem Abweichen vom JHWH-Glauben und erotischer Verführung, die Ahab und vor allem Isebel so verwerflich machen. Isebel wird durch die deuteronomistische Redaktion, die bekannt ist für ihre Tendenz, mächtige Frauen zu dämonisieren, besonders negativ dargestellt. Auch im Neuen Testament gibt es in der Johannes-Offenbarung eine Isebel, die die alttestamentliche Tradition fortführt. Auch ihr wird eine Kombination von religiöser und sexueller Verführung nachgesagt. Sie ist Urbild einer sexuell verwerflichen Frau, einer ehebrecherischen Hure: »Sie gibt sich als Prophetin aus und lehrt meine Knechte und verführt sie, Unzucht zu treiben und Fleisch zu essen, das den Götzen geweiht ist« (Offb 2,20).

SCHMÄHLICHER TOD.
In friesartiger Komposition schildert das Bild in einer Bible moralisée (um 1410) den Tod der Könige von Israel und Juda, Jiram und Ahasja (2 Kön 9,21–27) sowie der von der Mauer hinabgeworfenen Witwe Isebel (2 Kön 9,30–37).

ESTER & ARTAXERXES

Buch Ester, Kapitel 1 bis 10

DIE OHNMACHT. *Zu den beliebtesten Motiven der Darstellungen Esters gehört der Moment, in dem König Artaxerxes die ohnmächtige Königin in seine Arme nimmt (Est 5,1e). Hinterglasbild (um 1700) des Barockmalers Johann Peter Abesch (rechte Seite).*

VORBEREITUNG. *Bevor sie dem König vorgestellt wird, widmet sich Ester der Körperpflege. Théodore Chassériau widmete sich diesem Thema mit seinem Aktbild (1842) im Zeichen des Orientalismus der französischen Romantik.*

In der Beziehung zwischen der Jüdin Ester und dem Perserkönig Artaxerxes geht es um Macht und die Umkehrung der Machtverhältnisse: Die zunächst machtlose Jüdin Ester gewinnt zunehmend an Einfluss. Sie erreicht ihr Ziel, eine drohende Judenverfolgung abzuwehren. Der zunächst mächtige Perserkönig erweist sich immer mehr als machtloser Spielball seiner Untertanen und tut alles, was Ester von ihm verlangt.

Ihre Geschichte wird im Buch Ester erzählt, einer spannend geschriebenen Geschichtsnovelle, die um 300 v. Chr. verfasst wurde. Um einen historischen Kern ranken sich legendenhafte Züge und märchenhafte Ausschmückungen. Der Perserkönig mit dem griechischen Namen Artaxerxes, hebräischen Achaschwerosch, lässt sich mit dem historischen Xerxes I. (486 bis 465 v. Chr.) identifizieren. Die Erzählung spielt in Susa (= Babylon) unter den Nachkommen der in Babylon exilierten Jüdinnen und Juden.

Das Buch Ester ist in zwei Fassungen überliefert, die sich erheblich voneinander unterscheiden: einer hebräischen und einer griechischen. In der hebräischen Fassung ist es das einzige Buch der Bibel, in dem Gott nicht ausdrücklich genannt wird, auch wenn er im Hintergrund als Retter und Befreier wirkt. Die griechische Fassung enthält zahlreiche Zusätze und Erweiterungen, die ausdrücklich von Gott und seinem Handeln sprechen. Hierzu gehören Gebete Mordechais und Esters, ein Traum Mordechais und seine Deutung. Das Buch Ester zeigt eine weltliche Theologie: Gott lässt Eigeninitiative im Handeln der Menschen zu. Er ist unsichtbar, in den Wechselfällen des Lebens verborgen.

Artaxerxes und Ester begegnen einander, nachdem der König seine erste Frau namens Waschti verstoßen hat: Bei einem seiner prunkvollen Festmähler, mit dem er vor den Fürsten und Großen seiner Länder den Reichtum, Glanz und die Pracht seiner Königsherrschaft und die Schönheit seiner Frau zur Schau stellen wollte, hatte sie sich nicht vor seinen Gästen gezeigt. Sie weigerte sich, als der schönste Besitz des Königs vorgeführt zu werden. Artaxerxes wurde daraufhin zornig. Seine Berater rieten ihm, Waschti zu verstoßen, damit jeder Mann wieder Herr im Haus ist.

»Und der König liebte Ester mehr als alle Frauen zuvor, und sie gewann seine Gunst und Zuneigung mehr als alle anderen Mädchen.«
ESTER 2,17

Nun sucht der König eine neue Frau. Er lässt im ganzen Land nach der besten Frau suchen. Die schönsten Jungfrauen des Landes werden in seinem Frauenhaus ein Jahr lang mit kostbaren Ölen und Parfums gepflegt und gesalbt. Sie werden dem König vorgeführt und erhalten den Rang von Nebenfrauen. Seine Laune entscheidet, wann er sie sehen möchte. Unter den Mädchen befindet sich die Jüdin Ester. Sie ist ein Waisenkind und bei ihrem Cousin und Adoptivvater Mordechai aufgewachsen. Sie hat eine schöne, anmutige Gestalt. Ester gefällt dem König am besten von allen Jungfrauen, sie wird die Auserwählte. Artaxerxes verliebt sich in sie und krönt sie zur Königin. Im Namen Ester klingt die Bedeutung »verborgen sein« an, ihr hebräischer Name ist Hadassa und bedeutet »Myrte«. Ester verbirgt vor ihrem Mann ihre jüdische Herkunft, beweist aber ihre Loyalität, indem sie ihm von einer geplanten Verschwörung berichtet: Mordechai deckt einen gegen den Perserkönig geplanten Anschlag auf und rettet ihm so das Leben. Dies wird in der Chronik des Königs niedergeschrieben.

Esters und Mordechais Gegenspieler ist Haman, ein hoher Würdenträger am persischen Hof und Günstling des Königs. Er hasst Mordechai, weil dieser sich weigert, sich vor ihm zu verneigen. Haman erreicht beim König einen Erlass zur Vernichtung der Juden. Sie wird durch das Los (*pur*) auf den 13. Tag im jüdischen Monat Adar (im Februar/März) festgelegt. In dieser für die Juden ausweglosen Situation fleht Mordechai Ester an, beim König Schutz für ihr Volk zu erwirken. Sie zögert, denn jeder, der ungerufen vor den König tritt, wird mit dem Tod bestraft. Nur wem er sein goldenes Zepter entgegenstreckt, darf sich ihm nähern. Sie ist schon länger nicht mehr zu ihm gerufen worden. Auf die erneute, dringliche Bitte Mordechais hin beschließt Ester schließlich, zum König zu gehen und sich für ihr Volk einzusetzen. Vorher ruft sie ein dreitägiges Fasten unter den Juden aus. Sie erhofft sich damit Solidarität und Beistand, weil die Lage ernst ist. Ester begibt sich mit diesem Schritt in Lebensgefahr, sie ist ganz der Willkür des Königs ausgeliefert.

ERSCHRECKEN. *Das Hinterglasbild von Johann Creszenz Meyer aus dem Jahr 1778 führt Esters Ohnmacht auf das schreckenerregende Wesen des unberechenbaren Königs zurück. Was wird er, so fragt sich der Betrachter, im nächsten Augenblick unternehmen?*

Am dritten Tag kleidet sich Ester in königliche Gewänder und tritt in den inneren Hof gegenüber dem Palast, in dem Artaxerxes auf seinem königlichen Thron sitzt. Sie setzt die Wirkung der standesgemäßen Kleidung ein, um ihren Mann zu bezaubern. Und Esters Plan geht: Der König ist ihr wohlgesonnen, sie findet Gnade vor ihm. Er streckt ihr sein goldenes Zepter entgegen, sie berührt es, und er fragt sie: »Was willst du, Königin Ester? Was hast du für einen Wunsch? Auch wenn es die Hälfte meines Reiches wäre, du sollst es erhalten« (Est 5,3). Die griechische

Fassung des Esterbuches enthält an dieser Stelle eine dramatische Steigerung: Ester geht nach einem Gebet mit zwei Dienerinnen zum König und wird vor ihm sogar ohnmächtig, weil er sie in wildem Zorn mit feuerrotem Gesicht ansieht. Da erweicht Gott das Herz des Königs, und er fängt sie freundlich in seinen Armen auf. Esters Bitte ist zunächst harmlos: Sie lädt Artaxerxes und Haman zum Festgelage ein: »Wenn es dem König gefällt, möge er heute mit Haman zu dem Festmahl kommen, das ich für ihn vorbereitet habe« (Est 5,4). Als sie gemeinsam beim Wein sitzen, wiederholt der König seine Frage. Ab jetzt gibt Ester den Ton an. Sie hält den König noch hin und lädt ihn und Haman am nächsten Tag noch einmal zu einem Festgelage ein.

Artaxerxes, der sonst gerne seine Macht demonstriert, ist seiner Frau hier ganz ergeben. Mit dem Entschluss, sich für ihr Volk einzusetzen, verändert sich Ester: Sie wird vom unterwürfigen Mädchen zur selbstbewussten, mutigen Königin. Sie nutzt auf kluge Weise ihren Einfluss auf den König, um ihr Ziel, die Bewahrung ihres Volkes vor Vernichtung, zu erreichen.

In der Nacht zwischen den beiden Festmählern kann der König nicht schlafen. Er lässt sich aus dem Buch der Chronik vorlesen und stellt fest, dass Mordechai für die Meldung der Verschwörung noch nicht belohnt wurde. Haman steht im Vorhof des Königs. Er ist gekommen, um Mordechai hinrichten zu lassen. Artaxerxes ruft ihn herein. Aber anstelle einer Hinrichtung beauftragt er Haman,

DIE AUDIENZ. *Hans Burgkmairs Historiengemälde »Die Geschichte Esters« (1528) lenkt die Aufmerksamkeit auf die Gunst des Königs, der seine Königin mit dem Zepter berührt und damit auffordert, ihre Bitte vorzutragen (Est 5,2). Zur Rechten des Königs steht Haman, der Todfeind der Juden; er endet, wie das Gemälde rechts im Hintergrund zeigt, am Galgen.*

Mordechai zu ehren: Auf Befehl des Königs führt Haman seinen Gegner in königlichen Kleidern auf einem Pferd über den Stadtplatz und ruft vor ihm aus: »So geht es einem Mann, den der König besonders ehren will« (Est 6,9).

Beim zweiten Festmahl für Artaxerxes und Haman bittet Ester den König für ihr Volk, das von Haman bedroht ist. Mit dieser Bitte offenbart sie ihrem Mann, dass sie selbst Jüdin ist. Der König wird wütend auf Haman, weil er erkennt, dass seine eigene Frau und ihr Volk von der Verfolgung bedroht sind. Zornig steht er vom Festgelage auf und geht in den Garten. Haman wird bewusst, dass sich sein Schicksal gewendet hat, kniet an Esters Lager und bittet sie um sein Leben. Als Artaxerxes aus dem Garten zurückkommt, deutet er diese Haltung als versuchte Vergewaltigung. Er lässt Haman an den Galgen hängen, den dieser zuvor für Mordechai aufstellen ließ.

Artaxerxes belohnt Ester und Mordechai, indem sie an Hamans Stelle rücken. Sie erhalten die Macht, die zuvor Haman innehatte. Ester bittet, das Schreiben Hamans, das die Juden umbringen soll, zu vernichten. Statt dessen erlässt der König ein neues Schreiben, das den Juden erlaubt, sich an ihren Feinden zu rächen. Diese Rache geschieht im Perserreich am 13. Adar und in der Hauptstadt Susa am 14. Adar. An diesem Tag, der durch das Los (*pur*) zur Vernichtung der Juden bestimmt worden war, töten nun umgekehrt die Juden ihre Gegner. Dass ein solches Blutbad unter den Persern tatsächlich stattgefunden hat, ist historisch unwahrscheinlich. Es handelt sich vielmehr um eine Geschichte aus der Sicht der Unterdrückten. In den Provinzen werden daraufhin der 14. Adar, in der Hauptstadt Susa der 15. Adar zu Festtagen, dem Purimfest, erklärt. In Briefen rufen Mordechai und Ester zur Feier dieses Festes auf, das bis heute im Judentum begangen wird. So wie das Esterbuch komische, ironische Züge trägt, ist auch das Purimfest ein fröhliches Fest. Man veranstaltet ausgelassene Festgelage, bei denen so viel Wein getrunken werden soll, bis sich Haman und Mordechai nicht mehr unterscheiden lassen. An Freunde und Bedürftige werden Geschenke und Süßigkeiten verteilt, und die Kinder verkleiden sich.

Die Auslegung und Wirkung des Esterbuches gestaltete sich im Christentum und im Judentum auf sehr unterschiedliche Weise. Christliche Kommentatoren reagieren bis heute häufig verlegen und distanziert auf diese Schrift und bezeichnen ihren Inhalt als religiös und moralisch fragwürdig. Die Kirche kann mit dem Buch Ester nicht viel anfangen, kritisiert daran, dass es zu spezifisch jüdisch sei, und betrachtet den Vergeltungsmord an den Persern am Schluss des Buches als moralisch nicht vertretbar. Im Gegensatz dazu war und ist das Esterbuch im Judentum sehr bekannt und beliebt als Dokument von Esters Rettungstat angesichts der Bedrohung des jüdischen Volkes. Es wird einmal im Jahr zum Purimfest in der Synagoge gelesen und gehört zu den fünf Megillot, den »Rollen« für besondere Feiertage. Ester ist neben Sara, Mirjam, Debora, Hanna, Abigajil und Hulda eine der sieben Prophetinnen des Judentums.

Artaxerxes und Ester sind ein ungleiches Paar. Der mächtige, seinen Prunk zur Schau stellende Perserkönig steht der schönen, jüdischen Jungfrau gegenüber.

DIE SENDUNG. *Vordergründig bezieht sich das Bild »Ester auf dem Weg zu Artaxerxes« (um 1489) des Florentiner Renaissancemalers Filippino Lippi*

auf die Notiz: »Auch Ester wurde in den Königspalast geholt« (Est 2,8). Doch auf diesem Gemälde wird sie nicht »geholt«, sondern tritt als selbstbewusste junge Frau in Erscheinung, die bereits ahnt, dass sie eine Sendung zu erfüllen hat.

Es geht um Macht, und die Machtverhältnisse sind nicht so, wie sie auf den ersten Blick scheinen. Der König ist Spielball seiner Fürsten und Berater, Hamans und letztlich auch Esters. Diese verkörpert die jüdische Existenz in der Situation der Diaspora, der Zerstreuung, im Widerstreit zwischen Anpassung und Widerstand. Zunächst passt sie sich an die Verhältnisse am persischen Hof an, verbirgt, dass sie Jüdin ist. Doch mit ihrem Entschluss, ungefragt vor Artaxerxes zu treten, und ihrer Bitte, die Judenvernichtung zu verhindern, verrät sie ihre Herkunft. Ester macht eine Entwicklung durch von der Jungfrau, die wegen ihrer Schönheit ausgewählt wird, zur selbstbewussten Königin, die sich für die Interessen ihres Volkes einsetzt und die geplante Judenverfolgung verhindert.

»Da sagte König Artaxerxes
zu Königin Ester und
zu dem Juden Mordechai:
Ich habe Ester das Haus
Hamans übergeben, den man
am Galgen aufgehängt hat,
weil er seine Hand
gegen die Juden erhob.
Jetzt aber sollt ihr
im Namen des Königs
einen schriftlichen Erlass
zugunsten der Juden
herausgeben, wie er euch
richtig erscheint.«
ESTER 8,7–8

KÖNIGLICHES GEHÖR. *Den Ausgangspunkt für Esters Handeln zur Rettung ihres Volkes ist die Aufforderung des Artaxerxes: »Nun rede mit mir« (Est 5, 2). Auf diesen Moment konzentriert sich das Bild der Audienz im Königspalast von Giulio Clović im Farnese-Stundenbuch (16. Jahrhundert).*

DAS HOHELIED

ERFÜLLUNG. *Mit diesem zweiten Titel seines Gemäldes »Der Kuss« (1907/08) huldigte Gustav Klimt der sinnlichen Liebesbeziehung zwischen Mann und Frau (rechte Seite).*

LIEBESLIEDER. *Mit den Motiven des Liebespaares und der Harfe verbildlichte Friedrich Wilhelm Kleukens auf dem Einband einer bibliophilen Ausgabe des Hohenliedes (1909) dessen Ursprung in der erotischen Lyrik (oben).*

Sein Stellenwert in der Bibel. Im Alten Testament gibt es ein schmales Buch, acht Kapitel auf wenigen Seiten. Man könnte es übersehen, wäre sein Inhalt nicht so brisant. Es handelt sich nämlich um Liebeslieder, voller Erotik und Leidenschaft. Seinen deutschen Titel verdankt es Martin Luther, der damit, der mittelalterlichen Sprachgewohnheit entsprechend, dem Superlativ Ausdruck verlieh. Goethe rechnete es zur Weltliteratur. Worum es geht? Ein Mädchen sehnt sich leidenschaftlich nach seinem Freund. Sie muss auf den Weinberg ihrer Brüder aufpassen, er hütet Schafe und Ziegen. Sie sucht ihn im Sommer unter den Hirten auf den Feldern, sie sucht ihn im Winter auf den Straßen der Stadt, sie vergeht vor Verlangen nach ihm. Er malt sich aus, wie sie aussieht, und er kann ihre Schönheit nicht anders fassen als in Bildern aus der überschäumenden Natur. Er steht vor ihrer Tür, sie lässt ihn bei sich ein. Sie lieben sich unter den Augen der Mutter. Sie lieben sich in den Weinbergen, unter Apfelbäumen, mitten in den Blumen. Ihnen schwinden die Sinne. Wie eine Feuersbrunst, wie ein Strom reißt die Leidenschaft sie fort.

Diese Lieder nehmen sich fremd aus in ihrer ehrwürdigen Umgebung, wo es um so ernsthafte Dinge geht, wie die Geschichte Israels mit seinem Gott Jahwe und die Selbstfindung des Volkes. Hier spricht kein Prophet im Auftrag Gottes, und es gibt keine Sinnsuche und Lebensdeutung wie in den Psalmen. Ja, das Wort »Gott« kommt im Hohenlied gar nicht vor. Entsprechend groß war die Irritation bei Juden und Christen, wie denn diese Liebeslieder in den Kanon der Heiligen Schriften gelangen konnten. So begann die Synagoge, sie im übertragenen Sinn als die Liebe zwischen Jahwe und Israel zu verstehen. Die Kirche schloss sich dieser allegorischen Deutung an und sah in ihnen die Beziehung zwischen Christus und der Kirche, Christus und Maria oder Christus und der Seele. Aber je höher man den Text pries, um so weniger nahm man ihn ernst. Zu einer komplizierten Einstellung zur Sexualität kam dann noch die verstärkte Tendenz, die Frau für weniger wert, ja für gefährlich zu halten. Auch das begann bereits im 3. Jahrhundert v. Chr. (z. B. Kohelet 7,27) und setzte sich über Augustinus bis in die Neuzeit fort. Heute ist die allegorische Deutung auch in der katholischen Kirche aufgegeben.

Die sprachliche Gestalt. Allerdings wurde das Verständnis des Textes auch durch seine Gestaltung erschwert. Das Hohelied verfügt über eine Literatursprache mit festgelegten Regeln. Ein Dichter konnte nicht einfach schreiben, wie er wollte. Seine individuelle Note konnte er allenfalls dadurch einbringen, dass er die einzelnen Elemente neu komponierte. Die Stilmittel der altorientalischen Lyrik bestanden vor allem in Vergleichen und Metaphern. Das Charakteristische einer Metapher

»Scherze nicht! Nichts von Verarmen! / Macht uns nicht die Liebe reich?
Halt ich dich in meinen Armen, jedem Glück ist meines gleich.«

JOHANN WOLFGANG VON GOETHE, »SULEIKA«, 1819

ist, dass sie ein Wort in einem Sinn verwendet, der ihm von Haus aus nicht zukommt. Wenn zum Beispiel die junge Frau bittet, die Füchse aus dem Weinberg zu vertreiben, dann handelt es sich nicht um Tiere, sondern um junge Männer. Und der Weinberg ist das Feld der Liebe. In solcher Ausdrucksweise geht oft die Eindeutigkeit verloren. Aber gerade diese Mischung aus Präzision und Mehrdeutigkeit verleiht dem Hohenlied nicht zuletzt seinen speziellen Reiz.

Vergleiche benutzt man ja immer dann, wenn man einen Sachverhalt aus sich heraus nicht angemessen darstellen kann. Weil jedoch diese Dichtung aus einem anderen Kulturkreis und einer längst vergangenen Zeit stammt, kennen wir oft den Vergleichspunkt nicht. Um ein klassisches Beispiel zu zitieren: Wenn es heißt: »Schön bist du, meine Freundin, ja, du bist schön. Zwei Tauben sind deine Augen« (1,15), ist die Aussage auf die beiden Wörter »Augen« und »Tauben« reduziert. Beide rücken bis zur Identität zusammen. Bild und Vergleich erklären sich gegenseitig, eins steht für das andere. Aber wir wissen nichts über den Ausdruckswert der Taube. Den müssen wir uns erst aus der Literatur, der Ikonographie oder aus archäologischen Funden erschließen. Hier ist die altägyptische Liebeslyrik, die zwischen 1400 und 1000 v. Chr. entstanden ist und das Hohelied beeinflusst hat, von großer Bedeutung. Wegen ihrer Nähe zur ägyptischen Liebeslyrik hielt man irrtümlich Salomo in seiner Weltoffenheit und Toleranz für den Autor. In Wirklichkeit jedoch ist diese Sammlung erst zwischen dem 8. und dem 6. vorchristlichen Jahrhundert entstanden.

Die Sprache des Hohenliedes ist durchdrungen von erotischen Bildern und Symbolen. Es sind Bilder der Fülle und des Lebens, der Vitalität: die Süße des Honigs; die berauschende Kraft des Weins; Apfel und Apfelbaum, in dessen

SALOMO. *Die Initiale O zum Textbeginn »Osculatur me« (Lass mich dich küssen) in der Winchester-Bibel (um 1150) zeigt König Salomo als Dichter des Hohenliedes mit seiner Auserwählten: »Einzig ist meine Taube, die Makellose« (Hld 6,9; unten).*

HORTUS CONCLUSUS. *Der Maler mit der Bezeichnung als Oberrheinischer Meister hat sich bei seinem Gemälde »Das Paradiesgärtlein« (um 1400) in Gestalt der Mauer eines Symbols bedient, das sich aus dem Hohenlied herleitet. Hier wird die Braut mit einem »verschlossenen Garten« (lat. »hortus conclusus«, Hld 4,12) verglichen. Aus der Gleichsetzung der Braut mit Maria entwickelte sich der »verschlossene Garten« zum Mariensymbol der Jungfräulichkeit (rechts).*

Schatten das Mädchen sitzt; der Weinberg, in dem man zu tun hat, als Leib des Mädchens; die Trauben für ihre Brüste; die Palme für ihre hinreißende Gestalt; die breit ausladende Zeder für das Haus der Liebe. Alle Arten von Düften sollen die verführerische Anziehungskraft des Geliebten spürbar machen: Narde, Safran, Gewürzrohr, Zimt, Aloe, Weihrauch und vor allem immer wieder die Myrrhe, das köstlichste aller Salböle. Blüte und Duft sind Anzeichen der wiedererwachenden Liebe nach dem langen Regen im Winter.

Die Natur – ein Spiegel der Liebe. Gleichzeitig stammen sehr viele Vergleiche aus der Natur: Blumen, Bäume, Blüten, Früchte, Tiere aller Art, Felsen. Das ist nicht verwunderlich, denn die Natur bestimmt den Lebensrhythmus. Sehnsüchtig erwarten Menschen nach der Regenzeit den Frühling (2,10–13). Intensiv erleben sie das Wachsen, Blühen und Vergehen der Natur.

Im Lied 2,8–14, das an ein Türklagelied erinnert und als schönstes Naturlied im Alten Testament gilt, kommt der Geliebte als Frühlingsbote (rechte Randspalte). Dennoch kennt das Hohelied keine Verinnerlichung der Natur, wie wir das aus der modernen Lyrik gewohnt sind. Der altorientalische Mensch verlegt nicht seine Gefühle in die Natur, sondern die Natur liefert ihm die Anlässe für seine Gefühle. Jede Blume, jeder Weinberg spricht vom Geliebten, alles erinnert an ihn. Diese Motive bedürfen keine Erklärung oder Begründung. Oft verselbstständigen sich diese Bilder. Die Freude und Begeisterung reißen den Dichter mit. So entstehen ganze Bildketten mit großer Fülle und Ausdruckskraft. Viele Bilder sind austauschbar. Dennoch gibt es Akzentverschiebungen. Für sie stehen mehr die Vergleiche aus der Natur, für ihn mehr aus der Architektur, das Werben geht mehr vom Mann aus, Sehnsucht und Verlangen äußert mehr die Frau.

Die Gleichheit in der Liebe. Wenn man sich dem Inhalt zuwendet, fällt sofort auf, wie modern diese Lieder sind. Wir haben es hier mit zwei Menschen zu tun, die sich gleichwertig gegenüberstehen. Sie sind beide gleich wichtig, selbstbewusst in ihrem Auftreten und sicher im Reden. Uns erscheint die wörtliche Rede in der Lyrik fremd, der Dialog im Hohenlied zeigt hingegen, dass die Rollen gleich verteilt sind. Oft bildet sich der Eindruck eines Duetts (1,15f.):

Schön bist du, meine Freundin, schön bist du!
Deine Augen sind zwei Tauben.
Schön bist du, mein Geliebter, verlockend, und Laub ist unser Lager.

Der Ball wird hin und her gespielt, bis er in einem Wunsch oder in einer gemeinsamen Erfahrung zur Ruhe kommt. Beide äußern denselben Gedanken, fühlen dasselbe, stimmen einander zu. Häufig erscheint es sogar so, als ob die Frau die Aktivere ist. Dann ergreift sie die Initiative: »Komm, mein Geliebter, wir gehen hinaus aufs Feld…, dort schenke ich dir meine Liebe!« (7,12). Sie ist die Mutigere, setzt der Liebe wegen ihren guten Ruf aufs Spiel, als sie ihren Freund nachts in der Stadt sucht, bis sie von den Wächtern aufgegriffen wird, die sie für eine Prostituier-

»Höret! Mein Geliebter –
da kommt er!
Er springt über Berge,
hüpft über Hügel.
Mein Geliebter ist wie die Gazelle,
wie der junge Hirsch.
Schon steht er hinter der Mauer,
schaut durch das Fenster,
guckt durch das Gitter.
Mein Geliebter singt mir zu:
Steh auf, meine Freundin,
meine Schöne, und komm!
Schau doch, der Winter ist vorüber,
der Regen ist dahin, vorbei.
Die Blüten erscheinen im Land,
die Zeit des Rebschnitts ist da,
und das Gurren der Turteltaube
ist zu hören im Land.
Der Feigenbaum treibt seine Feigen,
die Reben blühen und duften.
Steh auf, meine Freundin,
meine Schöne, und komm!
Meine Taube ist in den felsigen
Klüften,
im Versteck der Steilwand:
Lass mich dich anschauen,
lass mich deine Stimme hören!
Denn deine Stimme ist süß,
und schön siehst du aus.«

HOHELIED 2,8–14
(Übersetzung: Katharina Elliger)

SCHÖNHEIT. *»Schön bist du, meine Freundin, du bist schön« (Hld 1,15), und »schön anzusehen« ist Batseba, als David sie erblickt (2 Sam 11,2) und sie in die Rolle*

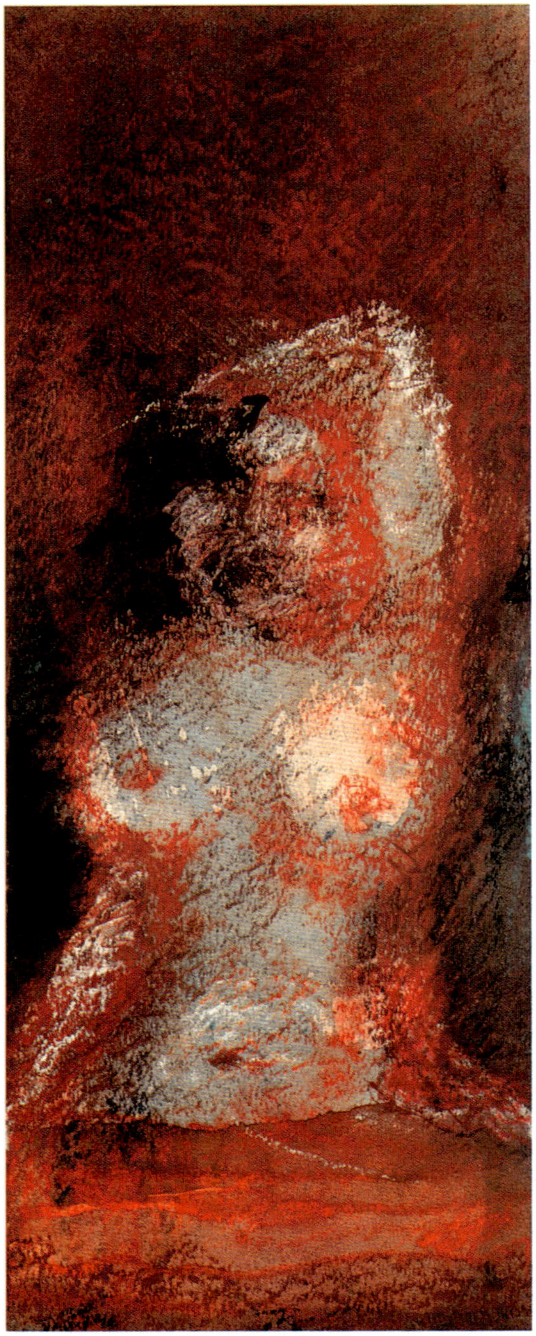

der Braut versetzt; Aquarell (1989) von Emil Wachter.

te halten. Sie äußert freimütig ihre Wünsche und Bedürfnisse: »Wenn er mich doch küsste!« (1,2), oder: »Krank bin ich vor Liebe!« (2,5). Sie verwirrt ihren Freund mit ihren Blicken, um sich dann stolz zu brüsten: »Nach mir geht sein Verlangen« (7,11). Der Fluch bei der Vertreibung aus dem Paradies: »Nach deinem Mann sollst du verlangen, er aber wird über dich herrschen« (Gen 3,16), hat sich ins Gegenteil verkehrt. Nun sind sie beide voneinander abhängig.

Unterscheidet sich diese Liebe überhaupt von den Beziehungen unserer jungen Menschen? Wie alle Verliebten möchten sie allein sein und gehen in die Einsamkeit. Denn ihre Liebe wird, wie wohl alle Liebesbeziehungen, neugierig, argwöhnisch und missgünstig beobachtet. Nicht nur in Gestalt der Wächter steht dem Mädchen die Gesellschaft gegenüber (3,3; 5,7), sondern auch die »Töchter Jerusalems« – sie vertreten die high society und stehen für alles, was sich gehört in dieser Welt – werden mehrfach beschworen: »Stört nicht die Liebe, schreckt sie nicht auf, bis sie selbst es will« (2,7 u.ö.). Um nicht erkannt und kontrolliert zu werden, versetzen sich die Liebenden in andere Rollen, werden zum Gärtner, Hirten, König oder Weinbergsbesitzer. Ihre Beziehung muss auf jeden Fall verborgen bleiben. Deshalb wird sie weitgehend im Freien gelebt, unter Bäumen, auf dem Feld und in der Nacht.

Über die Schönheit. Dauernd möchte der eine den anderen anschauen und bewundern. Es ist auffällig, welchen Stellenwert im Hohenlied die Schönheit hat. Sie treibt gleichsam die Liebe an. Immer wieder versichern sich die beiden, wie schön sie sich finden: »Schön bist du, meine Freundin, du bist schön« (1,15 u.ö.), »Wie schön bist du und wie reizend, / du Liebe voller Wonnen !« (7,7), »Rundum bist du schön, meine Freundin; kein Makel haftet dir an« (4,7). In der Faszination, die sie aufeinander ausüben, übertreiben sie natürlich den Abstand zur Umgebung, um die Einzigartigkeit des Geliebten zu betonen (2,2f.):

Wie eine Blume unter Disteln,
so ist meine Freundin unter den Mädchen.
Wie ein Apfelbaum unter den Waldbäumen,
so ist mein Geliebter unter den Burschen.

Die Schönheit stiftet die erotische Anziehungskraft. Das wird besonders in den Beschreibungsliedern deutlich, die voller Verwunderung den Partner preisen. Das Bild, das die Freundin von ihrem Freund malt, erinnert an das Schönheitsideal der Renaissance, das Botticelli in so ausgewogener Harmonie in seinen Gestalten verkörpert. Die Freundinnen fragen: »Was hat dein Geliebter den anderen voraus?« (5,9) Da lässt das Mädchen den Blick von seinem Kopf bis zu den Füßen gleiten (5,10–16): »Mein Geliebter (ist) leuchtend rot, / unter Tausenden fällt er auf...« (siehe Randspalte auf rechter Seite).

Die ganze Beschreibung des Geliebten besteht im Original aus einem einzigen Satz. Als könne die Freundin nicht aufhören, seine Schönheit zu preisen, reiht sich ein Eindruck an den anderen, bis sie am Ende ausruft: So ist er! Sie beschreibt ihn nicht direkt, man kann sich von seiner Größe, seiner Augenfarbe, seinem Gesichtsausdruck kein Bild machen. Und doch steht er lebendig vor uns, eine Harmonie von Farbe, Glanz und Formen.

Der Garten der Liebe. Auch die Höhepunkte der Liebe werden nicht ausgespart. Das Hohelied spricht mitunter ganz offen von den intimen Begegnungen, meis-

LEIDENSCHAFT. *Die Liebe entfacht »Feuersbrände, eine mächtige Flamme«; Holzschnitt (1983) von Robert Wyss zum Hohelied (6,8).*

»Mein Geliebter (ist) leuchtend rot,
unter Tausenden fällt er auf.
Sein Haar ist feinstes Gold,
seine Locken Dattelrispen,
rabenschwarz,
seine Augen wie Tauben
an Wasserbächen,
die baden in Milch, sitzen an vollen
Becken,
seine Wangen wie Balsambeete,
darin Würzkräuter wachsen,
seine Lippen (sind) Blumen,
sie triefen von Myrrheöl,
seine Arme goldene Ringe
besetzt mit Tarschisch,
sein Leib ein Kunstwerk
aus Elfenbein,
bedeckt mit Saphiren,
seine Schenkel Säulen
von Alabaster,
die stehen auf goldenen Sockeln,
er sieht aus wie der Libanon,
auserwählt wie Zedern,
sein Gaumen ist lauter Süße,
und alles an ihm (ist) Lust.
So ist mein Geliebter,
so ist mein Freund,
Töchter Jerusalems!«

HOHELIED 5,9–16
(Übersetzung: Katharina Elliger)

tens jedoch verschlüsselt. Besonders eindringlich ist das Bild vom Garten. Wenn die Freundinnen das Mädchen fragen, wohin ihr Geliebter gegangen sei, und das Mädchen antwortet: »Mein Geliebter stieg in seinen Garten hinab / zu den Balsambeeten, / um in den Gärten zu weiden / und zu pflücken« (6,2), so ging der Geliebte ganz sicher nicht in einen realen Garten. Vielmehr ist der Garten nicht nur der Ort der Liebe, er ist auch die Geliebte selbst. Noch heute sagen die Araber, sie gingen ins Paradies, wenn sie nachts ihre Freundin besuchen.

Und doch ist auch diese Liebe nicht unproblematisch und ungefährdet. Viele Bilder deuten die dunkle Folie an, auf der das Licht um so heller erstrahlt. Der Geliebte steht zum Beispiel früh morgens zitternd vor Kälte und Erwartung vor der Tür der geliebten Freundin, streckt schon die Hand durch die Luke. Aber als das Mädchen ihm voll Unruhe aufmacht, ist er weg (5,2–6). Warum ist er geflohen? Hatte er plötzlich Angst vor seinem Mut? Fürchtete er eine zu große Nähe? So ist die Liebe zwischen beiden ein dauerndes Suchen und Finden oder auch Nicht-Finden, ein Sich-Verstecken und Präsentieren, sich selbst Bewahren und sich Verströmen.

AUF BLUMEN GEBETTET. *Die Illustration von Åke Gustavsson in einer Ausgabe des Hohenliedes (1971) bezieht sich auf den Motivbereich des Gartens und der Blumen. »Der Geliebte«, frohlockt die Geliebte, »ist mein, und ich bin sein; er weidet in den Lilien« (Hld 2,16).*

Liebe und Tod – heilig oder profan? Schließlich bittet die Freundin den Freund, sie zum Siegel zu machen und an sein Herz zu legen. Damit sucht sie die engste Nähe zu ihm, die sie sich vorstellen kann. Gleichzeitig möchte sie ihn wie ein Amulett vor Unheil und Tod beschützen. Liebe und Tod werden als zwei gewaltige Kräfte verstanden, die sich gegenseitig im Bann halten. Um dem Tod zu widerstehen, braucht auch die Liebe eine starke, ja gewalttätige Seite: die Leidenschaft. Sie ist eine elementare Gewalt, unerbittlich und nicht käuflich (8,6f.):

Lege mich wie ein Siegel an dein Herz, / wie ein Siegel an deinen Arm!
Denn stark wie der Tod ist die Liebe, / hart wie die Unterwelt die Leidenschaft.
Ihre Brände sind Feuersbrände, / eine mächtige Flamme.
Große Wasser / können sie nicht löschen, /
Ströme schwemmen sie nicht fort.
Gäbe einer Hab und Haus für die Liebe / verachten müsste man ihn, verachten.

So ist die Liebe der beiden wie ein Pakt gegen das Dunkel der Welt. Und offensichtlich ist es die Frau, die mit ihrer Liebesfähigkeit den lebensfeindlichen Kräften entgegentreten kann, während der Mann der (emotional) Gefährdete und zu Beschützende ist. Allein diese Einschätzung von Liebe und Sexualität verbietet es uns, sie als »profan« abzuwerten. Allein dies ist Grund genug, sie als ein Lebens-Mittel in die Bibel aufzunehmen. Wenn also Jahwe (Gott) im Hohenlied nicht genannt wird, so heißt das nicht, dass die Liebe nicht eine heilige Sache ist.

Es handelt sich also im Hohenlied um eine emanzipierte Liebe von zwei unverheirateten jungen Leuten, die an Ehe und Familie überhaupt nicht denken. Kann es nicht auch eine Möglichkeit gewesen sein, die strenge Ehegesetzgebung zu unterlaufen? Offenbar ist das biblische Menschenbild vielgestaltiger und genauso wenig genormt wie die ethischen und dogmatischen Vorstellungen.

SALOMO & DIE KÖNIGIN VON SABA

Erstes Buch der Könige, Kapitel 10

Wer Salomo besuchte, kam in eine Märchenwelt. Von Ferne sah man Tempel und Palast auf dem Berg leuchten. Ringsum erhoben sich Vorstädte für seine Söldnertruppen, für Pferde und Kampfwagen, Magazine und Verwaltungsgebäude. Ganz Jerusalem hatte ein neues Gesicht bekommen. Dreizehn Jahre lang hatte man allein am Palast gebaut. Er besaß Säulen aus Zedernholz, war mit Zedernholz gedeckt, und auch die Wände waren holzgetäfelt und mit goldenen Schilden besetzt. Wenn man eintrat, gelangte man in eine Vorhalle, von der aus sich die modernste Architektur entfaltete: Lichthöfe, Säulengänge, viereckige Fenster und Türen überall, und ein Thronsaal, mit einem Löwenthron aus Gold und Elfenbein als Mittelpunkt. Man kam aus dem Staunen nicht heraus.

Wer damals so reich war, musste sehr viel Macht besitzen, mit vielen Ländern Handel treiben, Zufahrtswege kontrollieren, großen Einfluss haben, mit guten Mitarbeitern und hochqualifizierten Handwerkern zusammenarbeiten. Und Salomo war ein glänzender Herrscher. Seine Bautätigkeit galt der Integration der heterogenen Bevölkerungsteile. Seine politisch motivierten Hochzeiten schufen diplomatische Kontakte. In Salomos Regierungszeit herrschte Frieden, die Kultur blühte auf, und im Denken vollzog sich eine Art Aufklärung, geprägt von Toleranz und Liberalität. Erstmals gab es Literatur in Israel. Weltoffen, wie er war, hatte Salomo keine Bedenken, ausländische Einflüsse aufzunehmen, wie in der Architektur, so auch in der Organisation des Staates. Die zwölf Provinzen wurden von einer zentralistischen Beamtenschaft geleitet. Für seine ausländischen Arbeiter errichtete er sogar Altäre zu Ehren fremder Götter. In vielem schloß sich Salomo dem Vorbild Ägyptens an. Er heiratete sogar neben anderen ausländischen Frauen eine Pharaonentochter. Der Einfluss der ägyptischen Liebeslyrik auf das Hohelied, das in seinen ältesten Teilen durchaus in die salomonische Zeit zurückreichen kann, ist erheblich. Kein Wunder, daß sich sein Ruhm ausbreitete. Alle Welt wollte Salomos Reichtum sehen und seine Weisheit hören, und um sich ihm gewogen zu machen, kam man von weit her und brachte ihm Geschenke mit, Königsgeschenke.

So hielt es wohl auch die Königin von Saba nicht mehr zu Hause. War Salomo wirklich so weise? War er wirklich so reich, gar reicher als sie selbst? Sie wollte das wissen. Saba, im Bereich des heutigen Jemen gelegen, war eine der reichsten Kulturen der Antike. Zusammen mit einigen anderen kleinen altsüdarabischen Reichen besaß es das Monopol für Weihrauch und Myrrhe und anderes Räucherwerk, das damals für den Kult unentbehrlich war. Und durch die Zähmung des Kamels wurde der Export noch forciert. Schon damals muss Jerusalem über die Weihrauchstraße große Mengen von Weihrauch, Spezereien und Kosme-

AM ZIEL. *Die Miniatur in der Wenzelsbibel (um 1400) schildert in synchroner Darstellung die Ankunft der Königin von Saba vor den Mauern von Jerusalem und die Begegnung mit Salomo. Eines der mit Geschenken beladenen Packtiere verschwindet eben im Tor, und in der Stadt verkörpern zwei Büsten den König und die Königin.*

tika aus Südarabien eingeführt haben. In seiner Heilsprophetie macht Jesaja Jerusalem zum strahlenden Mittelpunkt der Welt, zu dem auch die Fremden hinaufziehen: »Zahllose Kamele bedecken dein Land, Dromedare aus Midian und Efta. Alle kommen von Saba, bringen Weihrauch und Gold und verkünden die ruhmreichen Taten des Herrn« (Jes 60,6). Es ist dieses Motiv, das 1724 Johann Sebastian

EINE LANGE REISE. *Das Gemälde von Apollonio de Giovanni aus dem 15. Jahrhundert betont durch eine vielgestaltige Landschaft die Entfernung zwischen dem sagenhaften Saba und Jerusalem. Reicher Schmuck kennzeichnet den Reichtum in der Heimat der Karawane mit der Königin von Saba und zwei graziösen Hofdamen in einer Sänfte.*

Bach in seiner Kantate »Sie werden aus Saba alle kommen« in großangelegter konzertierender Musik wieder aufnahm, um ein leuchtendes, farbiges Bild dieses stattlichen Zuges zu entwerfen. Später wird bei Jeremia (6,20) und im Psalm 70 Saba namentlich erwähnt.

Die Königin dieses reichen Landes lässt also ihre Kamele aufzäumen und belädt sie mit allerlei Kostbarkeiten. Sie selbst besteigt das Dromedar. Es gilt, ikonographisch gesehen, von jeher als das Tragtier der Königin von Saba. Und so zieht sie mit großem Gefolge los, Hunderte von Kilometern weit durch die Wüste nach Jerusalem. Sie will Salomos Wissen prüfen. Das wird jedenfalls in der Bibel als der einzige Grund ihrer Reise angegeben. Und sie hat sich gut darauf vorbereitet. Rätselfragen hat sie sich ausgedacht. Antwortet er richtig, dann kann sie ihn als weisen Mann anerkennen. Irrt er sich, dann ist er ein Mann wie jeder andere.

Salomo vermag alle Rätsel zu lösen, denn die »Weisheit Salomo war größer als die Weisheit aller Söhne des Ostens und alle Weisheit Ägyptens« (1 Kön 5,10). Gemeint ist weniger seine Regierungskunst, auch nicht sein Urteilsspruch

im Streit zweier Mütter über die Zugehörigkeit des Kindes noch sein enzyklopädisches Wissen, sondern seine Lebenserfahrung und sein Scharfsinn. Es mutet uns merkwürdig an, dass eine Königin eine so weite, mühsame Reise unternimmt, um einen König Rätsel lösen zu lassen. Aber das war in der Antike so ungewöhnlich nicht. Der Rätselwettstreit trägt Züge eines geistigen Wettkampfs und gehört wie der Traum zur religiösen Psychologie. Er wurde auch zwischen Simson und den Philistern ausgetragen (Ri 10,19).

Um ein Beispiel zu geben: Das erste Rätsel der Königin von Saba lautet (nach dem »Targum Scheni« zu Ester 1,3): »Ein hölzerner Wasserbehälter, eiserne Eimer, sie ziehen die Steine hoch, sie lassen Wasser fließen.« Die Antwort lautet:

»Sie kam nach Jerusalem
mit sehr großem Gefolge,
mit Kamelen, die Balsam,
eine gewaltige Menge Gold
und Edelsteine trugen,
trat bei ihm ein und redete
mit ihm über alles, was sie
sich vorgenommen hatte.«

1. Könige 10,2

JERUSALEM. *Modell des von König Salomo um 950 v. Chr. erbauten Tempels. Zerstört wurde er 587 v. Chr. von den Truppen des Königs Nebukadnezzar von Babylonien (oben).*

INSZENIERUNG. *Als theatralische Bühnenszene gestaltete der Maler Edward Poynter in seinem Gemälde aus dem Jahr 1890 den Empfang der Königin von Saba durch Salomo, dessen Thron als Zeichen von Reichtum und Weisheit mit Löwenskulpturen ausgestattet ist (1 Kön 10,19; rechts).*

ein Röhrchen mit *kol*. Es handelt sich um ein Kosmetikum, das es, weit zurückliegend, in der Antike gab. Das Pikante daran war jedoch, dass solche Kosmetika bei den Israeliten streng verboten waren.

Nachdem Salomo alle Rätsel gelöst hat, zeigt er der Königin seinen ganzen Reichtum. Er führt sie durch seinen Palast, lässt sie an einem opulenten Mahl teilnehmen, bei dem sie von Männern in kostbarem Livree bedient wird, und zeigt ihr schließlich auch den Tempel, wo er seine Brandopfer darbringt. Die Königin ist so beeindruckt, dass ihr der Atem stockte. Salomo hat sich nicht nur als ebenbürtig erwiesen, er ist ihr sogar überlegen. Weisheit und Reichtum liegen ja im Ansehen auf derselben Ebene, und so hält sie auch nicht mit ihrer Anerkennung zurück.

MARIB. *Die Stelen gehören zu den Überresten des Palastes in der Nähe des heutigen Marib im nördlichen Jemen. Er wird mit der sagenhaften Königin von Saba in Zusammenhang gebracht, einer Herrscherin im antiken Jemen und in Äthiopien.*

Das alles übersteige noch bei weitem ihre Erwartungen, sagt sie. Und nachdem sie ihre kostbaren Geschenke ausgetauscht haben, reist die selbstbewusste Königin wieder nach Saba zurück.

Hier liegt auch der Grund, warum die Geschichte in der Bibel steht. Selbst der reichen, klugen, mutigen und charmanten Königen von Saba ist Salomo überlegen. Und das wird erzählt in einer übertreibenden und propagandistischen Weise. Denn bald nach Salomos Tod zerbrach die Einheit des Reiches, die nur ein David garantieren konnte. Die Nordstämme verweigerten dem Nachkommen Rehabeam die Anerkennung. Sie wählten einen eigenen König. Von nun an gab es zwei Königshäuser und zwei Hauptstädte, Israel mit Samaria und Juda mit Jerusalem. Für den Schreiber der Königsbücher, die nach 586 v. Chr. wahrscheinlich in Jerusalem entstanden sind, war also die Teilung des Reiches längst eine Selbstverständlichkeit. Da aber seine Sympathien auf dem Südreich lagen, wollte er die Dynastie von Jerusalem stützen. Und dafür war ihm diese Geschichte gerade recht. Sie dokumentierte den Traum von alter Herrlichkeit, um Hoffnung zu machen in noch schlechteren Zeiten.

Die Existenz einer Königin von Saba ist nicht nachzuweisen. Allerdings haben deutsche Archäologen Ende der 70er Jahre mit geomorfologischen Methoden für das 10. Jahrhundert v. Chr. im Stammland der legendären Königin ein gut organisiertes Staatswesen nachgewiesen. Auf jeden Fall gab es in der Erinnerung der arabischen Völker eine mündlich tradierte Geschichte von Handel treibenden, reichen Kamelkarawanen, die über die alte Weihrauchstraße zogen. Aus diesem glücklichen Arabien brach die legendäre Königin auf. Im Orient ist die Grenze zwischen märchenhafter und historischer Überlieferung durchlässig.

Es ist erstaunlich, dass diese Begegnung die Fantasie der Nachwelt in so ungewöhnlichem Maße beschäftigt hat. Die Geschichte breitete sich in jüdischen, islamischen, äthiopischen, koptischen und christlichen Traditionen aus. Die neutestamentlichen Erwähnungen stehen noch ganz im alttestamentlichen Zusammenhang. Nach einem Zeichen gefragt, führt Jesus aus, es gebe bereits Zeichen, die Leute von Ninive zum Beispiel, welche die Größe des Jona erlebt hatten, und die Königin des Südens, die Salomos Weisheit bezeugte. Er aber sei größer als Jona und Salomo (Mt 12,42). Das andere Mal will er die Fürsorge Gottes veranschaulichen und sagt in einem Gleichnis von den Lilien des Feldes: »Selbst Salomo in all seiner Pracht war nicht gekleidet wie eine von ihnen« (Mt 6,29).

Nach der jüdischen Tradition (wieder laut »Targum Scheni« zu Ester 1,3) versteht Salomo die Sprache der Vögel, Bäume und Winde. Die bösen Geister sind Diener in seiner Gesellschaft. Das macht ihn zum Herrn nicht nur über Raum und Zeit, sondern auch über die materielle Welt. Bei einer Hofversammlung vermisst Salomo den Wiedehopf, von dem man glaubt, daß er als Zugvogel in der Welt herumfliegt und verborgene Schätze entdeckt. Als er schließlich ankommt, berichtet er von der Königin von Saba und ihrem Reichtum. Dort sei der Staub kostbarer als Silber, Bäume seien so alt wie die Welt. Salomo lädt sie daraufhin durch den Wiedehopf ein, ihn zu besuchen. Soweit stimmt die im Koran überlieferte Version (Sure 27,22–26) mit dem Targum überein. Im Spätjudentum und im Koran glaubte man dann aber, sie sei von einem bösen Geist besessen, mit dem Salomo kämpfte, um sie vom Sonnengott abzubringen und dem wahren Gott zuzuführen. Man hielt sie nämlich, als sie den Palast betrat und den Glasboden für Wasser hielt und jedermann ihre behaarten Beine sah, für eine Hexe. Und wohl in ihrer Eigenschaft als Rätselstellerin verlieh man ihr sogar sphinxhafte Züge. So wurde sie zu Lilit, der Königin der Dämonen.

In der christlichen Überlieferung tritt die Königin von Saba als Zeugin des Glaubens auf, oder sie kommt mit den Heiligen Drei Königen als schwarze Weise,

ROLLENSPIEL. *Der Brüsseler Bildteppich (um 1550) zeigt Karl V. von Frankreich (reg. 1364–80) und seine in Brüssel residierende Schwester Marie de Hongrie als Salomo und Königin von Saba. Dieses Rollenspiel hat seine Begründung in Karls V. Beinamen »der Weise«.*

STAMMVATER. *Die äthiopische Miniatur aus dem 15. Jahrhundert bezieht sich mit der Darstellung der äthiopisch-jemenitischen »Königin von Saba« und des Königs von Juda auf die Überlieferung, dass Salomo der Stammvater der Kaiser von Äthiopien ist. Der letzte Herrscher dieser Dynastie war der 1974 abgesetzte Kaiser Haile Selassie I.; zu seinen Titeln gehörte »Löwe von Juda«.*

Ecce aduenit dominator dominus et regnū
in manu eius et potestas imperium. ps.
Deus iudicium tuum regi da et iusticiam
tuam filio regis. Oratio

um Jesus zu huldigen. Mit Salomo zusammen vertritt sie wie die beiden Liebenden im Hohenlied typologisch Christus und die Kirche.

Nirgendwo erlangt jedoch die Begegnung von Salomo und der Königin von Saba eine so große Bedeutung wie in Äthiopien. Hier wird sie zu konkreter Wichtigkeit. Denn ihr entsprang ein Sohn namens Menelik. Auf ihn werden bis heute alle äthiopischen Kaiser zurückgeführt. Zwar hatte das Motiv der Verführung eine lange Vorgeschichte, aber erst Jezhak von Aksam schrieb es im 14. Jahrhundert in seinem Werk »Kebra Nagast« fest. Nun waren die Äthiopier das auserwählte Volk Gottes, und die Königin von Saba übertraf Salomo in allem.

KÖNIGLICHE GABEN. *Die Seite aus dem Turin-Mailänder Stundenbuch des Duc de Berry des 15. Jahrhunderts setzt die als Hauptbild dargestellte Anbetung der Könige in Betlehem mit dem unten dargestellten Besuch der Königin von Saba in Jerusalem in Parallele. Eine biblische Grundlage ist Psalm 72, der Salomo zugeschrieben wird (linke Seite).*

Es gibt ja auch gute Gründe, Salomo und die Königin von Saba für ein großes Liebespaar zu halten. Vermutlich gab der biblische Bericht gerade wegen seiner Knappheit Anlass dazu, ihn auszuschmücken. Denn bereits in ihm gibt es Hinweise auf eine intime Beziehung: »König Salomo gewährte der Königin von Saba alles, was sie wünschte und begehrte« (1 Kön 10,13). Das gestattete eine romantische Deutung. Der allgemein gehaltene Hinweis auf Salomos Entgegenkommen ließ durchblicken, dass sie nicht nur seines Reichtums und seiner Weisheit wegen gekommen war. Außerdem heißt es in 1 Könige 10,2 nach dem hebräischen Text: »Als sie zu Salomo hineinkam« – so übersetzte noch Luther. Dieser Ausdruck jedoch ist auch ein terminus technicus für Coitus (z. B. Gen 19,34, wo Lot zu seinen Töchtern »hineingeht«). Es wäre in der Tat überraschend, wenn Salomo, dem die Bibel 700 Haupt- und 300 Nebenfrauen zuschreibt, seinen schönen exotischen Gast verschmäht hätte. Schließlich hatte ja auch er sich ihrer Liebe würdig erwiesen. Und noch einen dritten Hinweis gibt es für eine große Liebe. Der Rätselstreit trägt nicht nur Züge eines Machtkampfes, er ist auch nach urtümlichem Brauch als Freierprobe ein Bestandteil der Hochzeitsfeier (vgl. Simsons Brautschau Ri 14,18). So weiß auch die arabische Überlieferung von einer nach Lösung der Rätsel geschlossenen Ehe zwischen Salomo und der Königin von Saba zu berichten. Damit bleibt die Beziehung zwischen Salomo und der Königin von Saba letztlich ihr Geheimnis und beflügelt weiterhin die Fantasie.

»Die Könige von Tarschisch und
von den Inseln bringen Geschenke,
die Könige von Saba und Seba
kommen mit Gaben.
Alle Könige müssen ihm huldigen,
alle Völker ihm dienen.«

PSALM 72,10–11

ÄTHIOPISCHE LEGENDE. *Die Bilderzählung schildert die Reise eines Boten nach Jerusalem und in der unteren Reihe die Reise der Königin selbst. Salomo wird der Vater ihres Sohnes Menelik, der Gründer der Kaiserdynastie von Äthiopien.*

TOBIAS & SARA

Buch Tobit, Kapitel 7 und 8

»(Rafael) wurde gesandt,
um beide zu heilen:
um Tobit von den weißen Flecken
auf seinen Augen zu befreien und
um Sara, die Tochter Raguëls,
mit Tobits Sohn Tobias
zu vermählen und
den bösen Dämon
Aschmodai zu fesseln.«
TOBIT 3,17

BILDERZÄHLUNG. *Am Beginn des Buches Tobit in der Urbino-Bibel (1476–78) schildert das Hauptbild den Inhalt der Erzählung in drei simultan dargestellten Szenen: Abschied des Tobias und seines Begleiters Rafael von Tobit und Hanna; Wanderung der beiden Gefährten und ihre Rückkehr mit Sara. Die Medaillons in der Bordüre beginnen links unten mit dem Götzendienst (Tob 1,5), darüber ist Tobias mit seinen Eltern zu erkennen, und links oben erhält Tobit ehrenvolle Aufträge von Salmanassar (Tob 1,13). Das mittlere Medaillon der oberen Bordüre ist Tobits Fürsorge für die Gefangenen gewidmet; sie gehört zu seinen Werken der Barmherzigkeit (Tob 1,16; rechte Seite).*

Das Buch Tobit enthält unter anderem die Erzählung von Tobias und Sara als einer harmonischen Paarbeziehung, die in einer erfüllten Ehe mündet. Die Geschichte des jungen Paares ist eingebettet in eine Familiengeschichte, und die Ehe von Tobias und Sara ist das Ende eines sehr dramatischen Geschehens.

Tobias und Sara sind beide Einzelkinder, leben geografisch weit voneinander entfernt und wissen nichts voneinander. Diese Entfernung zu überwinden und Schwierigkeiten aus dem Weg zu räumen, die unüberwindlich scheinen, gelingt am Ende der Erzählung wie in einem Märchen. Die Geschichte hat denn auch zahlreiche märchenhafte Züge und geht auch gut aus wie ein Märchen. Es handelt sich ja um eine Beispielerzählung und nicht um einen historischen Bericht. Das Buch Tobit spielt in der Spätzeit des Alten Testaments in fernen Landen, in der Diaspora, und der Bereich, in dem die Handlung angesiedelt ist, reicht bis nach Persien.

Die Eltern des Tobias leben in Ninive und sind verarmt; der Vater Tobit hat sein ganzes Vermögen und danach, weil er wohltätig an seinen Glaubensgenossen handelt, auch noch sein Augenlicht verloren: Nachdem er gegen das Verbot des Königs einen Glaubensgenossen begraben hat, lehnt Tobit sich an die Wand seines Hauses, und der Kot eines Vogels lässt ihn erblinden. Wegen seiner Unreinheit durch den Toten ist er nämlich nicht ins Haus gegangen. So ist einzig die große Gesetzestreue Ursache für Tobits Unglück (Tob 2,1–3,6). Die Mutter Hanna ist eine eher eigenwillige Frau; sie ernährt ihre Familie und streitet gelegentlich mit ihrem Mann, wenn dieser ungerecht und hart mit ihr umgeht (Tob 2,11–14). Dieses ältere Paar der Tobit-Erzählung ist weniger harmonisch gezeichnet als später das junge Paar; das liegt auch an der unerträglichen Situation, in der die beiden stehen. Um die Not zu lindern, schicken sie ihren einzigen Sohn Tobias in die Fremde, um dort Geld zurückzuholen, das Tobit in seinen guten Tagen einem Verwandten geliehen hat. Die Sorge vor allem der Mutter möchte Tobias lieber zu Hause behalten, der Vater aber drängt ihn zu der Reise, denn es ist die einzige Hoffnung, aus der Not herauszukommen. Diese Not ist nicht nur wirtschaftlicher Art, denn Tobit kann ja vor allem deshalb nicht mehr für den Unterhalt seiner Familie sorgen, weil er erblindet ist.

Tobias ist das einzige Kind seiner Eltern, und sie leben in einer heidnischen Umwelt. Für den frommen Juden Tobit ist es nun unbedingt wichtig, dass Tobias eine Frau aus seinem eigenen Volk, und besser noch: aus seiner eigenen Verwandtschaft findet. Nur so kann der Glaube, den es zu bewahren gilt, erhalten bleiben. Denn Tobit ist ein äußerst frommer Israelit. Das Gebot, nur eine Frau aus dem eigenen Stamm zu heiraten, schärft der Vater seinem Sohn vor der Abreise mehrfach ein. So ist für Tobias die Auswahl sehr eingeschränkt.

TOBIAS EX CIVITATE ET TRIBU

neptalim que est in superioribus galilee supra na
ason. que ducit ad occidentem in sinistro habēs
ciuitatem sephet: cum captus esset in diebus sal
manasar regis assiriorum in captiuitate tamen
positus uiam ueritatis non deseruit: ita ut omni
a que habere poterat cotidie concaptiuis fratri
bus suis qui erant ex genere suo impartiret. Cum
q; esset iunior in tribu neptalim: nihil tamen pu
erile gessit in opere. Deniq; cum irent omnes ad
uitulos aureos quos ieroboam fecerat rex israel
hic solus fugiebat consortia omnium: et perge
bat ad israelem ad templum domini: et ibi ado
rabat dominum deum israel omnia primitiua
sua: et decimas suas fideliter offerens: ita ut in
tertio anno proselitis et aduenis ministraret
omnem decimationem. hec et his similia secun
dum legem dei puerulus obseruabat. Cum uero
factus fuisset uir accepit uxorem annam de tri
bu sua genuitq; ex ea filium nomen suum impo
nens ei. Quem ab infantia timere deum docuit.
et abstinere ab omni peccato. Igitur cum per cap
tiuitatem deuenisset cum uxore sua et filio in ci
uitatem niniue: cum omni tribu sua: et omnes
ederent ex cibis gentilium: iste custodiuit ani
mam suam: et nunquam contaminatus est in es
cis eorum. Et quoniam memor fuit domini in
toto corde suo dedit ei dominus gratiam in cō
spectu salmanasar regis. et dedit illi potestatem quo
cunq; uellet ire: habens libertatem quecunq; facere
uoluisset. Pergebat enim per omnes qui erant in
captiuitate: et monita salutis dabat eis. Cumq;
uenisset in rages ciuitatem medorum: et ex his
quibus honoratus fuerat a rege habuisset decem
talenta argenti: et cum multa turba generis sui
gabellum uideret egentem qui erat ex tribu
sua sub cirographo dedit illi memoratum pond⁹
argenti. Post multum uero temporis mortuo sal
manasar rege. cum regnaret senacherib filius ei⁹
pro eo et exosos haberet filios israel in conspec
tu suo: tobias quotidie pergebat per omnem co
gnationem suam: et consolabatur eos. Diuide
debatq; unicuiq; prout poterat de facultatib;
suis. Esurientes alebat: nudisq; uestimenta pre
bebat: et mortuis atq; occisis sepulturam exhibe
bat. Deniq; cum reuersus esset senacherib fugi
ens a iudea plagam quam circa eum fecerat de
us propter blasphemiam suam: et iratus multos
occideret ex filiis israel tobias sepeliebat corpo
ra mortuorum. At ubi nuntiatum est regi ius
sit eum occidi: et tulit omnem substantiam e
ius. Tobias uero cum filio et uxore fugiens nu
dus latuit: quia multi diligebant eum. Post
dies uero. xlv. occiderunt regem filii eius: et
reuersus est tobias ad domum suam: omnisq;

Auch Sara ist ein Einzelkind. Auch für sie gibt es nur eine Zukunft, wenn sie einen Mann aus ihrer Verwandtschaft findet. Die Situation verschärft sich aber noch dadurch, dass sie von einem bösen Dämon bedroht wird, der jedes Mal den Mann, der sie heiraten will, in der Hochzeitsnacht tötet, während Sara unangetastet bleibt. Dies ist bereits siebenmal geschehen. So hat ihre Familie die Hoffnung schon fast aufgegeben, dass für dieses einzige Kind noch eine Zukunft besteht. Da die Zukunft einzig in der Fortführung der Familie und damit des jüdischen Volkes und seiner Glaubensüberlieferung gesehen wird, hängt alles daran, ob es noch eine Möglichkeit gibt, Sara von diesem Dämon zu befreien, der ihr Fortbestehen in jeder Hinsicht verhindert (vgl. Tob 3,7–15).

»(Raguël) ließ seine Tochter Sara rufen, nahm sie bei der Hand und gab sie Tobias zur Frau; er sagte: Hier, sie ist dein nach dem Gesetz des Mose. Führe sie zu deinem Vater! Und er segnete sie.
Dann rief er seine Frau Edna herbei, nahm ein Blatt Papier, schrieb den Ehevertrag,
und man setzte das Siegel darunter. Dann begannen sie mit dem Mahl.«
Tobit 7,13–14

Dass Tobias am Ende der Geschichte mit einer Ehefrau zurückkommt, war ursprünglich nicht geplant. Die entsprechenden Mittel findet er auf dem Weg. Die Schicksale, die in kunstvoller Weise miteinander verschränkt sind, werden am Wendepunkt der Erzählung deutlich: Beide, Tobit und Sara, schicken jeweils ein bitteres Klagegebet zum Himmel, beide Gebete kommen gleichzeitig vor Gottes Majestät, durch die Vermittlung des Engels Rafael, und im Himmel werden nun die Fäden geknüpft für ein glückliches Ende: Tobit wird geheilt werden, und Sara wird von dem Dämon befreit (Tob 3,16f.).

Für die Reise findet Tobias einen Begleiter, und sie führt nicht nur zur Rückgabe des Geldschatzes, sondern zu einer doppelten Heilung: Tobias kann am Ende seinen Vater von dessen Blindheit heilen und die für ihn bestimmte Braut von jenem Dämon befreien. Auf dem Reiseweg wird Tobias von einem großen Fisch bedroht, den er aus dem Fluss Tigris ziehen will. In diesem Fisch findet er mit Hilfe seines Begleiters, der sich am Ende als Engel Rafael offenbart, die Heilmittel sowohl für die Krankheit seines Vaters wie auch für die Verbannung des Dämons.

Das Auffinden der Braut im persischen Ekbatana geschieht wie im Märchen. Bei den ungeheuren Distanzen wird Tobias vom Engel sicher zur Familie seiner Verwandten, zu Raguël, geführt, die ihn gastfreundlich aufnehmen. Bald stellt sich heraus, dass Tobias der Mann aus dem gleichen (jüdischen) Stamm ist, der Sara heiraten soll. Gleichwohl besteht die Angst weiter, dass der Dämon auch diesmal den vorgesehenen Ehemann in der Hochzeitsnacht töten könnte.

Die Ängste, die hier sichtbar werden, sind aus manchen Märchen bekannt; ein Mann hat viele Hindernisse zu überwinden, um die ersehnte Frau zu erlangen. Das Hindernis ist hier ein Dämon, der auch einen Namen trägt, Aschmodai, und der regelmäßig nur die Männer tötet, der Frau geschieht nichts. Dass Sara bereits sieben Männer verloren hat, ist sicher nicht wörtlich zu verstehen: Die Sieben ist in der Bibel immer eine Zahl der Vollständigkeit. Demnach ist zu vermuten, dass es ein achtes Mal nicht geben kann und wird.

Die volkstümliche Angst vor der »männermordenden« Frau findet sich in der hebräischen Bibel nur hier und in der Geschichte von Juda und Tamar (Gen 38). Hinter dieser Angst vor der Frau, die den Mann dann umbringt, wenn er am Wehrlosesten ist, steckt wohl eine tiefe männliche Sexualangst. Darum werden solche Vorstellungen vor allem in der Hochzeitsnacht angesiedelt, wie es im Tobitbuch der Fall ist. Darin spiegelt sich auch eine (männliche) Angst vor der Überlegenheit der Frau in Sachen Liebe und Sexualität, vielleicht auch eine geheime Angst des Mannes vor der Zeugung, denn mit der Geburt eines Sohnes tritt er ins zweite Glied zurück. Das Umfeld in Saras Familie will nun diese »Männermorde« der jungen Sara selbst zur Last legen, wogegen der biblische Text ausdrücklich Sara als unschuldig darstellt und die Schuld an diesen Vorgängen einem Dämon zuschreibt. Unerklärliche Krankheiten, schreckliche Vorgänge und ande-

DER EHEVERTRAG.
Jan Steens Gemälde (um 1667/68) schmückt den biblischen Bericht (Tob 7,14) gemäß der eigenen Zeit aus, indem ein Notar den Ehevertrag zu Papier bringt. Rechts sind die Vorbereitungen für das Festmahl im Gange.

»Ihre Mutter trocknete ihre Tränen und tröstete sie: Hab Vertrauen, mein Kind: Nach so viel Leid schenke dir der Herr des Himmels und der Erde endlich Freude. Hab nur Vertrauen, meine Tochter!«

TOBIAS 7,16–17

DIE HOCHZEITSNACHT. *Im Gegensatz zum Sittengesetz der »Tobiasnächte« betont Rembrandts Gemälde (1647) den Vorrang erfüllter Sinnlichkeit in der Hochzeitsnacht. Rembrandt verwendete als Vorlage das Gemälde »Sara erwartet Tobias« seines früheren Lehrers Pieter Lastman. Zur Unterscheidung trägt sein Werk den Titel »Junge Frau im Bett«; er bedarf der Ergänzung: »(...) in Erwartung des Geliebten«.*

re schwer zu erklärende Unglücksfälle werden in der Antike häufig auf Dämonen zurückgeführt. Wie nun Tobias und Sara mit diesem »Dämon« fertig werden, zeigt die Mitte ihrer Geschichte, die Hochzeitsnacht.

Vor dem Vollzug der Ehe wird die Hochzeit im Haus der Braut gefeiert, und es wird ein Ehevertrag aufgesetzt. Dieser ist der älteste Beleg eines schriftlichen Ehevertrags im Alten Testament. Edna, die Mutter Saras, bringt das Schreibzeug herein, und der Vater Raguël setzt den Vertrag auf. Damit ist die Ehe rechtlich geschlossen. Die junge Frau Sara wird nicht gefragt. Wie in patriarchalischen Gesellschaften üblich, wird die Ehe durch die Eltern arrangiert. Normalerweise sind es die Eltern des Bräutigams, in diesem Fall sind es die Eltern Saras, da Tobias selbst schon erwachsen ist und seine Eltern im weit entfernten Ninive wohnen (Tob 7,9–17).

Von der Hochzeitsnacht hängt es nun ab, ob Tobias mit dem Leben davon kommt und die Erzählung überhaupt weitergeht (Tob 8,1–9). Durch umsichtiges und frommes Handeln gelingt es dem jungen Ehemann mit Hilfe von Herz und Leber aus dem getöteten Fisch, den Dämon zu vertreiben. Die magisch anmutende Räucherszene – Tobias verbrennt die Bestandteile des Fisches, in denen die Lebenskräfte angesiedelt sind, auf einem Räucheraltärchen und vertreibt damit den Dämon in das oberste Ägypten – wird begleitet von Gebeten des Tobias, der sich seiner Frau nicht in blinder Gier, sondern in Achtung und Gottesfurcht nähert. Über die, welche Gott fürchten, hat der Dämon keine Gewalt mehr. Erst nachdem der Dämon vertrieben und die entsprechenden Gebete gesprochen sind, wird die Ehe vollzogen.

Diese Hochzeitsnacht von Tobias und Sara hat eine beträchtliche Wirkungsgeschichte in der christlichen Theologie entfaltet, vor allem in der Moraltheologie. Sie wurde abgehandelt unter der Bezeichnung »Tobiasnächte« und geht nicht auf den griechischen Text unseres Buches, sondern auf die Auslegung des Hieronymus und seiner lateinischen Übersetzung zurück. Der Kirchenvater verlängert nämlich das, was in der biblischen Erzählung in einer Nacht sich ereignet, auf drei Nächte, und die christlichen Eheleute werden durch das ganze Mittelalter hindurch zur Sittsamkeit und zu einem keuschen Beginn ihrer Ehe ermahnt nach dem Beispiel des jungen Tobias. Wie Tobias soll ein junges Paar erst den Segen Gottes anrufen, bevor sie miteinander schlafen. Hinter diesen Ermahnungen steht auch häufig eine große Leibfeindlichkeit, wie sie in der biblischen Erzählung nicht zu finden ist.

Dort finden am Morgen die Eltern Saras die beiden schlafend und am Leben. Sie freuen sich, dass dem jungen Mann nichts passiert ist, und der Vater Saras schaufelt das Grab wieder zu, das er vorsichtshalber bereits in der Nacht für den Ehebewerber hat graben lassen. Beide Eltern freuen sich, dass nun ein glückliches Eheleben auf die beiden Einzelkinder wartet und sie die Familien und die Tradition beider Familien fortsetzen können (Tob 8,10–21).

Anders als in der Erzählung von Isaak und Rebekka, die unserer Geschichte als Vorbild gedient hat, wird Sara nicht gefragt, ob sie Tobias heiraten will. Außer dem Gebet am Anfang des Buches spricht sie nur ein einziges Wort, nämlich das Amen am Ende des Gebets in der Hochzeitsnacht. Tobias spricht das Gebet allein, er referiert dabei die Schöpfungsgeschichte von Adam und Eva als dem vorbildlichen Paar, und erbittet den Segen Gottes für sich und seine Frau bis ins hohe Alter. Einzig das abschließende »Amen« spricht Sara mit. Sie ist die passivste aller Frauengestalten im Tobitbuch, sie ist Objekt, über das Männer – der Vater und auch Tobias – verfügen. Trotzdem ist in dem Buch auch von Liebe die Rede, aber auch wieder ganz einseitig: Als der Engel Rafael am Tigris dem jungen Tobias von seiner Verwandten Sara erzählt, heißt es von Tobias: »Er begann sie zu lieben, und sein Herz hängte sich an sie.« Wir erfahren somit von der Zuneigung des Tobias, bevor er Sara zum ersten Mal gesehen hat; ob Sara diese Liebe erwidert, interessiert die Erzählung nicht. Es wird als selbstverständlich vorausgesetzt, dass sie dem Verwandten, der sie aus ihrer Notlage und vom Dämon befreit hat, die Achtung und Liebe einer Ehefrau entgegenbringen und ihren Ehemann in das entfernte Ninive begleiten wird. Die Geschichte ist somit ganz aus der Perspektive von Männern erzählt, welche die Aktiven sind, einschließlich des Engels Rafael, der als Jüngling erscheint (Engel sind in der Bibel immer männlich) und der heimlich die Fäden zieht. Die himmlische Welt, die damit den Gang der Dinge auf Erden lenkt, wirkt hier zum Segen des jungen Paares, das am Schluss in der Lage ist, die Familiengeschichte fortzuführen und damit auch den Glauben Israels weiter zu überliefern.

»Als Tobias und Sara
in der Kammer allein waren«
erhob sich Tobias vom Lager und
sagte: Steh auf, meine Schwester,
wir wollen beten, damit der
Herr Erbarmen mit uns hat, (…).
Und Sara sagte zusammen mit
ihm: Amen. Und beide schliefen
die Nacht über miteinander.«
TOBIAS 8,4.8–9

ERZIEHUNG. *Ein Leitmotiv des Buches Tobit ist die Erziehung zur Frömmigkeit als Lebenshilfe. Dies verdeutlicht das Medaillon mit dem Bild des Tobias zwischen Vater und Mutter in der Urbino-Bibel (1476–78) durch die gen Himmel weisende Geste Tobits.*

SICHEM & DINA

Buch Genesis, Kapitel 34

»Als Jakobs Söhne vom
Feld kamen und davon erfuhren,
empfanden sie das als Beleidigung
und wurden sehr zornig;
eine Schandtat hatte Sichem
an Israel begangen,
weil er der Tochter Jakobs
beiwohnte; so etwas darf
man nicht tun.«
GENESIS 34,7

Jakob, auch Israel genannt, hatte zwölf Söhne, nach denen die »Stämmen Israels« benannt sind. Dass Jakob auch Töchter hatte, ist wahrscheinlich, denn statistisch gesehen werden etwa gleich viel Mädchen wie Jungen geboren. Stammbäume einer patriarchalen Zeit registrieren jedoch keine Frauen, sondern ausschließlich Männer nach dem Schema: X zeugte den Y. Frauen werden nur erwähnt, wenn sie eine besondere Rolle spielen oder wenn sie für eine der zentralen Männerfiguren wichtig sind, so als Ehefrau, als Mutter oder als Tochter, die einen Konflikt auslöst. Manche Töchter haben nicht einmal einen Namen, so z. B. Jiftachs Tochter, die von ihrem Vater als Konsequenz eines Gelübdes geopfert wird (Ri 11,29–40). Hier kennen wir den Namen des Vaters, nicht aber den der getöteten Tochter.

Anders ist es bei Dina, der Tochter Jakobs; wir kennen ihren Namen und ihre Geschichte. Da Jakob vier Frauen hatte, die beiden Schwestern Lea und Rahel und deren Mägde Silpa und Bilha, ist es nötig, auch noch die Mutter dazu anzugeben. Dina ist eine Tochter Leas, der ersten Frau Jakobs. Ihre Geschichte spielt in der Zeit der Wanderschaft, Jakob ist noch nicht fest ansässig, er hält sich auf fremdem Territorium auf, sucht und braucht den Kontakt mit der ansässigen kanaanäischen Bevölkerung. Jakob und seine Familie befinden sich in der Nähe von Sichem, einer Stadt im gebirgigen nördlichen Teil Kanaans, zwischen den Bergen Ebal und Garizim.

Die Erzählung beginnt: »Dina, die Tochter Leas, die sie dem Jakob geboren hatte, ging aus, um sich die Töchter des Landes anzusehen« (Gen 34,1). Der Satz ist zunächst erstaunlich, wenn man davon ausgeht, dass Mädchen – als junges, unverheiratetes Mädchen ist Dina anzusehen – streng behütet im Haus ihres Vaters und unter der Aufsicht von zahlreichen Brüdern steht. Offensichtlich ist dieses Bild falsch, Frauen hatten in alter Zeit relativ viel Bewegungsfreiheit, wie auch sonst in den Erzählungen über die Erzeltern, etwa im Hinblick auf Sara und Rebekka, deutlich zu erkennen ist. Aber diese Freiheit, die Neugier auf die Töchter des Landes (heute würden wir sagen: Dina sucht sich Freundinnen) schlägt gleich um, denn sie begegnet auch den Söhnen des Landes. Anstatt etwas zu sehen, wie Dina es wollte, wird sie gesehen, was für sie verheerende Konsequenzen hat. Sichem, der Sohn des Stadtfürsten, sieht Dina und vergewaltigt sie. In vier Schritten, ohne Pause, wird dies berichtet: Er erblickt sie, er ergreift sie, er legt sich zu ihr und vergewaltigt sie. Von einer Reaktion Dinas ist – anders als bei Tamar in der Erzählung, in der ihr Halbbruder Amnon sie vergewaltigt (2 Sam 13) – nicht die Rede. Offenbar hat Dina gar keine Zeit dazu, Sichem von seiner Tat abzuhalten. Dina sagt denn auch in der ganzen Erzählung kein einziges Wort, sie ist reines

Opfer einer männlichen Gewalttat und später der Verhandlungen unter Männern. In Vers 3 schlägt aber die Brutalität des Erzählten wieder um, denn nach der Tat fasst Sichem Zuneigung zu dem Mädchen, ja, es wird sogar gesagt, dass er sie liebt (im Gegensatz zu Amnon, dessen Begierde nach deren gewaltsamer Befriedigung in blanken Hass umschlägt; 2 Sam 13,15). Nach dem Geschehen bittet Sichem seinen Vater, ihm Dina als Ehefrau zu verschaffen. Erst in Vers 5 tritt Jakob auf, und jetzt spielen sich alle Verhandlungen nur noch zwischen Jakob und seinen Söhnen und Sichem mit seinem Vater Hamor ab. Diese bieten ein hohes Heiratsgeld, und es wird wiederholt, dass Sichem Dina liebt. Von den Gefühlen Dinas schweigt die Erzählung, wie sie bereits nach dem ersten Satz, in dem sie als aktiv und neugierig geschildert wird, rein passiv ist.

Die Söhne Jakobs ersinnen nun eine List zur Bestrafung Sichems, nachdem er ihre Schwester geschändet hat. Sie stellen als Bedingung die Beschneidung Sichems und aller Männer in der Stadt, weil sie sich nicht mit Unbeschnittenen verschwägern wollen. Die Sichemiten gehen darauf ein, alle Männer der Stadt lassen sich beschneiden. Am dritten Tag aber, als sie im Wundfieber liegen, überfallen die beiden Vollbrüder Dinas, Simeon und Levi (beide auch Söhne der Lea), die Stadt und töten alle Männer, darunter auch Sichem und seinen Vater, verschleppen die Frauen und Kinder und plündern die gesamte Stadt. Dina wird aus dem Haus Sichems geholt, in dem sie sich offenbar immer noch aufgehalten hat. Einzig hier steht in der ganzen Geschichte der Name Dinas allein. Sonst wird sie »Tochter Jakobs« genannt bzw. im ersten Satz »Leas Tochter« oder, wenn es um die Brüder geht, wird von »ihrer Schwester« gesprochen.

BLUTIGE RACHE. *Die Miniatur der Wenzelsbibel (um 1400) illustriert Genesis 34,25f. in simultaner Darstellung: Simeon und Levi dringen in die Stadt ein, erschlagen die (nach der Beschneidung an Wundfieber erkrankten) Männer und bringen durch das zweite Tor ihre Schwester Dina aus der Stadt. Einbezogen ist der Raub aller Tiere als Teil der anschließenden Plünderung der Stadt.*

Hier aber steht Dina ganz isoliert, sie hat jetzt keine Beziehung mehr. Danach wird die Tochter Leas nicht mehr erwähnt, sie kehrt offenbar in das Haus ihres Vaters zurück und muss dort als entehrtes Mädchen ohne Aussicht auf Heirat und Zukunft den Rest ihres Lebens fristen. Sie kommt zwar – anders als Sichem – mit dem Leben davon, hat aber keine Zukunft mehr.

Dass dieses gewalttätige Vorgehen der Brüder Dinas nicht gerechtfertigt war, zeigt die Reaktion Jakobs am Ende der Geschichte. Die Strafaktion der Brüder war ja auch schon dadurch überzogen, dass eine ganze Stadt, und nicht der eigentlich Schuldige, bestraft wurde. Dies kommt daher, dass hier eine Familiengeschichte mit einer Stammeserzählung verbunden wird. Der spätere Jakobssegen in Gen 49 spricht denn auch dieser Gewalttat die Legitimität ab. Den Söhnen Jakobs, Simeon und Levi, wird das Recht als Verheißungsträger abgesprochen (der Erstgeborene Ruben hat es durch eine andere Schandtat verloren), sodass nun Juda, der vierte Jakobssohn, zum Träger der Verheissung und zum Stammvater aller Israeliten wird. Über Simeon und Levi wird gesagt (Gen 49,5–7):

Simeon und Levi, die Brüder,
Werkzeuge der Gewalt sind ihre Messer.
Zu ihrem Kreis mag ich nicht gehören,
mit ihrer Rotte vereinige sich nicht mein Herz.
Denn in ihrem Zorn brachten sie Männer um,
mutwillig lähmten sie Stiere.
Verflucht ihr Zorn, da er so heftig,
verflucht ihr Grimm, da er so roh.
Ich teile sie unter Jakob auf,
ich zerstreue sie unter Israel.

Im Jakobssegen wird also die Gewalttat der Brüder Dinas verurteilt, Dina selbst kommt hier nicht vor. Für die Untat des Sichem hätte es in der altorientalischen und israelitischen Rechtstradition genügend andere Mittel gegeben, denn auf Vergewaltigung einer Jungfrau gab es klare Strafen, und im Pentateuch selbst sind mehrere solche Gesetze überliefert. Nach Ex 22,15f. muss der Vergewaltiger einen Brautpreis zahlen und die Frau heiraten. Der Vater kann sich weigern, ihm seine Tochter zu geben, behält aber den Brautpreis. Dies alles wäre ja von Sichem eingehalten worden, zudem liebte er Dina. Die Rache der Brüder war also auch nach der damaligen Sitte weit überzogen, wie man auch an der parallelen Geschichte von Amnon und Tamar zeigen kann, die mit dem männlichen Vergewaltiger eher milde umgeht. Es sieht fast so aus, als sei die Tat Sichems für die Brüder Dinas lediglich ein Vorwand, um über die Stadt herzufallen. Auch Dtn 22,28f. regelt den Fall der Vergewaltigung einer Jungfrau: Der Vergewaltiger muss sie heiraten und ihrem Vater fünfzig Silberschekel zahlen. Zudem darf er sich niemals von ihr scheiden lassen, d. h. nicht noch ein weiteres Mal willkürlich mit ihr verfahren. Ob diese Gesetze zur Zeit der Erzeltern schon in Kraft waren oder nicht, sie zeigen jedenfalls die Regeln in einer patriarchalischen Zeit, in der Frauen und ihre Sexualität einzig unter dem Aspekt des Besitzes betrachtet und im Sinne von Schadenersatz (für den Vater!) behandelt wurden. In dieser rein männer-zentrierten Sichtweise wird der »Schaden«, der einer Frau zugefügt wird, gar nicht erwähnt. Über die Gefühle Dinas verliert die ganze Geschichte kein einziges Wort.

Sichem und Dina sind zwar ein Paar, aber nur für eine kurze Zeit und durch Gewalt entstanden. Von Liebe ist in dieser Erzählung explizit die Rede, aber sehr einseitig. Einzig von Sichem wird gesagt, dass er Dina liebte. Die Erzählung selbst hätte auch noch positiv ausgehen können, aber eine andere Form von Männergewalt, nämlich die Ausrottung einer ganzen Stadt, hat dies verhindert. Warum ist eine solche Geschichte erzählt worden? Der eine Teil der Erzählung sollte wohl begründen, warum die beiden Brüder Simeon und Levi in der Erbfolge als Träger der Verheißung ihre Rechte verloren. Ihre Gewalttat wird hart und eindeutig verurteilt. Aber für die Frauen enthält sie möglicherweise auch eine Warnung: Wenn ihr im Haus bleibt, passiert euch nichts! Draußen, in der Öffentlichkeit, lauern Gefahren. So ist der erfrischende Satz am Anfang der Erzählung, »Dina ging aus…, um die Töchter des Landes anzusehen« für die junge Frau eine Falle. Die Freizügigkeit der Bewegung einer Frau führt in den Untergang. Sollte dies der Tenor der Dina-Erzählung aus Männersicht sein? Aus der Perspektive von Frauen ist es eine sehr deprimierende Geschichte.

Die Erzählung hat aber ein Nachspiel in der späten Literatur des Alten Testaments. Dina kommt nämlich noch einmal vor, im Buch Judit. Die Hauptperson Judit (die Jüdin!) steht für das Volk Israel als ganzes; dieses ist klein und wehrlos und hat gegen eine Übermacht von schwer bewaffneten assyrischen Feinden zu kämpfen. Ins Lager dieses hochgerüsteten Feindes geht Judit als Symbol für die Wehrlosigkeit Israels, und sie wird im Gegensatz zu Dina nicht vergewaltigt, sondern sie schlägt ihrerseits dem Feldherrn Holofernes den Kopf ab. Sie ruft Jahwe an als »Gott meines Vaters Simeon« (Jdt 9,2), d.h. sie führt sich direkt auf jenen Leasohn zurück, der bei der Gewalttat an der Stadt Sichem zusammen mit Levi die Hauptrolle spielte. Die Schändung der Dina steht bei Judit als Symbol für die Schändung der Stadt Jerusalem/Zion, die häufig auch als Jungfrau bezeichnet wird. Judit selbst ist zwar Witwe, aber auch damit steht sie auf der Seite der Wehrlosen und Schutzbedürftigen. Im Gegensatz zu Genesis 34 wird hier die Tat der Brüder Dinas nicht verurteilt, sondern als gerechte Strafe für die Schandtat gesehen, was für die politisch bedrängte Zeit Judits verständlich sein dürfte. Immer wieder ruft sie den Gott an, der ein »Gott der Erniedrigten, ein Helfer der Kleinen, ein Beistand der Schwachen, ein Beschützer der Verachteten, ein Retter der Hoffnungslosen« ist (Jdt 8,11). Es geht Judit somit nicht um die Verherrlichung von Gewalt oder eine Rechtfertigung der Racheakte ihrer Vorfahren, sondern um ein Beispiel dafür, dass Gott auf der Seite des schwachen Israel/Jerusalem steht. Dina wird damit in der Spätzeit ein positives Symbol für die politisch Wehrlosen, die aber, wie die Geschichte Judits zeigt, nicht einfach resignieren sollen und müssen.

AMNON & TAMAR

Zweites Buch Samuel, Kapitel 13

GEHORSAM. *Die Textkolumne der Wenzelsbibel (um 1400) enthält eine zweigeteilte Miniatur: David lässt Tamar bitten, Amnon aufzusuchen; dieser zieht sie an sich und vergeht sich im Bett an seiner Schwester (rechte Seite).*

Die Erzählung von Amnon und Tamar liest sich zunächst wie eine Familiengeschichte, aber es ist eine hochpolitische Angelegenheit. Das Haus Davids und die Rivalität der Söhne Davids um den zukünftigen Thron spielen eine entscheidende Rolle. Es ist zugleich eine Beziehungsgeschichte, denn es geht um einen Mann und eine Frau, um Begehren und Lieben, schließlich um Vergewaltigung und Hass. Amnon und Tamar sind Halbgeschwister. Sie haben David als den gemeinsamen Vater, aber unterschiedliche Mütter. Es geht um Bruder und Schwester, auch um Vater-Sohn-Beziehungen, nie jedoch um Vater und Tochter.

»Hinterher aber empfand
Amnon eine sehr große
Abneigung gegen sie;
ja, der Hass, mit dem
er sie nun hasste,
war größer als die Liebe,
mit der er sie geliebt hatte.«
2. SAMUEL 13,15

OPFER UND TÄTER. *Statt einer szenischen Darstellung hat Emil Wachter Bildnisse des Amnon (Aquarell 1993) und seines Opfers Tamar (Aquarell 1988) verwendet, um den Tathergang zur Anschauung zu bringen.*

Tamar ist zwar die einzige Tochter Davids, die uns namentlich bekannt ist, aber sie wird nie »Tochter Davids« genannt. David hatte sechs Söhne, die ihm von sechs verschiedenen Frauen in Hebron geboren wurden, wobei immer nur der Erstgeborene jeder Frau genannt ist. Wie viele Söhne und Töchter er sonst noch hatte, ist unbekannt (vgl. 2 Sam 3,2–5). In Jerusalem, dem zweiten Ort seiner Residenz, werden ihm weitere elf erstgeborene Söhne geboren, wobei hier die Mütter nicht namentlich erwähnt werden (2 Sam 5,13–16). Von einer Tochter ist weder hier noch dort die Rede, weil sie für die Thronfolge nicht in Frage kommt. David war ein großer König, aber ein schlechter Vater. Bei den Rivalitäten seiner Söhne wie auch in dem Konflikt um Tamar und Amnon greift er nicht ein, obwohl dies seine Pflicht gewesen wäre.

Die Erzählung von der Vergewaltigung Tamars hat als Modell für die in der Bibel früher angesiedelte Erzählung von der Vergewaltigung Dinas, der Tochter Jakobs, gedient (Gen 34). Auch dort greift der Vater nicht direkt ein, um seiner Tochter zu Hilfe zu kommen, sondern die Brüder Dinas sind die wesentlichen Handlungsträger. Aber anders als in der Erzählung von Gen 34, wo die Gewalttat Sichems als spontaner Akt erscheint, handelt es sich bei Amnon um eine lang und sorgfältig geplante Untat unter Ausnützung der schwesterlichen Zuwendung Tamars. Zudem geschieht das Verbrechen im Haus, also im geschützten Raum der Privatgemächer Amnons, und nicht in einer fremden Stadt wie bei Dina. Der Vergewaltiger ist nicht ein Fremder, sondern der eigene (Halb)Bruder. In einem häufig beschönigenden Sprachgebrauch nennt man solche Gewaltverbrechen »Beziehungsdelikte«. Genesis 34 und 2 Samuel 13 nennen das Vergehen dagegen jeweils eine Schandtat. »So etwas tut man nicht in Israel« (2 Sam 13,12).

Der erste Vers unserer Geschichte führt alle vier königlichen Hauptpersonen ein. Jedes Wort ist dabei präzise gesetzt: »Abschalom, der Sohn Davids, hatte eine schöne Schwester namens Tamar, und Amnon, der Sohn Davids, verliebte sich in sie.« Abschalom und Amnon, die beiden Halbbrüder, werden beide als »Sohn Davids« bezeichnet. Tamar jedoch, die eine Tochter Davids ist, wird als »Schwester Abschaloms« eingeführt. Sie ist wie Abschalom eine Tochter der Maacha und wurde David in Hebron geboren. Von ihr wird aber noch etwas anderes hinzugefügt, das für die Fortsetzung der Erzählung wichtig ist, nämlich dass sie schön ist. Dies wird ihr zum Verhängnis, denn dass Amnon sich in sie verliebt, lässt die kommenden Konflikte erahnen.

Das wird bereits im folgenden Vers ausgeführt: Amnon wird ganz krank vor Begierde, und er möchte seiner Schwester gern »etwas antun«, kann es aber nicht, weil sie noch eine unberührte Jungfrau ist. Die Sprache, die hier gebraucht wird, ist typisch für sexuelle Akte: Amnon möchte mit Tamar schlafen, sieht aber noch nicht, wie er dies in die Tat umsetzen kann. Dabei hilft ihm nun ein Freund, der seine Niedergeschlagenheit bemerkt, und es entsteht ein wirkungsvolles Männerkomplott. Auch dieser Freund Jonadab steht mit dem Haus Davids in Beziehung. Er ist ein Neffe Davids, ein Sohn des Davidbruders Schima. Damit ist er ein Vetter Amnons, aber auch Tamars! Dieser Freund wird als »schlau« vorgestellt und gibt Amnon den Rat, sich krank zu stellen, ins Bett zu legen und beim Besuch seines Vaters David den Besuch seiner Schwester Tamar zu erbitten. Dabei wird rausgesetzt, dass David sich um seinen erkrankten Sohn kümmert und Tamar dem Befehl ihres Vaters fraglos folgen wird. Bei diesem Männerkomplott hat die unberührte Königstochter nicht die geringste Chance. Es geschieht dann auch alles wie geplant. David geht nicht einmal persönlich zu Tamar, er redet in der ganzen Erzählung kein einziges Mal mit ihr. Vielmehr schickte er »jemand ins Haus der Tamar und ließ ihr sagen: Geh doch in das Haus deines Bruders Amnon, und mach ihm etwas zu essen!« (2 Sam 13,7). Ausführlich wird geschildert, wie Tamar den Befehl ausführt, wie sie den Teig kne-

gos das ous vnd satzte es
vor yn · Und her wolde sein
nicht essen · Und amnon der
sprach · Treibt ous alle die
do hynne sint bei mir · Und
do her sie alle hette ous ge
triben · do sprach amnon
zu thamarn · Trage her ein
die speise in mein heymli
che camer · Thamar do vm
me hub ouf die semel die
sie hette gemacht vnd trug
die ein zu amnon irem bru
der in die hemliche camer
Und do sie im hette gebracht
die speise do erwischte er
sie vnd sprach · Kvm vnd
slaf bei mir mein swester
Die antworte im · Nicht
tu das mein bruder nicht

»Sie erwiderte ihm: Nicht doch!
Wenn du mich wegschickst,
wäre das ein noch größeres
Unrecht als das, was du mir
schon angetan hast.
Er aber wollte nicht auf sie hören,
sondern rief den jungen Mann,
der in seinen Diensten stand,
und sagte: Bring dieses Mädchen da
von mir weg auf die Straße hinaus,
und schließ die Tür hinter ihr ab!«
2. Samuel 13,16–17

tet, um Kuchen in Herzform für ihren kranken Bruder zuzubereiten. Dieser sieht ihr die ganze Zeit dabei zu, und dieses Sehen ist fast eine Berührung, es ist sexualisiertes Sehen. Ob Tamar etwas ahnt von dem, was auf sie zukommt, lässt die Erzählung nicht erkennen. Geschickt nützt Amnon die Tatsache aus, dass es Frauen sind, die überall im Alten Orient zuständig sind für die Nahrung (so wie die erste Frau, die die Frucht von Baum pflückt), und dass Tamar zudem als seine Schwester zu einer gewissen Fürsorge für ihn geradezu verpflichtet ist. So kann sie eigentlich keinen Verdacht schöpfen.

Als das Gericht fertig ist, will Amnon noch nichts verzehren, sondern schickt erst alle seine Diener hinaus, und Tamar muss ihm die Speisen in sein Schlafzimmer bringen. Dort packt er sie und fordert sie auf, sich zu ihm zu legen. Jetzt aber spricht Tamar erstmals in der Erzählung. Sie gibt nicht nach, sondern hält Amnon vor: »Nein, mein Bruder, entehre mich nicht! So etwas tut man nicht in Israel. Begehe keine solche Schandtat!« (2 Sam 13,12). Sie spricht Amnon an als ihren Bruder, dann aber auch die Sitten, die in Israel gelten. Gemeint ist mit der Schandtat nicht der Inzest, sondern die Gewalt, die er ihr antun will. Das ist aus dem Sprachgebrauch und aus den Sitten der Zeit eindeutig. Denn der König hätte das Recht gehabt, Tamar mit dem Halbbruder zu verheiraten. Dies schlägt denn Tamar auch vor, sie spricht besonnen und voll Weisheit mit ihrem Bruder, aber dieser will nicht auf sie hören, sondern vergewaltigt sie.

Unmittelbar nach der Tat tritt ein totaler Umschwung in Amnons Verhalten ein, er empfindet plötzlich eine große Abneigung gegen Tamar, ja »sein Hass wurde sogar größer als die Liebe, die er vorher für sie empfunden hatte«. Dieser Umschwung zeigt in der abschließenden Handlungsweise Amnons eine ebenso große Brutalität und Gefühllosigkeit wie bei der Vergewaltigung selbst: Er fordert Tamar auf, zu gehen, aber wieder antwortet Tamar. Sie gibt noch nicht auf, sondern spricht Amnon erneut als Bruder an und hält ihm vor Augen, sie wegzuschicken, sei ein noch schlimmeres Unrecht als das, was er ihr bereits angetan habe. Denn erst wenn das Vergehen öffentlich wird, erhält es gleichsam Gültigkeit. Noch gäbe es ja die von Tamar vorgeschlagene Möglichkeit der Ehe, wodurch die Untat zwar nicht ungeschehen gemacht, aber in ihren Folgen abgeschwächt werden könnte. Bei der damaligen Möglichkeit der Mehrehe, besonders in Königsfamilien, wie es ja auch bei David und Salomo der Fall war, ist nicht einzusehen, warum Amnon diesen Ausweg nicht ergreift. Denn auch für ihn als Königssohn steht auf Vergewaltigung letztlich die Todesstrafe, zumal er sich an einer unberührten Königstochter vergangen hat. Aber wiederum wird gesagt, dass Amnon nicht auf sie hören wollte (anders als auf den Rat Jonadabs, auf den er wohl gehört hatte). Ja, ihr Bruder lässt die Diener kommen, um nun Tamar hinauswerfen zu lassen und das Haus hinter ihr zu verriegeln. Seit der Vergewaltigung spricht er auch nicht mehr von seiner »Schwester«, sondern nur noch von »dieser da«.

Tamar hat drei Einwände vorgebracht, besonnen und ruhig, einmal vor der Tat, dann danach, jedesmal will sie für sich und für Amnon die Situation entschärfen. Nun wird sie nicht einmal von Amnon selbst, sondern von seinen Domestiken auf entwürdigende Weise aus dem Haus geworfen wie etwas Schmutziges. Erst jetzt gibt Tamar ihre Sache verloren. Es wird geschildert, dass sie mit dem Kleid der unverheirateten Königstöchter bekleidet war; dies steht ihr jetzt nicht mehr zu, sie streut Asche auf ihr Haupt zum Zeichen der Trauer und zerreißt ihr Kleid, Sinnbild der verlorenen Jungfräulichkeit. Sie geht klagend nach Hause. Offenbar hat sie ein eigenes Haus, aus dem David sie hatte rufen lassen.

WARNUNG VOR VERFÜHRERN. *Jan Steens Gemälde (um 1668/70) verwendet das Thema »Amnon und Tamar« als Mahnung, den Umgang mit leichtsinnigen Lebemännern, die sich allen Luxus leisten können, zu meiden. Diese Warnung verdeutlicht die boshafte Schadenfreude des Dieners.*

»Tamar aber streute sich Asche auf das Haupt und zerriss das Ärmelkleid, das sie anhatte, sie legte die Hand auf den Kopf und ging schreiend weg.«

2. SAMUEL 13, 19

VERZWEIFLUNG. *Die zweigeteilte Miniatur der Wenzelsbibel (um 1400) beschränkt sich in der oberen Szene auf Amnons Anweisung an den Diener, »dieses Mädchen da« wegzubringen und hinter ihr die Türe abzuschließen. Dies geschieht im unteren Teil. Hier wird Tamar zur Hauptfigur: Verzweifelt streut sie Asche auf ihr Haupt (2 Sam 13,19).*

Erst am Schluss der Erzählung tritt wieder ihr Vollbruder Abschalom auf, der seine Schwester zu trösten versucht, aber mit sehr zweifelhaften Gründen: Sie solle nicht darüber verzweifeln, denn es handle sich um ihren Bruder. Auch müsse sie sich den Vorfall nicht dermaßen zu Herzen nehmen. Tamar soll also schweigen und den Rest ihres Lebens im Haus ihres Bruders Abschalom verbringen. Denn ihre Zukunft ist zerstört, sie wird unter diesen Umständen keinen Ehemann mehr finden und muss trostlos im Haus ihres Bruders das Gnadenbrot essen. Denn die Sache ist inzwischen bekannt, auch David hat davon erfahren, und es wird berichtet, dass er sehr zornig wurde. Eine andere Reaktion zeigt er nicht, weder tut er etwas für Tamar, noch führt er Amnon seiner gerechten Strafe zu. Er belässt es bei seinem Zorn.

Der letzte Vers setzt die beiden Brüder zueinander in Beziehung, indem von Abschaloms Hass die Rede ist. Dieser hasst Amnon – es werden die gleichen Worte gebraucht wie beim Hass des Amnon nach der Vergewaltigung –, weil er seine Schwester geschändet hat. Damit schließt diese Geschichte einer unglücklichen Beziehung, unglücklich vor allem für Tamar, der Ehre, Ansehen, Ehemann und Kinder, d. h. insgesamt eine Zukunft als Frau, geraubt wurde.

Doch der Hinweis auf den Hass Abschaloms lässt durchblicken, dass Amnon seiner Strafe nicht entgehen wird. Zwei Jahre später lässt Abschalom seinen Halbbruder bei einem Gelage umbringen. Ausgerechnet Jonadab, der gleiche Neffe Davids, der seinerzeit Amnon den Rat gegeben hatte, wie er am besten seiner Schwester habhaft wird, berichtet König David, dass Abschalom den Tod Amnons an dem Tag beschlossen habe, als dieser seine Schwester Tamar geschändet hat (2 Sam 14,32). Trotzdem ist es nicht eine reine Strafaktion für die Untat Amnons, denn Abschalom rivalisiert ja mit Amnon um die Thronfolge, und Amnon ist der Erstgeborene Davids! So hat Abschalom zugleich mit seiner Rache seinen wichtigsten Rivalen ausgeschaltet. Familiengeschichte und politische Interessen sind miteinander verknüpft. Dass aber Abschalom ein besonderes Verhältnis zu Tamar hatte, zeigt eine Notiz, nämlich die Erwähnung der Nachkommen Abschaloms: Drei Söhne wurden ihm geboren und eine Tochter, die er Tamar nannte; »sie wird eine Frau von großer Schönheit« (2 Sam 14,27). Anders als bei üblichen Stammbäumen im Alten Testament, wo nur die Namen der Söhne genannt werden, bleiben hier die Söhne namenlos, dafür wird die Tochter Tamar genannt, offenbar als »Ersatz« für die Schwester Abschaloms, und sie wird auch noch durch ihre besondere Schönheit gekennzeichnet. So besitzt die trostlose Geschichte Tamars durch die Namensgleichheit ihrer Nichte eine Spur an Zukunftserwartung, von der allerdings Davids Tochter selbst ausgeschlossen bleibt.

JUDIT & HOLOFERNES

Buch Judit, Kapitel 8 bis 16

Das späte Buch Judit setzt viele alttestamentlichen Geschichten voraus. Es spielt in einer Zeit, in der Israel nicht mehr frei war, sondern unter verschiedenster Fremdherrschaft leben musste. Dabei erinnerte man sich gern an alte Überlieferungen, so an die Erzählung von Sichem und Dina, die Geschichte von David und Goliat und viele andere. Das Buch enthält eine erfundene Geschichte, in der eine Frau im Mittelpunkt steht. Judit heißt übersetzt »die Jüdin«, und sie steht für ihr Volk, ja sie rettet ihr Volk.

Ihr gegenüber steht ein Kriegsmann, der Feldherr Holofernes, der vor Selbstüberschätzung und Waffen nur so strotzt. Der König, der im Juditbuch genannt wird, Nebukadnezzar, ist bekannt als Eroberer Jerusalems im Jahr 587 v. Chr. Er wird in Judit 1,1 als Assyrer bezeichnet, was ein Anachronismus ist. Die ganze Geschichte der Bedrängung Israels seit der Assyrerzeit wird sozusagen »gerafft«, denn das assyrische Weltreich ist 612 v. Chr. bereits untergegangen, und die Hauptstadt Ninive liegt zur Abfassungszeit unseres Buches schon rund vierhundert Jahre in Trümmern. Exemplarisch soll mit diesen historisierenden Angaben die geballte heidnische Übermacht und Bedrohung im Gegensatz zur Wehrlosigkeit Israels dargestellt werden. Für das Schwache und Wehrlose ist als Repräsentantin eine Frau, Judit, gewählt, die auch als Symbol für das bedrohte Zion/Jerusalem steht. Auch diese Stadt wird immer in weiblicher Symbolik beschrieben. Wie Judit wird Jerusalem als Witwe bezeichnet, manchmal auch als Jungfrau. Ähnlich wie bei der Erzählung von Sichem und Dina (Gen 34) geht es bei Holofernes und Judit um männliche Begierde, aber anders als dort ist hier nicht die Frau die Verliererin, sondern der Mann.

Die Handlung des Buches, so grausam sie auch anmutet, darf nicht unter moralischen Gesichtspunkten gelesen werden, sondern als Ausdruck einer politisch äußerst bedrohten Situation, in der es für Israel um Leben und Tod geht. Die Assyrer galten auch schon für altorientalische Verhältnisse als außerordentlich grausam. Von der Grausamkeit ihrer Eroberungen waren vor allem Frauen und Kinder betroffen. So will es die Ironie der Geschichte, dass ausgerechnet eine Frau die Rettung ihres Volkes in die Hand nimmt. Die Erzählung spielt in einer israelitischen Stadt namens Betulia, vermutlich eine Chiffre für die heilige Stadt Jerusalem. Diese wird, wie im Orient bei Belagerungen üblich, vom Wasser abgeschnitten; die Bevölkerung ist schon fast verdurstet und will sich dem Feind ergeben. In diesem Moment tritt Judit auf, um die Kapitulation zu verhindern. Geschildert wird sie als reiche Witwe und sehr schön. Ihr Plan, die Stadt zu retten, sieht vor, die Stadt zu verlassen und sich ins Lager des Feindes zu begeben. Bevor sie aber aufbricht, betet sie zum Gott Israels, sie ruft ihn an als »Gott meines Stammvaters

TÖDLICHER EROS. *Franz von Stuck vertritt in seiner Version der »Judith« (1926) die Auffassung von der Gefahr, die in der Sinnlichkeit des Weiblichen schlummert. Seine Gestaltungsweise weckt die Assoziation von Dämonie, die zugleich den verführerischen Reiz ausübt, dem Männer (z. B. Holofernes) blindlings erliegen.*

Simeon« (Jdt 9,2). Damit sieht sie die Bluttat ihres Ahnvaters in einem positiven Licht, nämlich als Rache an den Feinden des Glaubens. Nach dem Gebet geht sie mit ihrer Magd aus der Stadt heraus, nachdem sie sich gesalbt und geschmückt und in Festtagsgewänder gekleidet hat. Als Ziel dieser Aufmachung wird auch klar gesagt: Sie macht sich schön, »um die Blicke aller Männer, die sie sähen, auf sich zu ziehen« (Jdt 10,4). Dies gelingt ihr auch, und geblendet von ihrer Schönheit, lässt man sie bis zum Zelt des Holofernes gelangen, der auf seinem Bett unter einem kostbaren Mückennetz liegt. Mit zahlreichen Schmeicheleien über seine Größe wickelt sie den Feldherrn ein, und nicht nur ihre besondere Schönheit, sondern auch ihre Weisheit erregen Bewunderung. Holofernes und seine Diener sagen: »Es gibt von einem Ende der Erde bis zum andern keine zweite Frau, die so bezaubernd aussieht und so verständig reden kann« (Jdt 11,21)

Nach drei Tagen veranstaltet Holofernes ein großes Festmahl, denn seit er Judit gesehen hatte, war er in Begierde entbrannt und suchte eine Gelegenheit, sich ihrer zu bemächtigen. Judit hatte sich wiederum festlich gekleidet und allen ihren Schmuck angelegt, ihr gutes Aussehen ist wesentlich für ihren Plan. Sie isst und trinkt mit Holofernes, allerdings nur von ihren mitgebrachten Vorräten, denn Judit ist fromm und will sich nicht an heidnischen Speisen verunreinigen. Holofernes aber trinkt so viel Wein, wie er noch nie in seinem Leben getrunken hatte (Jdt 12,20). Danach verlassen alle Diener sein Zelt, weil sie annehmen, der Feldherr würde nun eine ungestörte Liebesnacht mit Judit verbringen. Doch dazu kommt es nicht, denn Holofernes ist völlig betrunken und liegt auf seinem Bett. Der Verführer hat sich selbst ausgeschaltet. Während Judit überlegt, klug und geplant handelt, schaufelt sich Holofernes durch seine ungezügelte Begierde selbst sein Grab. Judit tritt hinzu, aber bevor sie zur Tat schreitet, spricht sie nochmals ein Gebet, in dem sie Gott um Hilfe für die Zerschlagung des Feindes anfleht. »Dann ging sie zum Bettpfosten am Kopf des Holofernes und nahm von dort sein Schwert herab. Sie ging ganz nahe zu seinem Lager hin, ergriff sein Haar und sagte: ›Mach mich stark, Herr, du Gott Israels, am heutigen Tag!‹ Und sie schlug zweimal mit ihrer ganzen Kraft auf seinen Nacken und hieb ihm den Kopf ab« (Jdt 13,6–8). Das Schwert, Zeichen der Männlichkeit des Holofernes, hängt unbewacht und kann von Judit ohne Mühe erreicht werden. Danach geht sie mit dem Kopf des Holofernes, den sie in das gleiche kostbare Mückennetz gewickelt hat, unter dem sie ihn zuerst hat liegen sehen, hinaus. Sie übergibt den Kopf der Magd, und beide gelangen wieder zurück in die Stadt Betulia. Sie erregen keinen Argwohn, weil Judit in weiser Voraussicht sich ausbedungen hatte, dass sie mit ihrer Magd jede Nacht zum Gebet in ein nahes Tal gehen darf. Judit betont immer wieder ihre Treue zum Gott Israels. So können die beiden Frauen auch nach der Tat unbehelligt aus dem Lager entkommen.

Als die Soldaten am Morgen den Leichnam ihres enthaupteten Feldherrn vorfinden, fliehen sie alle kopflos, und in diesem Durcheinander können die Israeliten die Feinde besiegen. Das Besondere am Verhalten Judits war, dass sie völlig wehrlos, ohne Waffen, in das Lager des Feindes gegangen ist. Wie David, als

LAGERLEBEN. *Lucas Cranach d. Ä. versetzt Judit und Holofernes in die eigene Zeit, in der Feldherren ein aufwendiges Lagerleben schätzten. Sein Gemälde (um 1520) schmückt die Zuneigung des Holofernes zu der reizvollen »Überläuferin« anekdotisch aus: Judit genießt das Privileg, ihm die Leckerbissen seiner Tafel zu reichen (linke Seite).*

LOBGESANG. *Die Miniatur einer Biblia pauperum (14. Jahrhundert) unterstreicht durch die Gestalt der Harfenspielerin die religiöse Weihe, die Judits Tat beizumessen ist. Diese wird durch das Haupt in Judits Hand gekennzeichnet.*

DIE ROLLE DES OPFERS. *Das 1613 datierte Gemälde von Cristoforo Allori ist ein Kapitel in der Autobiografie des Malers: In Judit erkennen wir ein Rollenbildnis seiner Geliebten, die Dienerin trägt die Züge ihrer Mutter, und das Haupt des Holofernes ist ein Selbstbildnis (rechte Seite).*

DAS ENDE. *Im Unterschied zu den szenischen Darstellungen der Enthauptung zeigt das Gemälde (um 1530) von Tintoretto gleichsam das Schließen des Vorhangs am Ende einer Tragödie (unten).*

er Goliat enthauptet, hat sie Holofernes mit dessen eigenem Schwert getötet. Damit siegt das Schwache und Wehrlose über das Starke, das bis an die Zähne bewaffnet ist, ein Ansporn und ein Trost für das kleine und bedrängte Israel im 2. Jahrhundert v. Chr.!

Diese vordergründige Sicht, dass hier die Frau, die als unterlegen und schwach gilt, den Sieg davonträgt, während der starke, vor Waffen strotzende heidnische Feldherr gerade durch seine ungezügelte Begierde sein Leben verliert, wäre bereits eine erzählenswerte Geschichte. Dieses »Paar«, das nur in den Wünschen des Holofernes ein solches ist, wäre eine ermutigende Geschichte für Frauen und alle Schwachen, die bei feindlichen Siegen immer die ersten Opfer sind, die vergewaltigt und gedemütigt werden.

Aber die Geschichte hat noch eine tiefere Dimension. Judit steht ja für das geplagte und unterdrückte jüdische Volk, Holofernes/Nebukadnezzar für die heidnische Übermacht, für die, die sich auf Waffen und Kriegsgerät, Rosse und Macht verlassen. Israel aber soll sich allein auf seinen Gott verlassen, wie Judit es tut. Dies

zeigen die vielen eingestreuten Gebete, die immer an den kritischen Stellen auftreten. Die heidnischen Partner werden als lüstern, begierig, ohne Kopf und Verstand geschildert, Judit aber als klug, mäßig und überlegen handelnd. In ihren Gebeten spottet sie über die Rüstung und das Waffengeklirr der Feinde. Die Erzählung erscheint nur vordergründig kriegerisch oder grausam. Tatsächlich wird immer wieder ein Gott angerufen, »der den Kriegen ein Ende setzt« (Jdt 16,2 u. a.). Dies singt Judit in einem abschließenden Jubelgesang, der dem Lied der Mirjam im Exodusgeschehen nachgebildet ist. Wie dort Mirjam den Untergang des Pharao mit seinem Heer beim Durchzug durch das Rote Meer besingt, so besingt Judit am Schluss der Erzählung den Untergang der Feinde Israels durch die Hand einer Frau.

POLITISCHE SYMBOLIK. *Donatellos Statue der Judit entstand um 1456–60 im Auftrag der Medici und gelangte nach deren Vertreibung aus Florenz 1495 in öffentlichen Besitz. Nun sollte sie die Befreiung der Republik von der Tyrannei symbolisieren.*

Bei der blutigen Tat Judits ist es gut, auf die Zielsetzung der Erzählung und auf die biblischen Vorbilder zu achten. Schon einmal in der Geschichte Israels, rund tausend Jahre früher, hatte eine Frau eine ähnliche Tat vollbracht. Auch dort stand einer wehrlosen Frau ein feindlicher Feldherr gegenüber, der sich zu ihr ins Zelt geflüchtet hatte. Die Geschichte von Jaël und dem kanaanäischen Feldherrn Sisera, der die Existenz Israels in der vorstaatlichen Zeit bedrohte, hat wie die bereits erwähnten Erzählungen Pate gestanden für das Juditbuch. Die Episode ist eingebettet in das Deboralied im Buch der Richter, Kapitel 5, in dem wiederum eine Frau, die Richterin und Prophetin Debora, die Hauptrolle spielt. Jaël, eine wehrlose Frau, ergreift spontan einen Zeltpflock und schlägt ihn dem liegenden feindlichen Feldherrn durch den Kopf. Nachdem sie ihn so am Boden festgenagelt hatte, wird Israel gerettet, weil die kanaanäischen Feinde nach dem Tod ihres Führers genauso kopflos flüchten wie die Feinde im Juditbuch. Anders als bei Judit handelt es sich hier nicht um eine geplante, sondern um eine spontane Tat. Aber Jaël war vorher vergewaltigt worden, denn der Feldherr war in eindeutiger Absicht in ihr Zelt gekommen und lag dann ermattet »zwischen ihren Beinen« (vgl. Ri 5,24–27). So benutzt Jaël die Gelegenheit, ihn unschädlich zu machen. Die Frage nach der Gewalt, besonders wenn sie von Frauen ausgeübt wird, erscheint häufig als Problem. Einem weit verbreiteten Klischee zufolge hat eine Frau sanft und friedfertig zu sein. Insofern sind solche Frauengestalten wie Judit und Jaël differenziert zu sehen. Im Falle der Notwehr sind eindeutig solche gewalttätigen Maßnahmen gerechtfertigt. Nun ist bei Judit keine solche Situation gegeben, denn sie muss sich nicht persönlich gegen Holofernes wehren. Er kommt ja gar nicht mehr dazu, sie anzugreifen. Ihre Tat geschieht aus einer tieferen Notsituation heraus, indem sie nicht in erster Linie sich selbst, sondern ihr ganzes Volk vor dem sicheren Untergang durch den gefährlichen Feind rettet. Ihre erotische Ausstrahlung setzt sie gezielt als Mittel zum Zweck ein. Gerade als Frau hat sie die Möglichkeit, die Verliebtheit des Holofernes auszunützen und so ihre Tat zu vollbringen, die sich durch Weitsicht und Klugheit auszeichnet, Holofernes dagegen durch Stumpfheit und Blindheit. So konnte nur eine Frau ihr Volk retten, weil sie durch ihre angebliche Schwachheit und Wehrlosigkeit ein Überraschungsmoment bietet, das einem Mann nicht möglich gewesen wäre.

SIMSON & DELILA

Buch der Richter, Kapitel 16

Die Erzählung von Simson und Delila gehört zu den bekanntesten Liebesgeschichten der Weltliteratur. Nicht nur gibt es über sie zahlreiche Darstellungen in der bildenden Kunst, auch die Musik hat sich mit vielen Stücken, wie zum Beispiel Camille Saint-Saëns' Oper »Samson und Dalila« (1877), damit beschäftigt. Die Geschichte spielt in der sog. Richterzeit, einer Zeit, in der Israel noch aus losen Stammesverbänden bestand, bevor die ersten Könige (Saul und David) auftraten. Von solchen Epochen handeln viele Sagen, in denen die unterschiedlichen Stämme ihre Heldengestalten vorstellen. Einer dieser Helden, dem sagenhafte Kraft zugeschrieben wurde, war Simson. Er ist mit seinen Taten dem griechischen Herakles vergleichbar.

Schon Simsons Geburt ist ungewöhnlich: Seine Mutter ist zunächst unfruchtbar, aber durch die Ankündigung seiner Geburt durch einen Engel Jahwes wird deutlich, dass es sich um ein ungewöhnliches Kind handeln wird, auf dem der Geist Gottes liegt (Ri 13). Die Erzählung von der Verkündigung der Geburt Simsons ist ähnlich gestaltet wie später die Ankündigung der Geburt Jesu (Lk 1,26–38). Der Engel kommt zur Mutter, während der Vater Manoach eher passiv ist; er tut, was seine Frau ihm sagt. Trotzdem kennen wir vom Vater Simsons den Namen, von der Mutter erfahren wir ihn nicht. Dass der zu erwartende Knabe ein besonderes Kind sein wird, kommt auch darin zum Ausdruck, dass seine Mutter während der Schwangerschaft weder Wein noch Bier trinken und nichts Unreines essen darf. Denn das Kind soll ein Nasiräer, ein Gottgeweihter, sein.

Die erste Tat, die von Simson erzählt wird, nachdem er herangewachsen war, ist, dass er sich in eine Philisterin aus Timna verliebt (Ri 14,1). Die Zeit Simsons war bestimmt von Israels Kampf gegen die Philister, die gefährlichsten Feinde bis zu der Zeit, da David sie endgültig besiegte. Die Philister bewohnten die Küstenlandschaft am Mittelmeer und waren den Israeliten kulturell überlegen. Die Philister waren nicht beschnitten, während die Israeliten, wie alle Semiten, diesen Brauch hoch achteten. Von den Philistern wird im Richterbuch häufig verächtlich als von »den Unbeschnittenen« gesprochen.

Von seinem Vater und, sehr ungewöhnlich für die patriarchalen Strukturen des Alten Testaments, auch von seiner Mutter erbittet Simson die Philisterin, die keinen Namen trägt, zur Frau. Unterwegs nach Timna besiegt er einen brüllenden jungen Löwen mit bloßen Händen, was seine besondere Kraft demonstriert. Dieses Ereignis bietet Simson während des Hochzeitsgelages – er findet später in dem Löwenkadaver Honigwaben – den Stoff für ein Rätsel, das seine Kumpanen nicht lösen können: »Vom Fresser kommt Speise, vom Starken kommt Süßes« (Ri 14,14).

EINE FRAU ALS WERKZEUG. *Die Miniatur der Wenzelsbibel (um 1400) rückt zwar Delila, in deren Schoß Simson in Schlaf gesunken ist, in den Mittelpunkt. Doch die zweite Szene verdeutlicht, dass ihre Verbundenheit mit Simson lediglich Mittel zum Zweck ist: Sie verschwindet von der Bildfläche, die nun von den Todfeinden Simsons beherrscht wird.*

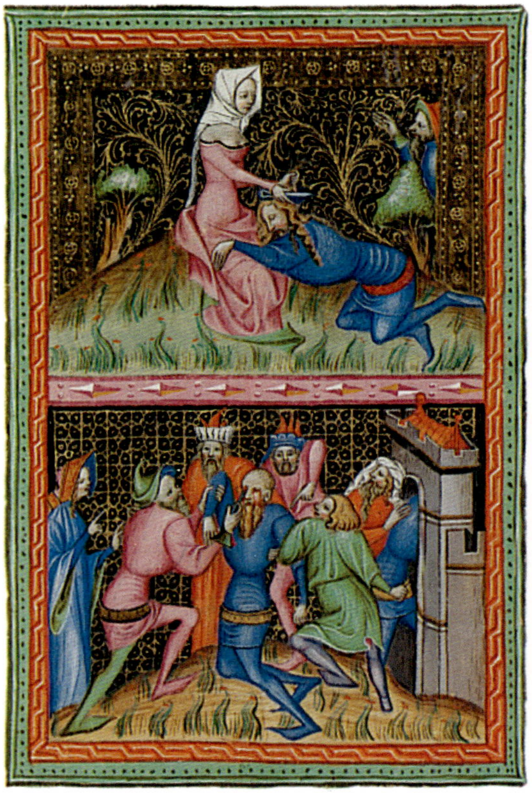

»Weil er großen Durst hatte,
rief er zum Herrn und sagte:
Du hast deinem Knecht
diesen großen Sieg verliehen;
jetzt aber soll ich vor Durst sterben
und den Unbeschnittenen
in die Hände fallen.
Da spaltete Gott
die Höhle von Lehi,
und es kam Wasser daraus hervor,
sodass Simson trinken konnte.«
RICHTER 15,18–19

Seine Frau weint sieben Tage lang, bis Simson ihr die Lösung des Rätsels verrät; diese gibt sie an ihre Landsleute weiter, die Simson verhaften wollen. Aus Wut über den Verrat seiner Frau geht Simson nach Aschkelon und erschlägt dort 30 Philister (Ri 14,19). Die Frau wird einem andern, dem Brautführer Simsons, gegeben. Sie hatte sich im Konfliktsfall nicht mit ihrem Mann, sondern mit ihren Stammesgenossen solidarisiert.

Trotzdem will Simson sie im 15. Kapitel wieder besuchen, er bringt ihr als Gastgeschenk sogar ein Ziegenböckchen mit. Weil ihr Vater ihn aber nicht zu seiner Frau lässt, zündet Simson aus Rache die Felder der Philister an, indem er immer zwei Füchse an den Schwänzen mit Fackeln zusammenbindet und diese in Brand steckt (Ri 15,4ff.). Daraufhin verbrennen die Philister seine Frau mit ihrem Vater und deren Haus. Es handelt sich bei dieser ersten Ehe des Simson nicht etwa nur um ein Verhältnis, sondern um eine besondere Art der Ehe, wie sie am Ende des 2. Jahrtausends v. Chr. noch möglich war, eine Ehe, bei der die Frau im Haus ihrer Eltern wohnen bleibt und der Ehemann lediglich zu Besuch kommt, eine sog. Besuchsehe. Für die Frau endet diese Ehe mit dem Tod, für die Philister mit Strafaktionen gegen Simson, der sich für die Wegnahme seiner Frau gerächt hat, der Held selbst erleidet zunächst keinen Schaden.

Nach verschiedenen Heldentaten Simsons wiederholt sich die Geschichte aus Kapitel 14. Vermutlich handelt es sich um eine Dublette zu der ersten Ehe Simsons, mit dem Unterschied, dass die Frau einen Namen hat: Delila. Es ist die einzige Frau in den Simsongeschichten, die einen Namen trägt. Wieder verbindet sich Simson mit einer Philisterin (Ri 16,4). Hier kommt es aber bereits am Anfang zu einer richtigen Verschwörung, denn bevor Delila sich mit Simson einlässt, wird sie von den Philistern bestochen, ihren Mann zu überwältigen; denn seine Krafttaten waren für die Philister äußerst gefährlich geworden. Für die Überlistung und Auslieferung Simsons wird Delila ein großer Betrag an Silberstücken versprochen. Delila versucht unverzüglich, hinter das Geheimnis der Kraft Simsons zu kommen, dieser aber durchschaut das böse Spiel und führt sie dreimal aufs Glatteis: Zuerst soll sie ihn mit sieben frischen Sehnen fesseln, die er beim Erscheinen der Philister wie Bindfäden zerreißt. Danach sind es neue Stricke, die Simson wie Fäden zerreißt. Schließlich nennt er seine sieben Locken, die Delila am Pflock des Webstuhls verknoten soll. Auch hier befreit sich der Held mit Leichtigkeit. Die Philister liegen immer auf der Lauer, aber es gelingt ihnen dreimal nicht, Simson zu ergreifen. Nach diesem dreimaligen Misserfolg, bei dem auch die Zahl Sieben eine große Rolle spielt, sollte Simson eigentlich von der Treulosigkeit der Frau überzeugt sein. Aber sie versucht es noch ein letztes Mal und sagt: »Wie kannst du sagen: Ich liebe dich!, wenn mir dein Herz nicht gehört? Jetzt hast du mich dreimal belogen und mir nicht gesagt, wodurch du so große Kraft besitzt. Als sie ihm mit ihrem Gerede jeden Tag zusetzte und ihn (immer mehr) bedrängte, wurde er es zum Sterben leid; er offenbarte ihr alles und sagte zu ihr: Ein Schermesser ist mir noch nicht an die Haare gekommen; denn ich bin ein von Geburt an Gott als Nasiräer

ENDE EINES HELDENLEBENS. *Die Bildseite der Kreuzritterbibel (um 1250) illustriert das Ende des 15. und das 16. Kapitel im Buch der Richter: Nach dem Sieg, den Simson mit einem Eselskinnbacken als Waffe erkämpft hat, wird ihm ein Quellwunder zuteil. Es folgt als letzter Höhepunkt das Abenteuer in Gaza, bevor er durch Delila das Opfer seiner Feinde wird (rechte Seite).*

geweiht. Würden mir die Haare geschoren, dann würde meine Kraft mich verlassen; ich würde schwach und wäre wie jeder andere Mensch« (Ri 16,15–17).

Die Kraft Simsons liegt somit in den Haaren, ein Symbol sowohl für seine Krafttaten wie auch für sexuelle Potenz. Simson ist so blind verliebt, dass er Delila diesmal die ganze Wahrheit gesagt hat. Sie lässt ihn auf ihren Knien einschlafen (eine poetische Umschreibung des stattgefundenen Geschlechtsverkehrs, nach dem der Mann ermattet ist) und schneidet ihm die sieben Locken ab, worauf ihn seine Kraft verlässt. Die Philister stechen ihm die Augen aus und führen ihn mit Bronzeketten gefesselt in die Küstenstadt Gaza, wo sie ihn ins Gefängnis werfen.

Aber die Geschichte ist damit noch nicht zu Ende. Eine Fortsetzung kündigt der Satz an: »Doch sein Haar, das man abgeschnitten hatte, fing wieder an zu wachsen« (Ri 16,22). Von der Frau, die Simson verraten hat, ist nicht mehr die Rede. Die Philister feiern in Gaza ein großes Fest und versammelten alles, was Rang und Namen hat, in einem großen Haus. Alle Fürsten der Philister sind anwesend, und allein auf dem Flachdach sind 3000 Männer und Frauen versammelt (Ri 16,27). Wenn dies auch eine Übertreibung ist, wie bei sagenhaften Erzählungen üblich, muss es doch eine große Zahl gewesen sein. Die Philister lassen Simson holen, weil sie mit ihm ihren Spaß haben wollen. Sie stellen ihn zwischen die Säulen des Hauses, die dieser hilflos betastet, denn er ist ja blind. Simson spürt, dass seine Kraft in ihn zurückgekehrt ist und dass dies seine Gelegenheit ist, die Philister gründlich zu schlagen. Er spricht erst ein Gebet zu Jahwe, seinem Gott, dann packt er die Mittelsäulen, die das ganze Haus tragen, streckt sich mit aller Kraft, sodass das Haus zusammenfällt und alle unter sich begräbt, die Fürsten der Philis-

DER VERRAT. *Peter Paul Rubens' Gemälde (um 1620) kontrastiert den ahnungslosen und vertrauensvollen Schläfer mit der Geschäftigkeit der Feinde, die mit Delilas Hilfe endlich an ihr Ziel zu gelangen hoffen (linke Seite).*

DER ZWIESPALT. *Rubens' Schüler Anthonis van Dyck gib in seiner um 1628/30 geschaffenen Darstellung der Überwältigung Simsons der Beziehung zwischen der Verräterin und dem Opfer eine ungewöhnliche Deutung: Indem Simson gewaltsam von Delila getrennt wird, ist er zugleich durch den Blick an sie gekettet, mit dem sie sein fassungsloses Entsetzen erwidert. Ein tiefer Zwiespalt der Gefühle martert Delila (unten).*

ter und auch ihn selbst. »So war die Zahl derer, die er bei seinem Tod tötete, größer als die, die er während seines Lebens getötet hatte«(Ri 16,30).

Simson hat seine Liebe mit dem Tod bezahlt, was dagegen aus der verräterischen Delila geworden ist, sagt die Erzählung nicht. Die Haare, in denen Simsons Kraft steckte, sind Zeichen seiner Potenz. Dass es genau sieben Locken sind, ist nochmals eine Steigerung, denn sieben ist in der Bibel immer eine heilige Zahl der Vollkommenheit. Die Liebesgeschichte war nur ein Mittel zum Zweck, um am Ende die Stärke und Übermacht des Helden zu beweisen. Die Liebe Simsons zu Delila ist einseitig. Nur vom Mann wird gesagt, dass er unsterblich verliebt sei, sodass er jede Vorsicht vergisst, nicht aber von Delila. Sie ist von Anfang an darauf aus, Simson zu betören und ihn wie eine Spionin den Philistern auszuliefern.

Aber die Geschichte will letztlich noch etwas anderes beschreiben als die listige Macht einer Frau, der ein verliebter Mann erliegt. Das Ziel der Entmachtung Simsons gelingt ja am Ende gerade nicht, wie sein Vater und seine Mutter am Anfang befürchten, als sie sich fragen, warum ihr Sohn denn nicht eine der Töchter unter den Stammesbrüdern aussucht: »Sein Vater und seine Mutter wussten nicht, dass es von Jahwe so geplant war, weil er einen Anlass zum Kampf mit den Philistern suchte« (Ri 14,4). So hat zwar die Liebe zu einer Frau, die Simson verrät, Simson den Tod gebracht. Zugleich hat Israel einen Schritt weiter in der Befreiung von seinen schlimmsten Feinden gemacht.

Die Liebesgeschichte zwischen Simson und Delila ist ähnlich konstruiert wie die andere bekannte Erzählung, in der ein verliebter Mann, der in blinde Leidenschaft verfällt, am Ende seinen Kopf verliert: Holofernes und Judit. Nur ist in der späten Juditgeschichte die Heldengestalt eine Frau, im Richterbuch ist der Held ein Mann. Die Rollen sind somit vertauscht. Schon die Verkündigungs- und Geburtsgeschichte Simsons zeigen, dass hier eine Rettergestalt angekündigt wird. Simson ist ein Retter Israels, so wie Judit später eine Rettergestalt Israels wird. In beiden Fällen spielt der Mann die Rolle des leidenschaftlich Verliebten, während die Frau berechnend und listig ihre Reize einsetzt, um den Mann zu betören. Das Ziel ist jedoch bei beiden Frauen nicht die Liebe oder eine Gemeinschaft mit dem jeweiligen Mann, sondern die Überlistung des liebestollen Mannes durch weibliche Reize, und zwar um ihrem jeweiligen Volk zu helfen. In beiden Fällen gelingt dies, aber Gut und Böse sind anders verteilt. Im Richterbuch ist die gute, die Heldengestalt der Mann Simson, während im Juditbuch die Frau die Rettergestalt ist, Holofernes dagegen als Inkarnation des Bösen die Feinde Israels darstellt. Doch kommt es auf die jeweilige Perspektive an! Die eingesetzten Mittel sind in beiden Fällen sehr ähnlich, von den Frauen werden ihre weiblichen Möglichkeiten zur Rettung des eigenen Volkes eingesetzt. Nur hat Delila das Pech, dass sie auf der Seite der Feinde Israels die negative Rolle spielen muss. Dazu wird sie noch, mit dem Klischee der verführerischen und sogar verräterischen Frau behaftet, in ihrer Handlungsweise negativ bewertet, während die Sympathie der Leserinnen und Leser in unserer Geschichte dem tapferen Simson zufällt.

DER GRÖSSTE SIEG. *In zeichenhafter Konzentration auf das Wesentliche zeigt die Glasmalerei (um 1300) die letzte Tat des gefangenen Simson, von der Richter 16 in den*

Versen 23–30 handelt. Indem Simson die Mittelsäulen des Palastes mit neu gewonnener Kraft zerbricht, bringt er das gesamte Haus, auf dessen Flachdach und in dessen Halle sich die Menge der Philister versammelt hat, zum Einsturz. »So war die Zahl derer, die er bei seinem Tod tötete, größer als die, die er während seines Lebens getötet hatte« (Ri 16,30).

JOSEF & DIE FRAU DES POTIFAR

Buch Genesis, Kapitel 39

Die Josefsgeschichten bilden einen eigenen Komplex von Erzählungen (Gen 37–50) nach den Erzelternerzählungen. Josef, der zweitjüngste Sohn Jakobs, wird von seinen älteren Brüdern nach Ägypten verkauft und ist nun im Haus des Potifar, eines hohen ägyptischen Beamten. Als Sklave ist er zum geachteten Hausverwalter aufgestiegen, dem sein Herr alles anvertraut, was er besitzt. Potifar kümmert sich um nichts mehr, außer um sein Essen (Gen 39,6). Das Kapitel 39 hat ein eigenes Thema und eine eigene Dynamik. Es setzt voraus, dass der Erzähler die ägyptische Geschichte von den »beiden Brüdern« kennt, eine Verführungsgeschichte, in der es um die Ehefrau des einen Bruders geht.

In der Einleitung über die Umstände von Josefs Tätigkeit (Gen 39,1–6) wird vor allem betont, dass »Jahwe mit Josef« sei. Er steht also unter dem besonderen Schutz Gottes, wie dies später auch von David gesagt wird (1 Sam 16,18). Dies ist ein Leitmotiv der Erzählung. Zu dieser Auszeichnung durch Gott gehört, wie auch bei David, eine besondere Schönheit: »Josef war schön von Gestalt und Aussehen« (Gen 39,6). Diese Schönheit des jungen Josef weckt die Liebe der Frau des Potifar. Wieder treffen wir eine namenlose Frau an, die nur durch ihren Mann bestimmt ist. Diese Frau spielt im Kapitel 39 neben Josef die Hauptrolle. Erzählt wird von Begehren und Leidenschaft, die hier nicht von einem Mann ausgeht wie bei Holofernes und Simson, sondern von einer Frau. Sie ergreift sämtliche Initiativen, während Josef passiv bleibt; er reagiert lediglich, zuletzt mit Flucht.

Der Fortgang der Erzählung liest sich wie eine Umkehrung der Geschichte von Amnon und Tamar: Die Frau bestürmt Josef und will mit ihm schlafen. Dieser aber wehrt sich, zum Teil mit den gleichen Argumenten, mit denen sich Tamar gegen ihren Bruder zur Wehr setzt: Josef möchte nicht ein so großes Unrecht tun (vgl. 2 Sam 13,6). Das Unrecht wäre in seinem Fall Ehebruch, für Josef ein todeswürdiges Verbrechen, denn Potifar enthält ihm in seinem Haus nichts vor. Über alles kann Josef verfügen, nur nicht über Potifars Frau (Gen 39,9). Aber es ist nicht nur die Treue gegenüber seinem Herrn, das Unrecht ginge noch viel weiter: Ehebruch ist eine Sünde gegen Gott: »Wie könnte ich da ein so großes Unrecht begehen und gegen Gott sündigen?« (Gen 39,9).

Josef gibt also nicht nach, und zwar aufgrund seiner Verpflichtung durch den Gottesglauben. Ob er von der Leidenschaft der Frau angesteckt ist oder nicht, lässt der Text im Dunkeln. Anders als Thomas Mann, der diese Szene in epischer Breite in seinem Roman »Joseph und seine Brüder« ausmalt, wird die Dramatik in der Genesis nur mit einem Satz fortgeführt: »Obwohl sie Tag für Tag auf Josef einredete, bei ihr zu schlafen und ihr zu Willen zu sein, hörte er nicht auf sie« (Gen

VERLEUMDUNG. *Die zweigeteilte Miniatur der Wenzelsbibel (um 1400) illustriert die Verse Genesis 39,12–18. Zu den Freiheiten, die sich der Maler genommen hat, gehören die Kronen, mit denen Potifar und dessen verleumderische Frau einen königlichen*

Rang erhalten. Unten links hält ein Diener ein Halseisen bereit, das dem anscheinend schuldigen Josef angelegt werden soll, sobald er gefasst ist.

39,10). Die Angelegenheit zieht sich sicher über eine längere Zeit hin, aber Josef widersteht der Versuchung. Häufig wird er deswegen als »der keusche Josef« bezeichnet. Doch die Lage spitzt sich zu: Die Frau nutzt einen Tag, an dem niemand vom Dienstpersonal anwesend ist, um Josef zu überlisten. Für sie muss es unbegreiflich sein, dass der fremde Sklave nicht mit seiner Herrin schlafen will. Wie Amnon bei Tamar, nutzt sie eine Gelegenheit, bei der es keine Zeugen gibt. Sie packt Josef bei seinem Gewand und sagt: »Schlaf mit mir!« Josef lässt sein Gewand in ihrer Hand zurück und flieht. Einer Vergewaltigung kann er entkommen – anders als eine Frau –, aber die Frau behält sein Gewand zurück, sozusagen als Pfand, um darauf eine falsche Anklage aufzubauen. Sie ruft das Hausgesinde zusammen und bringt ihre falsche Anklage vor: »Seht nur! Er hat uns einen Hebräer ins Haus gebracht, der seinen Mutwillen mit uns treibt. Er ist zu mir gekommen und wollte mit mir schlafen; da habe ich laut geschrien. Als er hörte, dass ich laut aufschrie und rief, ließ er sein Gewand bei mir liegen und floh ins Freie« (Gen 39,14f.).

In dieser Anklage, die sehr glaubwürdig klingt, gibt es doch keine Zeugen, setzt die Frau sich in Szene aus Rache für die erlittene Demütigung. Offenbar ist ihre Leidenschaft in Hass umgeschlagen, wie es auch von Amnon nach der Vergewaltigung seiner Schwester explizit gesagt wird (2 Sam 13,15). Ihre Empörung ist gespielt, gespeist aus der Enttäuschung, dass ihr Verlangen nicht gestillt wurde. Josef wird in der Anklage nicht einmal mehr mit Namen genannt, sondern als »Hebräer« bezeichnet, was Verachtung diesem Ausländer gegenüber zum Ausdruck bringt. Bei dem übrigen Gesinde kommt sie damit sicher gut an, denn der Neid auf diesen jungen Mann, der so hoch aufgestiegen ist, wird durch ihre Worte geweckt oder vertieft. Etwas kürzer berichtet sie später das Vorgefallene ihrem

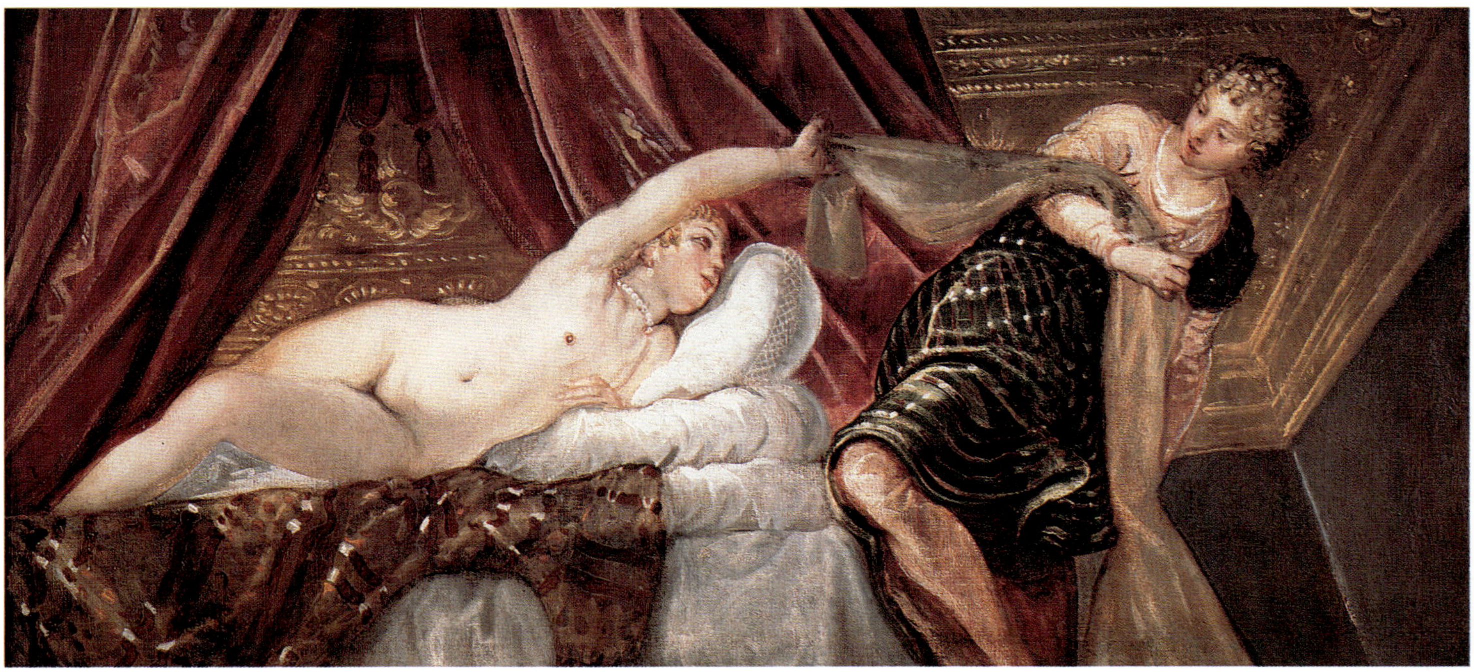

SINNLICHKEIT. *Tintoretto verwendete das schmale Querformat seines Gemäldes (um 1550) zur Wiedergabe einer weiblichen Aktfigur in der Tradition von Darstellungen der Liebesgöttin Venus. Indem sich Josef ihrem sinnlichen Verlangen entzieht, erscheint er als ein zweiter Adonis; dieser Gestalt der antiken Mythologie entspricht auch seine Charakterisierung als anmutiger, begehrenswerter Jüngling.*

»Die da hob wider Josef
falsche Klage,
der and'r ist Sinon dort,
der griechische Gauch:
Sie qualmen so von hitzigen
Fiebers Plage.«

DANTE,
GÖTTLICHE KOMÖDIE

EPISODE. *In sechs Rundbildern hat der sog. Meister der Josefslegende um 1490/1500 die Geschichte des Letzten der Patriarchen geschildert. Diese Tafel ist der Frau des Potifar gewidmet. Am rechten Rand erhebt sie ihre falsche Anklage, dahinter ist Josefs Gefangennahme zu erkennen.*

ANKLAGE. *Das Medaillon leitet in einer Bible moralisée des 13. Jahrhunderts*

mit der Beschuldigung Josefs eine Bilderzählung ein, die diesen Justizirrtum mit der Anklage Jesu vor Pilatus vergleicht.

Mann. Auch hier wird auf Josefs Herkunft und auf seinen untergeordneten Stand angespielt. Erneut verwendet die Frau den Plural »uns« und schließt sich verbal mit ihrem Gesinde zu einer Einheit gegenüber dem verachteten Ausländer zusammen: »Der hebräische Sklave, den du uns gebracht hast, ist zu mir gekommen, um mit mir seinen Mutwillen zu treiben. Als ich laut aufschrie und rief, ließ er sein Gewand bei mir liegen und lief hinaus« (Gen 39,17f.).

Damit ist die »Liebesgeschichte« zu Ende. Was noch fehlt, sind die Konsequenzen für beide, für Josef und die Frau des Potifar. Über diese wird allerdings nichts mehr berichtet, sie verschwindet einfach aus der Geschichte. Ob sie ihr Leben weiterlebt wie bisher, bleibt offen. Für die Josefserzählungen spielt sie keine Rolle mehr. Für Josef dagegen hat die Tat schlimme Folgen. Potifar wird zornig und lässt ihn ins Gefängnis werfen, und zwar zu den Gefangenen des Hofes (Gen 39,20). Ob Potifar seiner Frau geglaubt hat, bleibt ebenfalls offen, jedenfalls hätte er Josef für diese Tat auch töten können. So bleibt dies offen, doch unterschwellig verrät die Erzählung doch, dass Potifar seiner Frau nicht uneingeschränkt Glauben schenkt. Trotzdem kann er nicht anders handeln, muss er doch sein Gesicht wahren, vor allem auch gegenüber seinem übrigen Hausgesinde.

Doch ist die Episode in dem Gefängnis nur ein weiterer Schritt für den Aufstieg Josefs zu noch größeren Ehren. Für Josef und aus der Sicht des Erzählers bildet der Verführungsversuch der Frau des Potifar lediglich eine Station auf dem Weg Josefs nach oben, auf dem er sich bewähren muss. Nicht dass die Frau, die ihn verführen wollte, eine Ausländerin war, ist der springende Punkt – heiratet Josef doch später selbst eine Ägypterin –, aber es geht um Ehebruch, um die Treulosigkeit, die er nicht begehen durfte. Josef muss sich bewähren bis zu der Zeit, da er seine volle Macht ausüben und dann auch eine Familie gründen darf.

Dies jedenfalls ist die Sicht des Erzählers. Aber wie anders ist doch die Geschichte, wenn eine Frau auf der Seite der Verführung und hier dazu noch auf der Seite der Macht steht! Bei Amnon und Tamar sind die beiden »Partner« vom gleichen Stand. Trotzdem ist die Tat für Tamar das Ende ihres Lebens, jedenfalls eines ehrenwerten Daseins mit Zukunft. Für die Frau des Potifar werden die Konsequenzen ähnlich ausgesehen haben, auch wenn ihr äußerlich nichts passiert. Auch sie hat keine Perspektive mehr. Jedenfalls sind die Frauen immer die Verliererinnen, sogar da, wo sie sich in der mächtigeren Position befinden. Für die namenlose Frau des Potifar kommt noch dazu, dass sie in der Wirkungsgeschichte als Verführerin, die nicht zum Zuge kam, gerne lächerlich gemacht wird. Gelegentlich wird sie

GESTEN. *Begehren und Abwehr, Verlangen und Entsetzen veranschaulicht das Gemälde (um 1700) von Carlo Graf Cignani vor allem durch den Kontrast der Gesten (rechte Seite).*

BLICKE. *Das Hinterglasbild (um 1700) von Johann Peter Abesch lässt Josef, indem er den Blick nach oben richtet, auf himmlischen Beistand hoffen. Rechts unten verkörpert ein Cupido mit verbundenen Augen die Erfahrung, dass Liebe blind macht. Dies gilt offensichtlich für die Frau des Potifar (unten).*

KÖRPERSPRACHE. *Rembrandts 1634 datierte Radierung bedient sich der Ausdruckskraft bewegter Körper, um den Gegensatz zwischen Verführung und Verweigerung als Drama darzustellen, das die handelnden Personen vollständig erfasst hat.*

»Da packte sie ihn an seinem Gewand und sagte: Schlaf mit mir!
Er ließ sein Gewand in ihrer Hand und lief hinaus.«

GENESIS 39,12

sogar als Beispiel genommen, dass Frauen Männer leicht sexueller Übergriffe beschuldigen können, auch wenn es nicht stimmt. Dies mag gelegentlich vorkommen, doch steht die Überzahl der Fälle, in denen von Männern sexuelle Gewalt ausgeübt wird, in keinem Verhältnis dazu. So hat die Verführungsgeschichte des Josef für viele Frauen auch heute noch negative Konsequenzen für ein Bild der Frau als Verführerin und als Gefahr, wie es exemplarisch auch von der ersten Frau in der Bibel (Eva) so lange und noch immer tradiert und als Argument missbraucht wird.

Die Frau des Potifar hat einen schlechten Ruf, obwohl ihr keine schlimmere Tat zur Last gelegt werden kann als so vielen männlichen Helden, von denen ähnliches berichtet wird. Wenn Simson zwischen den Ehen mit der ersten Philisterin und Delila ohne weiteres Dirnen aufsucht (Ri 16,1), schmälert das in keiner Weise seinen Ruf als Held und Retter Israels. Auch David, der wie Josef eine helle und heldenhafte Gestalt ist, wird nicht an seinen Ausschweifungen und Ehebruchsgeschichten gemessen. Eine Frau jedoch wird ausschließlich nach sexuellen Aspekten beurteilt, so als ginge ihr ganzes Dasein darin auf. Dies liegt nicht nur daran, dass ein Mann in alttestamentlicher Zeit ohne weiteres auch mehrere Frauen haben konnte, eine Frau aber immer nur einen Mann. Auch heute noch, in einer Zeit der Verpflichtung zur Einehe, werden solche Verführungsgeschichten immer noch mit zweierlei Maß gemessen. So wird die Frau des Potifar wegen ihres Versuchs, Josef zu verführen, in der Wirkungsgeschichte ausschließlich negativ dargestellt, obwohl ihr der Versuch nicht einmal gelungen ist.

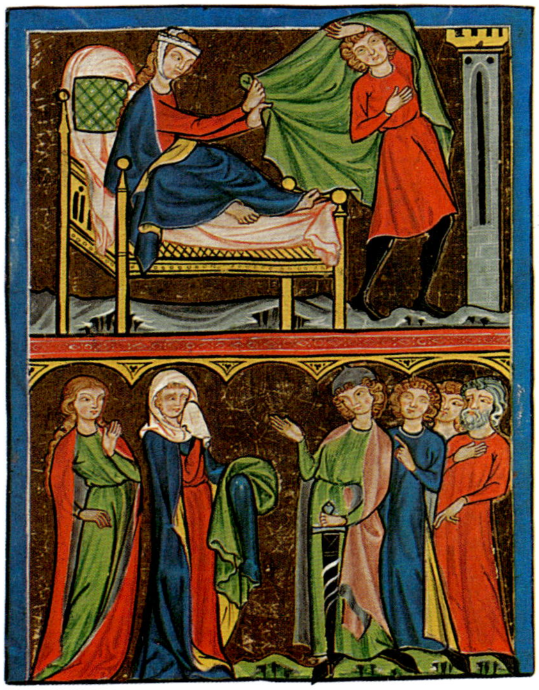

HISTORIE. *Die Geschichte von Josef und der Frau des Potifar gehört zu den biblischen Themen in der Weltchronik des Rudolf von Ems. Die nach 1300 entstandene Prachthandschrift enthält diese Darstellung der beiden entscheidenden Szenen mit Josefs Mantel als angeblichem Beweis für dessen Versuch, mit der Frau seines Herrn Mutwillen zu treiben.*

In der späten apokryphen Schrift »Testament der zwölf Patriarchen« (Test XII) kommt die Erzählung von der versuchten Verführung Josefs erneut zur Sprache, diesmal in breit ausgeschmückter Form. In diesen sog. Testamenten erzählen die zwölf Söhne Jakobs als alte Männer auf dem Sterbebett ihr früheres Leben und geben vor allem moralische Anweisungen für ihre Nachkommen. Josef spricht hier sehr ausführlich über die Verführungsabsichten seiner ehemaligen Herrin in einem Stil, der in später griechisch-hellenistischer Zeit modern war. Vor allem zahlreiche erotische Einzelheiten werden detailliert ausgebreitet: »Denn auch während ich in ihrem Hause war, entblößte sie ihre Arme und Brüste und die Beine, damit ich mich auf sie legen sollte. Denn sie war sehr schön, aufs herrlichste geschmückt zu meiner Verführung. Doch der Herr bewahrte mich vor ihren Nachstellungen« (Test XII, IX,5). Die Verführungsversuche der Frau ziehen sich hier über mehrere Kapitel hin, sie gehen sogar so weit, dass die Frau vorschlägt, ihren Mann zu vergiften, Josef aber bleibt standhaft.

In dieser späten Schrift ist Josef immer der Beherrschte, der Weise, die Frau des Potifar dagegen diejenige, die außer Kontrolle gerät, sie entspricht im Gegensatz zu Josef der verführerischen Frau, der Torheit. Diese beiden Typen, Frau Weisheit und Frau Torheit, spielen in dieser Zeit eine große Rolle und werden hier dargestellt am Beispiel des Josef und der Frau des Potifar.

ABRAHAM & HAGAR

Buch Genesis, Kapitel 16 und 21

Abraham, der erste in der Reihe der drei großen Patriarchen im Buch Genesis (Abraham – Isaak – Jakob), hat eine Ehefrau, die mit ihm aus Ur in Chaldäa auswandert. Auf Befehl seines Gottes verlässt Abraham sein Land und seine Verwandtschaft, um in das Land zu ziehen, das Jahwe ihm zeigen wird. Dabei nimmt er seine Frau, sein Gesinde, Vieh und anderen Besitz mit.

Aber Sara (ihr Name bedeutet »Fürstin«), die Hauptfrau Abrahams, ist unfruchtbar (Gen 11,30). Dabei hat Abraham außer der Verheißung des Landes auch das Versprechen einer großen Nachkommenschaft erhalten. Das Paar wird älter, und so greift Sara in ihrer Verzweiflung zu einem damals üblichen Mittel, indem sie ihrem Mann eine Nebenfrau gibt. Das war in Zeiten, in denen Männer mehrere Frauen haben konnten, nichts Außergewöhnliches. Aber die Nebenfrau Hagar ist nicht frei, sie ist eine Sklavin Saras, und damit gehört sie zum persönlichen Besitz ihrer Herrin. Einen vergleichbaren Fall, in dem Sklavinnen durch ihre Herrin an deren Ehemann gleichsam ausgeliehen werden, gibt es im Buch Genesis noch einmal beim Patriarchen Jakob. Auch ihm geben seine beiden Frauen, Lea und Rahel, die selbst Schwestern sind, ihre Leibmägde als Nebenfrauen, damit durch sie Jakob noch mehr Söhne geboren werden. So hat Jakob schließlich zwölf Söhne, aber von vier Frauen. Rechtlich ist es so, dass die von den Sklavinnen geborenen Kinder als legitime Kinder der Herrin, im Fall Abrahams also der Sara, gelten. So darf man bei Hagar mit Recht von einer Leihmutterschaft sprechen; ihr Kind wird als Sohn Abrahams und Saras gelten. So könnte also die unfruchtbare Sara durch die Hilfe ihrer Sklavin doch noch zu einem Sohn kommen, der dann die Verheißung an Abraham verwirklichen kann.

ABRAHAM. *Bildnis des ersten der drei großen Patriarchen, oder genauer: der Erzväter und Partner der Erzmütter Sara und Hagar, Rebekka, Lea, Rahel, Bilha und Silpa. Aquarell (1982) von Emil Wachter.*

Abraham ist bei diesem Handel völlig passiv. Die Aktivität zu dieser Lösung geht allein von Sara aus. Auch Hagar wird nicht gefragt, denn als Sklavin hat sie ja die Befehle ihrer Herrin auszuführen. Dazu gehört, dass sexuell über sie verfügt werden kann. Doch ganz rechtlos ist sie nicht, denn Sklavinnen, die Konkubinen oder Nebenfrauen ihrer Herren werden, sind rechtlich geschützt, der Besitzer kann sie beispielsweise nicht einfach verkaufen. Dazu gibt es eine Reihe von Gesetzen im sog. Bundesbuch (Ex 21 ff.), die auch Parallelen im übrigen altorientalischen Recht haben. Zudem wird Israel an vielen Stellen immer wieder ermahnt, seine Sklaven und Sklavinnen human zu behandeln, und zwar mit der Begründung, dass er ja selbst Sklave gewesen sei im Lande Ägypten und darum wissen müsse, was dieses Schicksal bedeute.

Die Situation verändert sich, als Hagar merkt, dass sie schwanger ist. Sie sieht auf ihre Herrin herab. Sie fühlt sich ihr überlegen, da sie einen Sohn erwartet, Sara dagegen nicht. Sara ist reich und mächtig, Hagar aber ist, obwohl Sklavin, jung und fruchtbar. So entsteht eine Rivalität zwischen den Frauen, die natürlich und menschlich verständlich erscheint, Sara aber zutiefst kränkt. In ihrer Verzweiflung wendet sie sich an Abraham, um sich zu beklagen. Abraham aber weist sie ab mit der Bemerkung, dass Hagar ja in ihrer Gewalt sei und sie mit ihr machen könne, was sie wolle. Abraham mischt sich nicht in den Konflikt ein, er zieht sich auf die Rechtsverhältnisse zurück, die für ihn sehr bequem sind. Wie er früher seine Frau Sara als seine Schwester ausgegeben und somit in gewisser Weise preisgegeben hat, um sein Leben zu retten (Gen 12), gibt er hier seinen noch nicht geborenen Sohn preis, ohne für ihn einzutreten. Abraham erscheint hier nicht nur als sehr passiv, sondern auch als feige.

GESCHWISTERLIEBE. *Adriaen van der Werft legt bei seiner Darstellung der Verstoßung Hagars (um 1700) besonderen Wert auf die Trennung zwischen den beiden Geschwistern Ismael, dem erstgeborenen Sohn Abrahams, und Isaak, dem zweiten Sohn. Abraham segnet Ismael, während Sara ungerührt der Szene beiwohnt (rechte Seite).*

Sara nutzt nun ihre Machtposition aus und behandelt Hagar hart, worauf ihr diese entflieht. Für ihr Handeln wird das gleiche Verb »unterdrücken« gebraucht wie später bei der Unterdrückung der Israeliten in Ägypten. Da Hagar eine Ägypterin ist, ist die Wortwahl sicher gewollt. Sara unterdrückt ihre ägyptische Sklavin Hagar in ähnlicher Weise wie später die Ägypter »Israel« versklaven, sodass es in die Wüste flieht. »Ägypten« ist in diesem Zusammenhang ein Reizwort. Beide Erzeltern, Abraham und Sara, spielen in dieser Geschichte eine wenig rühmliche Rolle.

ZWEIFEL. *Rembrandt charakterisiert in seiner Radierung (1637) Abraham als Patriarchen, der Hagar zwar verstößt, doch mit ausgebreiteten Armen zu erkennen gibt, dass seine Entscheidung ihm selbst als zweifelhaft erscheint. Befriedigung bringt am linken Rand die aus dem Fenster blickende Sara zum Ausdruck.*

Hagar flieht in die südliche Wüste nahe der ägyptischen Grenze. Es wird der gleiche Ort Schur in der Wüste genannt, bei dem Israel später herumirrt, ohne Wasser zu finden (Ex 15,22). Hagar aber findet sofort eine Quelle, und es begegnet ihr ein Bote Jahwes (in der späteren Tradition wird dies ein Engel), der sie anspricht, und zwar mit ihrem Namen und ihrem Stand als Sklavin Saras. Anders als von Sara und Abraham, die nie ein direktes Wort an Hagar richten, behandelt sie der Bote Gottes als Person. Er befiehlt Hagar, zu ihrer Herrin zurückzukehren und ihre harte Art zu ertragen. Hagar erhält die Verheißung von Nachkommen, wie sie sonst im Buch Genesis nur Männern zuteil wird. Wörtlich sagt der Engel zu ihr: »Siehe, du bist schwanger und wirst einen Sohn gebären, und du sollst ihn Ismael nennen; denn Jahwe hat auf dein Flehen gehört« (Gen 16,11).

Solche Geburtsverheißungen, wie sie in der Bibel mehrmals vorkommen bis hin zur Verkündigung an Maria (Lk 1,26–38), geben zumeist auch den Namen des zu erwartenden Kindes an, der hier gleich erklärt wird: Ismael heißt nämlich »Gott hat gehört«. Ungewöhnlich ist, dass eine Frau eine solche Gottesoffenbarung erhält. Hagar reagiert unmittelbar darauf und gibt dem Gott, der sie »angesehen« hat, einen Namen, nämlich El-roj (»der Gott, der mich sieht«). Das Selbstbewusstsein der Sklavin Hagar ist in dieser Szene sehr stark. Sie folgt dem Befehl des Engels, geht zu Abraham zurück und bringt ihren Sohn zur Welt. Der Name Ismael wird dem Kind jedoch von Abraham gegeben, wodurch er dieses Kind als sein eigenes anerkennt. Ismael ist der erste legitime Sohn Abrahams, denn in der patriarchalischen Stammesordnung ist nur der Vater, nicht jedoch die Mutter entscheidend.

Abraham hat sich nicht um Hagar gekümmert, obwohl sie von ihm schwanger gewesen ist, sondern alle Aktionen Sara überlassen. Die Beziehung

zwischen Abraham und Hagar ist rein rechtlich geprägt, von Liebe ist nicht die Rede. Allein zu dem Zweck, Abraham einen Sohn zu verschaffen, wurde Hagar mit ihm verbunden. Dieses Ziel wird jedoch aufs Spiel gesetzt durch die Flucht Hagars, die Abraham einfach hinnimmt. Hagar ist nur Mittel zum Zweck, um die Nachkommensverheißung, die Abraham zuteil geworden ist, zu erfüllen. Auch zwischen Sara und Hagar findet keine Kommunikation statt, nur Befehl und Ausführung; ein direkter Kontakt ist im Bibeltext nicht erwähnt. Letztlich geht es in der Erzählung in Kapitel 16, wenn man schon von einer Beziehungsgeschichte sprechen will, um die Beziehung zweier Frauen, die aber nicht gelingt.

SINNESWANDEL. *Der endgültigen Verstoßung Hagars geht die Episode voraus, die von Hagars Flucht vor Saras Härte gegenüber ihrer schwangeren Sklavin handelt und von der Rückkehr. Das Gemälde (um 1630) von Pietro Berrettini da Cortona bezieht jenen Engel ein, der Hagar zur Rückkehr ermutigt hat (rechte Seite).*

Die Geschichte ist damit aber noch nicht zu Ende, sie erfährt eine Steigerung in Kapitel 21. Dieses ist nicht einfach eine Dublette zu Kapitel 16, denn die Situation hat sich grundlegend geändert. In der Zwischenzeit hat nämlich Sara selbst trotz ihres hohen Alters einen Sohn geboren, Isaak, der dann Verheißungsträger Abrahams werden soll. Der Sohn Hagars ist inzwischen bereits ein größeres Kind, und der Konflikt bricht nicht zwischen der unfruchtbaren und der fruchtbaren Frau aus, sondern es geht nunmehr um die Erbansprüche der beiden Knaben. Rechtlich gesehen ist und bleibt Ismael der Erstgeborene, und Sara fürchtet, dass ihr Sohn Isaak darum nicht den Platz des Erben Abrahams einnehmen wird. Diese Einsicht trifft Sara, die Mutter Isaaks, als sie den Knaben beim Spielen zusieht (Gen 21,9). Damit wird die zweite Entfernung Hagars ausgelöst. Sara verlangt von Abraham, dass er die Magd mit ihrem Sohn verstoße, damit dieser nicht zusammen mit Isaak Erbe sein werde (Gen 21,10). Sehr herabsetzend spricht sie nicht von der Mutter Ismaels, sondern von Hagar als »dieser Magd« bzw. »dieser Sklavin«, zu der sie keine Beziehung mehr hat.

HIMMLISCHER TROST. *Die beiden Szenen in einer Prachthandschrift (nach 1300) in der Weltchronik des Rudolf von Ems kontrastieren die Härte, mit der Sara ihrer Magd und Rivalin Hagar begegnet, mit dem Trost, den der Engel der Geflohenen in der Wüste spendet (oben).*

Diesmal wird eine Reaktion Abrahams berichtet: Saras Forderung verdrießt ihn sehr, geht es doch auch um seinen Sohn. Trotzdem willigt er ein, nachdem er von Gott eine Weisung erhalten hat, dass Isaak der Verheißungsträger sei. Er lädt Hagar Vorräte für einen Tag und das Kind auf die Schultern und schickt sie in die Wüste. Als Hagar verzweifelt und halb verdurstet in der Wüste herumirrt, wirft sie ihr Kind unter einen Strauch, weil sie nicht zusehen kann, wie es stirbt. Sie weint laut, da erscheint ihr ein Engel Gottes, zeigt ihr einen Brunnen und rettet damit ihr Leben und das des Kindes. Darüber hinaus erhält sie eine Verheißung, dass der Knabe zu einem großen Volke werden soll. Dann wohnt sie mit ihm in der Wüste, und das letzte, was von Hagar gesagt wird, ist, dass sie für Ismael eine Ägypterin zur Frau nimmt. In der Verheißung für ihren Sohn ist Hagar die erste Frau in der Bibel, die einmal direkt aus der himmlischen Sphäre angesprochen wird und dazu die Verheißung einer Nachkommenschaft erhält. Auf der Ebene der Gottesbeziehung wird sie als Person behandelt.

Man darf diese Erzählung, in der Abraham seinen Erstgeborenen ohne weiteres preisgibt, nicht betrachten, ohne einen Blick auf das folgende Kapitel 22 zu werfen, wo Abraham dazu aufgefordert wird, seinen Sohn Isaak zu opfern. Dieser ist, nachdem Ismael von der Bildfläche verschwunden ist, seine letzte Sicherheit und seine einzige Zukunft. In beiden Fällen, bei Ismael und bei Isaak, greift ein Engel Gottes im letzten Moment ein, um den jeweiligen Knaben vor dem sicheren Tod zu bewahren. In beiden Fällen ist es somit nicht tapferes oder überlegtes Handeln des Stammvaters, sondern einzig das Eingreifen Gottes, das zur Rettung der Kinder führt.

Hagar und Abraham sind ein sehr ungleiches Paar: Abraham ist mächtig, reich und später Stammvater von Unzähligen; Hagar dagegen ist arm, versklavt und dazu noch Ausländerin. In der ersten Geschichte flieht sie allein in die Wüste, in der zweiten mit ihrem Sohn, der seinen Vater nie wieder sehen wird. Aber Hagar lässt sich nicht einfach zu einem Werkzeug machen und beiseite schieben; zudem ergreift Gott selbst für sie und ihren Sohn Partei. Obwohl Hagar die schwächste und benachteiligste Person in diesen Geschichten ist, erweist sie sich doch als die charakterstärkste, während die Erzeltern eine schlechte Figur abgeben.

Hagar ist in die Geschichte eingegangen als eine verzweifelte Mutter auf der Flucht. Dadurch könnten sich mit ihr sowohl unterdrückte, gedemütigte und ausländische Frauen identifizieren. Zudem führen sich auf Ismael als Stammvater die arabischen Völker zurück. So könnte Hagar so etwas wie ein Brückenkopf werden für das Gespräch zwischen den drei monotheistischen Religionen, und zwar als eine Frau, die dreifach benachteiligt war: als Frau, als Unfreie und als Ausländerin.

»In der Schrift wird gesagt, dass Abraham zwei Söhne hatte, einen von der Sklavin, den anderen von der Freien.«

PAULUS,
BRIEF AN DIE GALATER 4,22

MOSE & ZIPPORA

Buch Exodus, Kapitel 2, 4 und 18

RÜCKKEHR. *Die Kolumne der Wenzelsbibel (um 1400) berichtet in Text und Bild über die Reise des Mose mit seiner Familie von Midian nach Ägypten (Ex 4,18–31). Zippora hält den Erstgeborenen im Arm; drei weitere Kinder sind in der Satteltasche untergebracht (rechte Seite).*

BEGEGNUNG. *Die Miniatur der Wenzelsbibel zu Exodus 2,17 hebt zwei Gestalten hervor: Mose und dessen zukünftige Frau Zippora. Wesentlich kleiner sind Zipporas sechs Schwestern und die rücksichtslosen Hirten wiedergegeben (oben).*

Mose ist der große Gesetzgeber, der nach der biblischen Tradition die Zehn Gebote am Berg Sinai von Gott in Empfang nehmen durfte. Die spätere Tradition hat alles, was mit Geboten und Gesetzen zu tun hatte, die gesamte Gesetzesüberlieferung, auf ihn zurückgeführt.

Mose ist der in Ägypten geborene Sohn eines israelitischen Paares. Die Tochter des Pharao gibt dem im Binsenkörbchen auf dem Nil ausgesetzten Kind, nachdem es geborgen worden ist, jedoch einen ägyptischen Namen (bekannt ist z. B. in Ägypten Tuth-Mosis u. a.). Nachdem er herangewachsen ist und erlebt, wie die Israeliten drangsaliert werden (Ex 2,11), erschlägt Mose einen Ägypter und muss fliehen. Er geht in die Wüste, ins Land Midian, und lässt sich dort nieder. An einem Brunnen, wo das Kleinvieh getränkt wird, hilft er einigen Mädchen, ihre Schafe zu tränken. Er greift somit ein zweites Mal für die Schwachen ein wie bei der Drangsal seiner Landsleute, denn die Knechte hatten die Mädchen von den Wassertränken weggedrängt.

Es ist eine ähnliche Situation wie bei Elieser bzw. Isaak und Rebekka (Gen 24) und bei Jakob und Rahel (Gen 29). Der Brunnen, das tägliche Wasserholen und Tränken der Tiere waren die wichtigsten Begegnungsstätten, wo Neuigkeiten ausgetauscht wurden und man sich kennenlernen konnte. Dies ist aus den Erzelternerzählungen bekannt; an diesen Orten kam auch manche Ehe zustande.

So geschieht es auch hier. Die jungen Frauen sind die Töchter eines Midianiters, sie laden den hilfsbereiten Fremden in das Zelt ihres Vaters ein, und wie es die Sitte der Gastfreundschaft verlangt, wird Mose freundlich empfangen. Sehr schnell bekommt er eine der Töchter zur Frau. Wie schon Abraham und Josef hat nun auch Mose eine Ausländerin zur Frau, zudem nicht nur eine Midianiterin, sondern sogar die Tochter des Oberpriesters von Midian. Die Midianiter waren ein Wüstenstamm am Golf von Aqaba und in der Sinaihalbinsel, sie waren vor allem Kamelbeduinen und Händler. Midianiter waren es auch gewesen, die Josef aus der Zisterne gezogen und nach Ägypten gebracht hatten (Gen 37,28). Der Name des Priesters ist hier angegeben mit Reguel, sonst heißt er gewöhnlich Jitro. Ebenso kennen wir den Namen der Frau, die Mose heiratet: Zippora (»Vogel«). Sie ist eine von sieben Töchter Jitros, und es ist als sicher anzunehmen, dass der Priester keinen Sohn hatte. So war ihm Mose als tüchtiger Schwiegersohn willkommen.

Gleich nach dem Bericht über die Eheschließung wird von der Geburt eines Sohnes gesprochen (Ex 3,21), und Mose gibt ihm den Namen Gerschom, d. h. Gast oder Fremdling, weil Mose ein Fremder ist. Der Name des Erstgeborenen wird auf die Situation des Mose bezogen, der zunächst als Ägypter gilt. Der Name Gerschom hat eine doppelte Bedeutung: Zum einen bezeichnet es das Fremdsein in einem Lande, dann aber auch den Gaststatus. Bei der Hochschätzung der Gastfreundschaft unter altorientalischen Völkern kann diese sehr weit gehen, wie es hier bei Mose offensichtlich der Fall ist. Die Familie Zipporas hat Mose ja nicht nur gastfreundlich aufgenommen, sondern sich auch mit ihm durch Heirat verschwägert.

Von Mose und Zippora erfahren wir erst wieder etwas im 4. Kapitel. Zwischen dieser Geschichte und der Ehe des Mose liegt die Szene mit der Offenbarung des Gottesnamens JHWH am brennenden Dornbusch. Dies geschieht Mose, während er die Schafe seines Schwiegervaters Jitro hütet (Ex 3,1). Der Jahwename hat etwas zu tun mit dem Wüstenstamm der Midianiter. Wie heute allgemein angenommen wird, stammt er aus der Wüste Sinai. Auch der Gottesberg, an dem später die Zehn Gebote gegeben werden, ist in dieser Gegend zu suchen.

Nach der Offenbarung des Jahwenamens will Mose nach Ägypten zurückkehren und nach seinen Brüdern sehen. Zu dieser Reise bricht er aber nicht allein auf, sondern er nimmt seine Frau und seine Söhne mit (Ex 4,20). Dieser Notiz zufolge muss eine geraume Zeit vergangen sein, denn Mose hat nicht nur seinen Erstgeborenen, sondern offenbar noch weitere Söhne, die er auf einem Esel mitführt. In dieser langen Zeit dürften die Ägypter den Vorfall vergessen haben, dessentwegen Mose damals aus Ägypten geflohen war. Von den weiteren Söhnen erfahren wir keine Namen, nur der Erstgeborene ist für die Geschichte wichtig. Um diesen »Erstgeborenen« geht es nun in den folgenden Verhandlungen in Ägypten. Israel ist der »Erstgeborene« Jahwes, der Pharao soll die Israeliten ziehen lassen, andernfalls wird der Erstgeborene des Pharao umkommen, die Geschichte spielt mit dem Begriff des »Erstgeborenen«. So zieht also Mose mit seiner Familie nach Ägypten. Das Bild erinnert an die Flucht der Heiligen Familie nach Ägypten (vgl. Mt 2,13–15), bildlich müsste man die beiden Szenen ähnlich darstellen.

Auf dem Weg nach Ägypten kommt es zu einen Zwischenfall, bei dem wieder nur der erstgeborene Sohn des Mose sowie die Mutter eine Rolle spielen. An einem Rastplatz tritt in der Nacht Jahwe Mose entgegen, um ihn zu töten (Ex 4,24). Ein Grund wird nicht angegeben. Der Überfall erinnert stark an den nächtlichen Kampf des Patriarchen Jakob mit Gott am Fluss Jabbok (Gen 32,23–33). Es ist eine sehr altertümliche Geschichte, die in manchem fremdartig anmutet, so fremd, dass die spätere Zeit Gott, der hier sogar mit seinem Eigennamen Jahwe erscheint, durch einen Dämon ersetzt hat. Aber das ist eine Vereinfachung. Gott selbst greift seinen Auserwählten an, vielleicht um ihn zu prüfen. Auch andere große Männer werden, bevor sie ihren Auftrag ausführen können, geprüft bzw. in Versuchung geführt, man denke nur an die Versuchung Jesu in der Wüste. Gott ist in der Bibel nicht so harmlos, aber auch nicht so einlinig, wie man sich dies vielleicht gerne vorstellt. Gutes und Böses wird auf ihn zurückgeführt. Aber letztlich bleibt der Grund für diesen Angriff auf Mose offen.

Was aber nicht offen bleibt, ist das gute Ende und das Handeln Zipporas. Nur sie, die Mutter, und ihr erstgeborener Sohn Gerschom werden hier mit

Namen genannt. Zippora ergreift die Initiative, um die Gefahr von ihrem Mann abzuwenden. Sie nimmt einen scharfen Stein und beschneidet ihren Sohn. Bei diesem Ritus geht es um einen sehr alten Brauch, der ursprünglich mit einem Steinmesser vollzogen wurde. Am männlichen Glied wurde dabei ein Stück Vorhaut abgeschnitten. Ursprünglich war dies wohl ein Initiationsritus in der Zeit der Pubertät oder kurz vor der Hochzeit, was in alter Zeit praktisch zusammenfiel. Später wurde die Beschneidung an Säuglingen durchgeführt, und zwar am achten Tag. Noch Jesus wird am achten Tag nach seiner Geburt in Jerusalem beschnitten (Lk 2,21). Die Beschneidung wird als Zeichen des Bundes zwischen Jahwe und seinem Volk gedeutet. Darum müssen sich in Israel alle Männer beschneiden lassen; von einer Beschneidung etwa von Mädchen oder Frauen, wie bei vielen anderen Völkern (auch heute noch) üblich, erfahren wir in der Bibel nichts.

Im ganzen Alten Testament gibt es keine Stelle mehr, wo die Beschneidung durch eine Frau erfolgt. Diese wurde immer von Männern ausgeführt, in späteren Zeiten gab es dafür einen eigenen Beruf. Die Midianiter, zu denen Zippora gehört, und auch die umliegenden semitischen Völker übten alle die Beschneidung als festen Brauch. Woher weiß Zippora in der Erzählung, was zu tun ist? Sie tut das Richtige und rettet somit Mose, den Retter. Denn er war in Lebensgefahr. Sie nimmt einen scharfen Stein, schneidet ihrem Erstgeborenen ein Stück seiner Vorhaut ab und berührt damit das Geschlecht des Mose (»die Füße« ist in der Bibel häufig eine Umschreibung für die Geschlechtsorgane). Mit diesem »Blutritus« bekräftigt sie den Bund mit Gott, er ist vermutlich nicht zu verstehen ohne den Ritus, den die Israeliten beim Auszug aus Ägypten vollziehen (vgl. Ex 12). Dort wird durch das Blut des Paschalammes, das an die Türpfosten gestrichen wird, die Tötung der Erstgeborenen bei den Israeliten verhindert. In der nächtlichen Szene in der Wüste verhindert dagegen Zippora den Tod des Mose, indem sie einen altertümlichen Bundesritus vollzieht. Offenbar war ihr Sohn Gerschom noch nicht beschnitten.

Zippora ist in dieser Erzählung die Hauptperson. Sie rettet durch ihre Geistesgegenwart ihren Mann Mose, und zwar kurz vor seinem Auftreten in Ägypten, wo er gemeinsam mit Aaron mit dem Pharao verhandeln soll. Wie schon als kleines Kind, als Mose durch die Klugheit einer Frau auf dem Nil in einem Binsenkörbchen ausgesetzt wurde und so der Tötungsabsicht des Pharao entkommt, ist es auch hier eine Frau, und zwar die Ehefrau Zippora, die ihn vor Gott selbst rettet, der den Gottesmann überfällt. Zippora hat offenbar als Tochter des Oberpriesters von Midian viel gelernt im Umgang mit dem Heiligen und seinen Gefahren. Nach der nächtlichen Szene ist sie wohl mit ihren Kindern wieder in das Haus ihres Vaters zurückgekehrt, wie Exodus 18,2 kurz erwähnt. Dort begegnet sie Mose später wieder.

Die Hauptperson in der letzten Erzählung über Mose und Zippora (Ex 18,1–27) ist der Schwiegervater des Mose, Jitro. Dieser erweist sich als weiser Mann, der Mose mit Zippora und deren beiden Söhnen in der Wüste aufsucht.

IM AUFTRAG GOTTES. *Die vierteilige, von rechts nach links zu lesende Bilderzählung in der Goldenen Haggada (Katalonien, um 1320/30) führt von der Berufung des Mose über seine Reise mit Zippora und der Begegnung mit Aaron (oben links, Ex 4,27) bis zum Auftritt der beiden Brüder vor dem Pharao (rechte Seite).*

WIEDERSEHEN. *Die Bildseite einer Biblia figurata (15. Jahrhundert) illustriert Exodus 18, 1–27: Jitro bringt Zippora mit den Söhnen Gerschom und Elieser zurück zu Mose, nachdem dieser sich von seiner Frau und den Kindern getrennt hatte (oben).*

ויסתר משה פניו
של נעלך
מלאך הסנה
וירכיבם על החמור
ויפגשהו אהרן

Jitro hält mit Mose ein Mahl und gibt ihm Ratschläge für die Entlastung in seiner aufwendigen Arbeit. Der Zusammenhalt der Priesterfamilie in Midian war offenbar sehr stark und fest. Mose hatte sich nicht von seiner Frau getrennt, sondern er bleibt mit ihr verbunden, kann sie aber bei seinem unsteten Leben nicht dauernd mit sich führen. So lebt Zippora mit ihren Kindern über längere Zeit in ihrem Vaterhaus. In Israel, besonders in alter Zeit, waren sehr verschiedene Formen von Ehe möglich. In nomadischen Verhältnissen waren die Strukturen auch noch nicht so festgelegt wie später in Zeiten der Sesshaftigkeit, wo normalerweise die Frau restlos und für immer in das Haus und die Familie ihres Ehemannes ziehen musste.

Dass Mose, der große Gesetzgeber, eine Midianiterin, sogar Tochter eines Oberpriesters, zur Frau hatte, galt in alter Zeit in keiner Weise als anstößig. Es ist anzunehmen, dass Zippora seine erste Ehefrau war, denn Mose musste als junger, noch ungestümer Mann wegen des Totschlags an einem Ägypter fliehen. Die Ehe

»Mose sah sich nach allen Seiten um, und als er sah, dass sonst niemand da war, erschlug er den Ägypter und verscharrte ihn im Sand.«
EXODUS 2,12

MANN DER TAT.
Emil Wachters Porträtstudie des Mose betont dessen Charakter eines Handelnden, der sich mitunter von seinen Emotionen hinreißen lässt (oben). Umso mehr bringt das Antlitz Zipporas Sanftmut zum Ausdruck (oben rechts).

wurde wie auch sonst in alten Zeiten sehr schnell und pragmatisch geschlossen. Auf Liebe kam es nicht an, wohl aber, wie in der ersten Geschichte deutlich wird, auf das Zeugen von Söhnen, die den Namen und die Familie fortsetzen. Die gegenseitige Hilfe wurde außerordentlich hoch geschätzt. So bekommt Mose Zippora zur Frau, weil er sich für die Schwachen eingesetzt hat. Umgekehrt hilft Zippora ihrem Mann in Lebensgefahr, als er in der Nacht von Gott überfallen wird. Der gegenseitige Beistand in einer wüsten und feindlichen Umwelt ist für Ehegatten selbstverständlich. Auf diese Hilfe kann man sich in jeder Situation fest verlassen.

Erst die spätere Zeit (nach dem 4. Jahrhundert v. Chr.) hat Ehen von Israeliten mit Ausländerinnen scharf kritisiert, am deutlichsten im Esra-Nehemia-Buch, wo von den israelitischen Männern verlangt wird, alle ihre ausländischen Frauen samt Kindern zu verjagen (vgl. Esr 9f.; Neh 13,23–31). Von solchem Rigorismus ist in den alten Erzählungen sowohl der Erzeltern wie auch bei Josef und Mose noch nichts zu spüren.

JOSEF & ASENAT

Buch Genesis, Kapitel 41

JOSEF IM UNGLÜCK. *Die beiden Teile einer Bildseite der Kreuzritterbibel (um 1250) zeigen die beiden Tiefpunkte im Leben des Josef: Er wird von seinen Brüdern den midianitischen*

Händlern verkauft, die ihn als Sklaven nach Ägypten bringen (Gen 37,28). Dort wird er das Opfer der Verleumdung durch die Frau des Potifar und kommt ins Gefängnis (Gen 39,17–19).

Nach Josefs Entlassung aus dem Gefängnis, in dem er wegen der falschen Aussage der Frau des Potifar über längere Zeit gefangen war, kommt er in Ägypten zu hohen Ämtern. Schließlich heiratet er sogar eine hochgestellte Frau. Über diese Heirat Josefs in Ägypten mit einer Ägypterin steht im Buch Genesis allerdings nur ein einziger Satz: »Der Pharao verlieh Josef den Namen Zafenat-Paneach und gab ihm Asenat, die Tochter Potiferas, des Priesters von On, zur Frau« (Gen 41,45). Der neue Name, der Josef hier gegeben wird, kommt sonst im ganzen Alten Testament nicht mehr vor. Er bedeutet »Gott spricht und er lebt«. Es war üblich, dass jemand in Ägypten einen neuen Namen erhielt, wenn er in ein so hohes Amt aufgestiegen war.

An dieser Eheschließung ist vieles erstaunlich: Josef ist in Ägypten sehr hoch aufgestiegen, er ist der zweite Mann nach dem Pharao. Fast wörtlich wiederholt sich die Geschichte aus Kapitel 39 bei Potifar. Dort war Josef der zweite Mann nach seinem Herrn. Auch in jener Erzählung war eine Frau im Spiel, die Ehefrau des Potifar, von der Josef sich fernhalten musste, da ein Ehebruch für ihn nicht in Frage kam. Sein Herr Potifar hatte zudem noch den gleichen Namen wie hier der Schwiegervater des Josef. Nach dem Leitmotiv von Genesis 39 »Gott war mit Josef« wird nun konkret dargestellt, wie dieser göttliche Beistand in seinem weiteren Aufstieg aussieht. Unsere Erzählung liest sich wie der zweite Akt zum ersten, der im Haus des Potifar spielte.

Nachdem Josef dem Pharao seine Träume von den sieben fetten und den sieben mageren Kühen gedeutet hat, wird er rehabilitiert. Das Kapitel 41 berichtet nun von den Maßnahmen Josefs während der sieben fetten Jahre. Er sammelt Nahrungsmittel, um das ganze Volk in Ägypten und damit auch seine eigene Familie (seinen Vater Jakob und seine Brüder) vor dem Hungertod zu bewahren. In diese fetten Jahre fällt auch seine Heirat mit der ägyptischen Frau. Das Alter Josefs wird mit dreißig Jahren angegeben (Gen 41,46); er ist somit kein Jüngling mehr, sondern ein reifer Mann. Eine Heirat erst in diesem Alter ist für biblisches Denken reichlich ungewöhnlich. Normalerweise werden Söhne im jugendlichen Alter von ca. 15–16 Jahren, Mädchen noch etwa zwei Jahre früher von den Eltern verheiratet. Dass Josef so lange warten muss, ist wohl bedingt durch seinen glanzvollen Aufstieg, der ohne Beispiel ist. In dieser langen Zeit muss Josef sich bewähren. Der Vater, der üblicherweise die Ehe arrangiert, wird hier durch den Pharao vertreten, was die Bedeutung der Position Josefs unterstreicht.

Asenat ist eine Ägypterin, für Josef somit eine Nicht-Israelitin, im späteren Verständnis eine Heidin. Als erschwerend kommt aber hinzu, dass sie die Tochter eines Priesters ist, und zwar des Priesters von On, eines für Josef fremden Gottes,

JOSEFS FAMILIE.
Das Gemälde »Jakob segnet Josefs Söhne« (1656) von Rembrandt unterscheidet sich von zeitgenössischen Darstellungen dieser Szene (Gen 48,1–22) durch die Einbeziehung der Ehefrau und Mutter Asenat.

des Sonnengottes von Heliopolis. In Israel hat es immer wieder wechselnde Beurteilungen solcher Ehen mit Ausländerinnen gegeben. Zu gewissen Zeiten waren sie selbstverständlich. So war Davids Urgroßmutter Rut eine Moabiterin, die mit ihrer Schwiegermutter nach Betlehem kam (vgl. Rut 1,6ff.). Ebenso war Salomos Mutter Batseba eine Ausländerin, nämlich als Ehefrau des Hetiters Urija ebenfalls eine Hetiterin aus dem Hochadel der jebusitischen Stadt Jerusalem. Auch Moses Ehe mit der Midianiterin Zippora wird in keiner Weise negativ beurteilt.

In der späteren Zeit allerdings gab es eine starke Polemik gegen ausländische Frauen, weil sie angeblich die Männer zum Abfall von Jahwe verführen und weil sie vor allem im späteren Verständnis keine jüdischen Kinder erziehen können. Denn nach einer Regel der Spätzeit galt als Jude, wer eine jüdische Mutter hat. Seit wann dieser Grundsatz Geltung hatte, ist allerdings nicht ganz sicher. Bedenkt man, welchen großen Wert das Buch Tobit aus dem 2. Jahrhundert v. Chr. darauf legt, dass der junge Tobias eine Frau aus dem eigenen Volk und Stamm sucht und findet, ist es erstaunlich, wie unvoreingenommen in früheren Zeiten Ehen mit fremden Frauen hingenommen wurden. Offensichtlich war die Tradition solcher Ehen früherer Kerngestalten schon sehr fest im Bewusstsein verankert. Dass Josef, eine zentrale alttestamentliche Rettergestalt, eine Ägypterin zur Frau hatte, erregte somit keinen Anstoß. Andernfalls hätte man dies in der späteren Tradition eher verschwiegen. Was wissen wir von Asenat und von dem Paar Josef und Asenat?

Außer der kurzen Notiz über die Ehe Josefs gibt es die Mitteilung, dass dieser Ehe zwei Söhne entstammen: »Ein Jahr, bevor die Hungersnot kam, wurden Josef zwei Söhne geboren. Asenat, die Tochter Potiferas, des Priesters von On, gebar sie ihm. Josef nannte den Erstgeborenen Manasse (Vergessling), denn er sagte: Gott hat mich all meine Sorge und mein ganzes Vaterhaus vergessen lassen. Den zweiten Sohn nannte er Efraim (Fruchtbringer), denn er sagte: Gott hat mich fruchtbar werden lassen im Lande meines Elends«(Gen 41,50–52).

Ansonsten finden wir in der hebräischen Bibel nichts mehr über Asenat, die Mutter von Efraim und Manasse, die später den Namen zweier Stämme Israels bilden. Die Reihenfolge ihrer Geburt wird nicht eingehalten, weil Jakob bei seinem Segen die Hände über Kreuz legt, womit er das Erstgeburtsrecht übergeht, so wie es auch bei ihm und seinem Bruder Esau geschehen war: Der Jüngere wird vorgezogen! (Gen 48,14, vgl. Gen 27). Diese Szene hat Rembrandt zu seinem berühmten Segensbild benutzt, in dem auch Asenat – etwas abseits – am Totenbett Jakobs steht und dem Segen des Patriarchen beiwohnt. Obwohl sonst in den Erzelternerzählungen zumeist die Mutter den Namen der Kinder bestimmt, ist es hier Josef allein. Asenat hat somit im Buch Genesis eine untergeordnete Funktion.

Erst in der Spätzeit kommt Asenat als wichtige Figur zur Geltung. Es gibt nämlich über sie ein apokryphes Buch, das nicht in die Bibel aufgenommen wurde, aber eine reiche Wirkungsgeschichte entfaltet hat, und zwar sowohl in der Literatur wie in der Kunst bis ins 19. Jahrhundert: der Roman über Josef und Asenat (JosAs). Dieser griechisch-hellenistische Roman stammt aus der Zeit zwischen 100 v. Chr. und 100 n. Chr. und gehört zu den zwischentestamentlichen Schriften. Damals lag die Septuaginta, die griechische Übersetzung der hebräischen Bibel, bereits vollständig vor, und die Verfasser dieses Romans konnten auf alle Traditionen und Gestalten des Alten Testaments zurückgreifen, und zwar in der Sprache, die damals von der ganzen gebildeten Welt gesprochen wurde, nämlich Griechisch. Der Roman entstand aller Wahrscheinlichkeit nach in Ägypten, wo es schon lange umfangreiche Kolonien griechisch sprechender Juden gab. Alexandria, die bedeutende Gelehrtenstadt am Mittelmeer, hatte ein großes Judenviertel und eigene philosophische Kreise, auch gebildete Frauenkreise. So ist einleuchtend, dass ein bedeutender Retter aus der biblischen Tradition, der eine Ägypterin geheiratet hatte, einen guten Stoff für einen solchen Roman abgab. Hauptinhalt der Geschichte ist, dass Asenat zum Judentum konvertiert, damit Josef sie heiraten kann. Die Spätzeit hat somit Anstoß daran genommen, dass Josef eine heidnische Priestertochter zur Frau hatte, die auch nach der Eheschließung mit Josef nicht nur der Herkunft, sondern auch der Religion nach eine Heidin geblieben ist.

»Dann sagte Jakob zu Josef: Gott, der Allmächtige ist mir zu Lus in Kanaan erschienen und hat mich gesegnet. Er hat zu mir gesagt: Ich mache dich fruchtbar und vermehre dich, ich mache dich zu einer Schar von Völkern und gebe dieses Land deinen Nachkommen zu ewigem Bessitz. Jetzt sollen deine beiden Söhne, die dir in Ägypten geboren wurden, bevor ich zu dir nach Ägypten kam, mir gehören. Efraim und Manasse sollen mir soviel gelten wie Ruben und Simeon.«

GENESIS 48,3–5

»Asenath, das Mädchen, denn also wurde mit 24 ausgesuchten Sklavinnen hinaufgesandt nach Menfe in Josephs Haus zur jungfräulichen Hochzeit, und auch die hochpriesterlichen Eltern, tief gebeugt von wegen des unfasslichen Raubes, reisten von On hinauf, gleich wie Pharao selbst hinabkam von Nowet-Amun, um teilzunehmen an den Mysterien dieser Eheschließung, seinem Günstling selbst die rare Braut zu überhändigen und, ein erfahrener Ehemann, ihn dabei aufs neue der Annehmlichkeiten zu versichern, die das Verheiratetsein mit sich brachte.«

THOMAS MANN,
»JOSEPH UND SEINE BRÜDER«.
TEIL IV: »JOSEPH, DER ERNÄHRER«

Hauptperson dieses griechischen Romans aus der Zeitenwende ist Asenat, Josef tritt dagegen stark zurück. Nach dem Muster dieser Art von Schriften muss die Geschichte am Ende glücklich enden. Dies ist auch der Fall, doch nicht wegen der großen Liebe dieses Paares, sondern wegen der Bekehrung Asenats. Der Name Asenat wird von der ägyptischen Göttin Neith abgeleitet. Wenn also die junge Frau sich zum Gott Israels bekehrt, bedeutet dies gleichzeitig, dass die ägyptische Göttin sich dem Jahwegott der Juden unterwirft.

Am Anfang des Romans wird Asenat, Tochter des Priesters von Heliopolis, folgendermaßen geschildert: »Und dieser hatte eine Tochter, eine Jungfrau von achtzehn Jahren, groß und wohlgestaltet und schön von Aussehen, mehr als alle Jungfrauen auf Erden. Und diese war nicht zu vergleichen mit den Jungfrauen der Ägypter, sondern war in allen Dingen gleich den Töchtern der Hebräer und war groß wie Sara und wohlgestaltet wie Rebekka und schön wie Rahel. Und der Name jener Jungfrau war Asenat« (JosAs 1,4f.). Ihre Schönheit wird verglichen mit der aller Erzmütter (es fehlt nur Lea), außerdem wird sie als stolz und überaus hochmütig beschrieben. Sie hasst alle Männer und verachtet Josef zunächst, weil er ein Fremdling ist, ein hergelaufener Kanaanäer. Josef seinerseits hat Angst vor den Frauen Ägyptens. Nicht nur erinnert er sich an die Nachstellungen der Frau des Potifar, sondern in unserem Roman werden seine Versuchungen geradezu ins Maßlose gesteigert: Nicht mehr eine Frau, sondern alle Frauen Ägyptens verfallen in Liebe zu Josef, wenn sie dessen überragende Schönheit sehen. So fürchtet sich Josef vor ihren Nachstellungen. Alle Frauen lieben Josef, dieser aber verachtet sie. Besonders das 7. Kapitel von JosAs beschreibt ausführlich diese Leiden Josefs.

Josef verliert jedoch seine Angst, als er hört, dass Asenat eine Jungfrau sei, und Asenat gibt ihren Hass auf, als sie Josef sieht und erfährt, dass die Geschichte mit der Frau des Potifar nicht stimmt und auch Josef noch jungfräulich ist. Josef segnet Asenat, es entwickelt sich zunächst eine geschwisterliche Beziehung. Asenat kehrt in ihren Wohnturm zurück, tut Buße und schwört ihren Göttern ab. Sie hat einen langen Weg der Prüfung zurückzulegen – in vielem erinnert dies an Mozarts »Zauberflöte« –, bis die beiden »Königskinder« schließlich zusammenkommen und vom Pharao selbst getraut werden.

Die Betonung der Asenat als Hauptfigur spricht dafür, dass in dieser Spätzeit Frauen an der Abfassung des Romans beteiligt waren. Asenat ist hier keineswegs eine passive Gestalt, sie wirkt aktiv mit, lässt sich nicht einfach verheiraten, sondern trägt Wesentliches zur Entscheidung bei. Ihre Ehe mit Josef ist weitgehend von ihr selbst bestimmt. Offensichtlich gab es in gebildeten Kreisen der griechisch sprechenden Juden eine große Diskrepanz in der Auslegung der richtigen Frauenrolle. Dies zeigen auch die beiden Fassungen des Romans, die voneinander abweichen. Auch in den christlichen Kreisen gab es ja asketische Richtungen, die die Ehe überhaupt ablehnten, was besonders bei gebildeten Frauen der Fall gewesen sein dürfte. So ergibt dieser späte Roman ein ganz anderes Bild von einem traditionellen Paar, das aus der alten biblischen Überlieferung neu interpretiert wird.

BRAUTLEUTE. *Das Aquarell von Emil Wachter mit dem Titel »Isaak und Rebekka« zitiert die Geste auf Rembrandts Gemälde »Die Judenbraut« (Abb. S. 49), das sich vermutlich ebenfalls Isaak und Rebekka widmet (rechte Seite).*

IJOB & SEINE FRAU

Buch Ijob, Kapitel 1 und 2

RATGEBER. *Die Miniatur von Jean Bourdichon in einem Stundenbuch aus Tours (um 1480/85) zeigt Ijob zu Füßen seiner selbstgerechten Freunde, Ratgeber und Ankläger (oben).*

NEUES GLÜCK. *Ijob nach seiner Rechtfertigung zwischen seinen sieben Söhnen und drei Töchtern (Ijob 42,13). Die Schriftbänder erläutern: »Und der Herr mehrte den Besitz Ijobs auf das Doppelte« (Ijob 42,10). Bildseite einer hebräischen Sammelhandschrift, den Rothschild-Miszellanen (Norditalien, um 1450/75; rechte Seite).*

Ijob kennt jeder. Seine Frau bleibt in der Anonymität verborgen. Dabei spielt sie eine wichtige Rolle in seinem Leben. Ijob lebt in Uz in Arabien, ist reich und fromm und gerät in großes Unglück. Schlag auf Schlag treffen die schlimmen Nachrichten ein. Er verliert alle seine Kinder, seine Herden, sein ganzes Hab und Gut. Nur die Boten entkommen den Katastrophen, um sie ihm zu melden. Ijob ist wie gelähmt. Für ihn bricht nicht nur die reale Welt zusammen, auch Gott wird ihm unheimlich.

Er weiß natürlich nicht, dass er Gegenstand einer »Wette« zwischen Jahwe und Satan geworden ist. Satan will beweisen, dass Ijob nur solange an Gott glaubt, wie es ihm gut geht. Diese Geschichte mit der Wette, den Katastrophen und der späteren Rehabilitierung bildet die Rahmenerzählung. In ihr geht es letztlich um die Frage: Was ist der Mensch? Wie verhält er sich im Leiden? Verzweifelt er, oder kann er ihm einen Sinn abringen? Ein zweiter Dichter benutzte die alte Volkserzählung, um seine Versdichtung darin unterzubringen. Hier stehen die Streitgespräche zwischen Ijob und seinen drei Freunden im Mittelpunkt, hochtheologische Diskussionen um die Frage: Wer ist Gott? Bestätigen sich die Vorstellungen, die sich die Menschen von ihm machen, im Leiden, oder müssen sie korrigiert werden? Kann der Mensch mit einer »Erlösung« rechnen? Viele Theologen und Philosophen haben Antworten auf diese Theodizee-Frage gesucht. Denn Ijobs Leiden ist unerträglich, unverschuldet und unerklärbar. Aber es gibt keine Antwort. Die Erfahrungen unserer Zeit stellen Gott selbst in Frage.

Die Zusammengehörigkeit beider Teile, heute in der Wissenschaft wieder stärker vertreten, wird, so meine ich, in der Frau des Ijob hergestellt. Sie steht im Schnittpunkt des Geschehens, formal und inhaltlich. Am Ende des Prologs, an dem der Bruch in Ijobs Frömmigkeit markiert ist und die Gegenbewegung einsetzt – Anklage gegen Demut –, und gleichzeitig auf dem Höhepunkt des Unheils, wo keine Steigerung an Schicksalsschlägen mehr denkbar ist, wo Ijob, von Gott und der Welt verlassen, wie vernichtet auf dem Müllhaufen vor dem Dorf sitzt, in der Nähe des Todes, da kommt seine Frau zu ihm heraus und fragt ihn: »Hältst du immer noch fest an deiner Frömmigkeit? Lästere Gott, und stirb!« (2,9). Dies ist alles, was von ihr berichtet wird. Aber diese Worte sind aufschlussreich, nicht nur für die Beziehung zwischen ihr und Ijob, sondern auch für die Bedeutung, die diese Beziehung für die Frömmigkeit Ijobs hat.

Was treibt sie hinaus zu Ijob? Ist es Liebe, die ihn von den Leiden erlöst sehen möchte? Ist es Mitleiden, das ihr selbst unerträglich geworden ist? Ist es Mitleid, das ihn nur erniedrigen kann? Vielleicht verstehen wir die Frau besser, wenn wir uns klar machen, was ihr widerfahren ist. Sie war reich und Herrin über ein

כל אשר
ויוסף יהודה

großes Gesinde, jetzt ist sie verarmt. Sie hatte sieben Söhne. Nun ist der Name ihres Geschlechts ausgelöscht. Ohne Mann und Söhne gilt sie in der Gesellschaft nichts mehr und ist ohne Zunft dem Untergang preisgegeben. Auch sie hat alles verloren. Auch sie ist schuldlos an ihrem Schicksal.

Man könnte meinen, dass die Katastrophen die beiden aneinander rücken lässt, dass sie jetzt erst recht zusammenhalten. Statt dessen überfällt sie ihn mit einer geradezu schockierenden Frage, in welcher der Vorwurf von Dummheit nicht zu überhören ist. Sie bringt für seine Situation kein Verständnis auf. Trost und Hilfe kann sie ihm nicht geben.

Worin besteht nun Ijobs Frömmigkeit, welche die beiden entzweit? Im Alten Testament bedeutet »Frömmigkeit« zunächst einmal Gottesfurcht, das heißt Unterordnung unter Gott. Dann aber hat der Begriff auch eine soziale Komponente. Insofern sich der Mensch als auf Gott bezogen versteht, gehört er zum Volk Gottes und ist damit auch der Gemeinschaft verpflichtet, indem er rechtschaffen und ethisch verantwortlich lebt. Gott wiederum ist für das Wohl seines Schützlings verantwortlich. Es besteht also so etwas wie ein Herr-Knecht-Verhältnis. Ijob fühlt sich in seinem Gott geborgen und sicher. Ijobs Frau aber hinterfragt genau diese persönliche Beziehung Ijobs zu seinem Gott, übrigens mit denselben Worten, mit denen Jahwe sie gegenüber Satan rechtfertigt: »Noch immer hält er fest an seiner Frömmigkeit« (2,3).

Das Gegenteil, der Fluch, diente in der Antike nicht zur emotionalen Entlastung. Er war etwas Unheimliches, etwas Magisches. Einmal ausgesprochen, wurde er auch wirksam, wie eine Macht, die automatisch ins Verderben führt. Hatte Satan (1,11) prophezeit, Ijob werde Gott ins Angesicht fluchen, so fordert die Frau ihn nun auf, das wirklich zu tun. Sie spricht den Gedanken Satans aus und wird damit zur diametralen Gegenspielerin ihres Mannes. Sie treibt Ijob genau dorthin, wo der Satan ihn haben will, in Verbitterung und Verzweiflung.

Gehört der Fluch gegen Gott ohnehin zu den todeswürdigen Verbrechen (»Wer den Namen des Herrn schmäht, wird mit dem Tod bestraft«, Lev 24,16), so ist für Ijob noch wichtiger, dass er, wenn er Gott flucht, das Band aus Vertrauen und Gehorsam zerreißt und sich so seine eigene Existenzgrundlage entzieht. Vielleicht will die Frau ja auch Ijob nur nahelegen, sich von seinem Gott zu trennen, weil dieser Gott nichts taugt. Es ist denkbar, dass sie eine Einheimische ist, die auch nach der Heirat mit Ijob an ihrem babylonischen Sternenglauben festhält. Dass ihre Religion schon vorher für Ijob eine Versuchung war, zeigt indirekt seine Rechtfertigung (31,26–28):

(...) wenn ich die leuchtende Sonne sah, wie sie strahlte,
den Mond, wie er herrlich dahinzog,
wenn heimlich sich mein Herz betören ließ
und meine Hand dem Mund zum Kuss sich bot,
auch das wäre ein Verbrechen, vom Richter zu strafen,
denn Gott da droben hätte ich verleugnet.

»Der Satan antwortete dem Herrn und sagte: Haut um Haut! Alles, was der Mensch besitzt, gibt er hin für sein Leben. Doch streck deine Hand aus, und rühr an sein Gebein und Fleisch; wahrhaftig, er wird dir ins Angesicht fluchen. Da sprach der Herr zu Satan: Gut, er ist in deiner Hand. Nur schone sein Leben!«
IJOB 2,4–6

EINE WETTE. *Die Bildseite der romanischen Gumbertusbibel (um 1200) zum Buch Ijob zeigt in einer Mandorla die Throngestalt Gottes, dem der Satan eine Wette anbietet (Ijob 1). Themen der vier Medaillons sind das Unglück, das Ijob trifft (zuletzt den Tod der Söhne und Töchter im einstürzenden Haus, Ijob 1,19). In die beiden unteren Szenen mit dem von Geschwüren bedeckten Ijob ist dessen Frau einbezogen (linke Seite).*

HOHN UND SPOTT.
Fragment des Jabach-Altars (um 1503/06) von Albrecht Dürer. Dass Ijob von seiner Frau mit Wasser überschüttet wird, lässt sich als Ausdruck der Missachtung betrachten.

»Da sagte seine Frau zu ihm:
Hältst du immer noch fest an deiner Frömmigkeit?
Lästere Gott, und stirb!«

IJOB 2,9

Vielleicht hat die Frau auch jeglichen Glauben verloren. Ijob nennt sie jedenfalls eine »Törin«, und Torheit ist nach alttestamentlichem Sprachgebrauch nicht nur ein Zeichen von Dummheit, sondern auch ein ethisches Defizit.

Ijob steht allein da. Seine Frau ist gegen ihn. Gott lässt ihn im Stich, und seine Freunde machen ihm Vorwürfe. Sie bleiben dabei: Wenn Ijob leidet, muss er schuldig sein, denn es gibt einen Zusammenhang zwischen Tun und Ergehen. Ijob bleibt dabei: Da ich leide, ist Gott entweder ein »Frevler« (9,24), oder es stimmt etwas am System nicht. Da er jedoch von Gott nicht lassen kann, stellt er sein bisheriges Gottesbild in Frage. Und am Ende spricht Gott selbst das Urteil. Die Freunde haben unrecht wegen ihrer herzlosen Prinzipienreiterei (42,7). Ijob hat recht damit, einen Widerspruch zwischen Gottesbild und Wirklichkeit festzustellen, aber er hat unrecht, weil er seinen kleinen Erfahrungsbereich absolut setzt und zum Maßstab für Gottes Verhalten erhebt. Was das letzte Gotteswort sagen will: Gott bleibt für den Menschen unverfügbar und unverständlich. Auf das unschuldige Leiden in dieser Welt gibt es keine Antwort. Der Mensch kann es nur aushalten in der Hoffnung, dass es trotzdem einen Gott gibt.

In diesem aufregenden Prozess spielt Ijobs Frau eine Schlüsselrolle, weil sie die theologische Frage verschärft. So wie diese Frau aus dem Dunkel kommt und im Dunkel verschwindet, selbst dunkel in ihrem Wesen und Denken, scheint sie nur dazu da zu sein, um diese Frage zu stellen. Sie hat damit ähnlich wie Eva die Funktion einer Antriebskraft, welche die Entwicklung weitertreibt und das Bewusstsein auf eine neue Stufe hebt. Ijob wird am Ende für seine Einsicht belohnt. Sie hingegen bleibt die radikal Fragende; man könnte sagen, sie nimmt das atheistische Weltbild voraus. Ijobs Frau denkt das Problem zu Ende. Sie macht sich zum Sprachrohr Satans und trennt sich damit auch von Ijob.

WO LIEBE IST, DA IST GOTT

Zum Begriff »Liebe« fällt mir als erstes ein mittelalterliches Lied ein, das heute, durch die Taizé-Bewegung bekannt geworden, viel gesungen wird. Es geht auf einen Bibelvers zurück. »Ubi caritas et amor, ibi deus est«: Wo Liebe ist, da ist Gott. Nicht Gottesverehrung in Demut und Ergebenheit, nicht Anbetung eines höheren unbegreiflichen Wesens ist das Herz der Religion, sondern Liebe im Doppelsinn dieses Wortes, das uns als Geliebte und als Liebende benennt. An die Liebe zu glauben heißt, sich selber zu erfahren als bejahte, gewollte, angenommene Wesen und zugleich als solche, die selber Liebe werden. Liebesfähig zu werden, ist das Ziel des Lebens. Was die Tradition mit dem – für uns oft missverständlichen – Ausdruck »die ewige Seligkeit« benennt, bedeutet nichts anderes, als dass Liebe und Gerechtigkeit ihre Kraft zeigen: in allen, für alle.

Die merkwürdige Vermischung von Amor und Caritas im genannten Lied (griechisch: Eros und Agape) steht im Zentrum der christlichen Religion. Das Wort »Eros«, Sehnen oder Verlangen, bezeichnete in der Antike einen Dämon, der Menschen über sich selbst hinaustreiben konnte zu Erfüllung und Vollendung. Eros entstammt dem Empfinden der Unvollkommenheit, des Mangels, der Sehnsucht nach dem, was jetzt nicht ist und doch nicht nur sein »soll«, sondern sein

Die Gumbertusbibel (um 1200) enthält diese allegorische Unterscheidung verschiedener Formen der Liebe zwischen den Menschen. Zur Rechten der thronenden Sapientia (Weisheit) reihen sich amor coniugum (eheliche Liebe), amor proximorum (Nächstenliebe) und amor fratrum (brüderliche Liebe). Das Gegenteil verkörpern die Gestalten zur Linken der Weisheit: ein hochmütiger Armer, ein lügnerischer Reicher und ein törichter Alter.

LIEBESMAHL. *Das Letzte Abendmahl Jesu mit seinen Jüngern bildete das Vorbild für das gemeinsame Mahl als Ausdruck der Agape. Daneben entwickelte sich die sakramentale Auffassung des Abendmahls, die in der Bildtradition vorherrscht. Wiedergegeben ist ein Gemälde (1652) in der Stabkirche von Gol, Norwegen (oben).*

LIEBESBEZIEHUNG. *Die Begegnung des Auferstandenen mit Maria aus Magdala (Joh 20,11–18), dargestellt im Gemälde »Noli me tangere« (um 1510) von Tizian. Die lateinische Weisung »Noli me tangere« meint wörtlich »Berühre mich nicht«, lässt sich aber auch im Sinne »Halte mich nicht fest«, »Umarme mich nicht« verstehen (rechte Seite).*

»will«. Diese erotische Kraft lebt in allen Menschen, insofern sie auf Beziehung hin angelegt – oder richtiger und frömmer gesagt – »geschaffen« sind.

Das ursprüngliche Christentum hat, um seinen Grundbegriff und seine Praxis von Liebe zu beschreiben, nicht auf Eros zurückgegriffen, sondern ein sehr viel unscheinbareres Wort namens »Agape« gewählt. Dieser Begriff stammt aus der Tradition des geschwisterlich geteilten Essen, der Feier des Abendmahls. Agape bedeutete: Sklavinnen und Herren, Färberinnen, die den Gestank der Tierhäute nicht loswurden, und Geschäftsinhaber, jüdische und griechische Menschen, Ortsansässige und Fremdlinge teilten miteinander, was sie zu essen hatten, in der Feier des Glaubens. Das Essen war der sinnliche Ausdruck ihres Miteinanders, das Liebesmahl verband sie. Der Leib war ihnen nicht eine lästige Nebensache, die den Aufstieg zum Höheren erschwert, sondern er gehörte mitten hinein in das neue, befreite Leben.

In der späteren theologischen Reflektion versuchten Kirchenväter und Bischöfe eine säuberliche Trennung zu machen zwischen einer Liebe von oben und einer Liebe von unten. Die eine Liebe sollte von Gott ausgehen, und die andere unter den Menschen sollte bestenfalls Gott spiegeln, aber alle sexuellen Konno-

»Die samaritische Frau sagte zu ihm: Wie kannst du als Jude mich, eine Samariterin, um Wasser bitten? Die Juden verkehrten nämlich nicht mit den Samaritern. Jesus antwortete ihn: Wenn du wüsstest, worin die Gabe Gottes besteht und wer es ist, der zu dir sagt: Gib mir zu trinken!, dann hättest du ihn gebeten, und er hätte dir lebendiges Wasser gegeben.«
JOHANNES 4, 9–10

AM BRUNNEN. *Das Gespräch zwischen Jesus und der Samariterin am Jakobsbrunnen (Joh 4,1–26) steht in der langen Reihe der Begegnungen zwischen Mann und Frau am Brunnen als Spender des lebenserhaltenen Wassers, das als Wasser des Lebens« spirituellen Symbolgehalt besitzt. Die hier wiedergegebene Darstellung Jesu und der »Ausländerin« ist eine kürzlich wiederentdeckte Zeichnung (1530) von Michelangelo.*

tationen möglichst ausschließen. Diese Trennung von »göttlicher« und »irdischer« Liebe ist von Beginn an in der Jesusbewegung unterlaufen worden. Vor allem das Johannesevangelium erzählt »Liebesgeschichten« (Luise Schottroff), die von Jesus und seinen Beziehungen zu Menschen, wie Maria, Marta, Lazarus und dem Lieblingsjünger Johannes, handeln, ohne Scheu vor erotischen Zügen. Es sind wunderbare Beispiele für die schöpferische Kraft, die dort aufleuchtet, wo das, was wir Eros und Agape nennen, eins geworden ist.

»Wer nicht liebt, hat Gott nicht erkannt; denn Gott ist die Liebe« (1 Joh 4,8). In diesem kleinen Satz »Gott ist die Liebe« gibt das Neue Testament seine einzige »Definition« des nicht definierbaren Gottes an. Und gerade hier sind die bei-

BRAUT UND BRÄUTIGAM. *Die Darstellung des Abschieds des auferstandenen Christus von Maria in einem Passional aus Böhmen (um 1320) verwendet die Symbolik von Braut und Bräutigam im Hohenlied: »Seine Linke liegt unter meinem Kopf, seine Rechte umfängt mich« (Hld 8, 3; links).*

BARMHERZIGKEIT. *Auf Worten Jesu im 25. Kapitel des Matthäus-Evangeliums beruht der Kanon der Sieben Werke der Barmherzigkeit. Hierzu gehört die Zuwendung zu Gefangenen (»ich war im Gefängnis, und ihr seid zu mir gekommen«, Mt 25, 36), hier dargestellt am Beispiel der Caritas des Tobit in einem Medaillon der Urbino-Bibel (vgl. S. 115; oben).*

den Qualitäten der Liebe, zu geben und zu nehmen, neu zu werden und neu zu machen, Leben zu schenken und lebendig zu werden, zusammen gegenwärtig. Sie sind untrennbar. Das patriarchale Verständnis von Sexualität, das genitale Sexualität abspaltet von dem großen Geflecht der Beziehungen unserer Körper und Seelen zu anderen Menschen und zur Welt, hat hier nichts zu suchen.

Agape ist die Fähigkeit der Selbsthingabe des Ego. »Im Anfang war die Beziehung«, so drückt der jüdische Religionsphilosoph Martin Buber dieses Grunddatum menschlicher Existenz aus. Wir sind nicht einfach der wirtschaftsfähige Mensch, für den es genügt, seinem Selbstinteresse zu folgen, wir brauchen etwas mehr zum Leben als »self interest«. »Am Anfang« war nicht der *homo oeconomicus,* dieses geschäfts- und genussfähige Einzelwesen, zu dem wir gemacht werden sollen, sondern die Selbsttranszendenz der Liebe.

»Wenn ich in den Sprachen der
Menschen und Engel redete,
hätte aber die Liebe nicht,
wäre ich dröhnendes Erz oder
eine lärmende Pauke.
Und wenn ich prophetisch reden
könnte und alle Geheimnisse
wüsste und alle Erkenntnis hätte;
wenn ich alle Glaubenskraft besäße
und Berge damit versetzen könnte,
hätte aber die Liebe nicht,
wäre ich gar nichts.«

PAULUS,
ERSTER BRIEF AN DIE KORINTHER 13,1–2
(DAS HOHELIED DER LIEBE)

ZUFLUCHT. *Mit seinem Gemälde »Jesus und die Ehebrecherin« (1917) hat Max Beckmann den Bericht des Johannes (8,1–11) zur dramatischen Darstellung von Verfolgung gesteigert. Die Frau, die den gesetzlichen Normen der Liebe zuwider gehandelt hat, findet ihre Zuflucht bei Jesus, dem »Gesetzesbrecher«.*

Geliebt zu werden ruft unsere Fähigkeit zu lieben hervor. Aber ist, um das zu verstehen, eigentlich Religion notwendig? Genügt nicht die rationale Analyse? Leistet nicht die Psychologie das, was zur Aufarbeitung der Eltern-Kind-Beziehung erforderlich ist? Inwiefern ist da mehr notwendig? Ist die *religio,* die Rückbindung, zumal in ihren institutionalisierten Formen nicht eher ein verkrustetes Gewebe um diesen glühenden Kern herum, das eher ablenkt als aufzubauen? Ich denke, dass unsere Beziehungsfähigkeit eine Sprache braucht, die mehr ist als die der Argumente. Das Geheimnis des Lebens, dem Menschen in den verschiedensten Religionen Namen wie der Ewige, der Dreieinige, Allah, die Energie, die Gütekraft, das Unaussprechliche gegeben haben, will geteilt werden. »Gott ist das Allermitteilsamste«, sagt Meister Eckart, ein Satz, der mich oft in Verzweiflung stürzt, weil es häufig absolut unmöglich scheint, auch nur das Mindeste von die-

ZUNEIGUNG. *Die erste Begegnung von Jakob und Rahel diente Palma Vecchio um 1520/25 zur Darstellung einer spontanen Gemütsbewegung, die bereits der alttestamentliche Text benennt: »Dann küsste er Rahel und begann laut zu weinen« (Gen 29,11) (links).*

GEWISSHEIT. *Der liegende weibliche Akt diente Ernst Ludwig Kirchner für seinen Holzschnitt (1909) zu einer Ausgabe von Gedichten Francesco Petrarcas als Sinnbild der Geborgenheit im Glück der Liebe (oben).*

EIN OPFER. *Der Ausschnitt aus Rembrandts Gemälde »Batseba mit Davids Brief« (1654, vgl. S. 85) verdeutlicht die Empfindung eines Zusammenhangs von Liebe und Schuld (rechte Seite).*

DER RICHTER. *Michelangelo gestaltete das Haupt Christi im Fresko »Das Jüngste Gericht« (1536–41, Altarwand der Sixtinischen Kapelle) in apollinischer Schönheit und Unnahbarkeit (oben).*

sem Geheimnis weiterzugeben. Die Religion erwächst aus der Notwendigkeit, eine Sprache zu finden, die aufs Ganze geht, die mehr einklagt und herbeiruft als das, was ablesbar und machbar ist.

Es liegt im Interesse der Liebe, auf die Notwendigkeit einer Sprache hinweisen, die uns mit anderen und mit einer Tradition verbindet, die über die reine Subjektivität hinausgeht. Wir sind alle »unheilbar religiös«, wie Nicolai Berdjajew gesagt hat. Sich von dieser Krankheit zu verabschieden, ist zugleich eine Aufgabe der Erotik Gottes, ohne die Leben nicht lebt. Meine Zweifel an den Menschen, die sich von dieser Krankheit »geheilt« glauben, die mit Religion »nichts am Hut« haben, sind mit der Totalisierung unserer Ökonomie immer mehr gewachsen. Können wir denn ohne »die Liebe Gottes, die höher ist als alle Vernunft« leben? Ist nicht der Verzicht auf Religion ein Verzicht auf Eros? Von einem Menschen zu sagen, er oder sie sei »unerotisch«, scheint mir eine Art Todesurteil. Die Zerstörung unserer anderen Wünsche und Träume vom Leben aller auf diesem Planeten schreitet mit der Erübrigung von Religion voran. Ist nicht das, was viele für eine Art aufgeklärterer Intelligenz halten, eher nach dem Muster »Behandlung (der Krankheit Religion) erfolgreich, Patient leider tot« zu beschreiben?

Manchmal frage ich mich, warum es gerade in den christlichen Konfessionen so wenig Sprache der Gottesliebe gibt, sondern meist nur ein abgeblasstes Reden vom uns liebenden, uns beschützenden, von uns kleinen Winzlingen bloß nichts erwartenden Herren-Gott. Eine der Ursachen für die Schwäche institutionalisierter Religion in unserer Welt scheint mir in einem religiösen Wunsch, möglichst lange, möglichst immer Kind bleiben zu wollen, begründet. Diese krampfhaft festgehaltene Kindlichkeit ist kindisch – und hat nichts mit den offenen, staunenden Augen der Kinder, die Jesus im Sinn hatte, zu tun. Erwachsenwerden, gegen und mit den religiösen Institutionen zugleich, heißt vor allem, die Liebe in ihrer ganzen Gegenseitigkeit ernst zu nehmen. »Ich weiß, dass ohne mich / Gott nicht ein Nu könnt leben« (Angelus Silesius) ist mystischer Ausdruck dieser Gegenseitigkeit, gegen alle hierarchisch im Schema von oben und unten denkende Orthodoxie.

Das »Reich der Himmel«, von dem das Evangelium spricht, meint etwas ganz anderes. Es will uns beteiligen an diesem Reich, in dem die Letzten die Ersten werden. Wir sollen den Ewigen lieben, indem wir Anteil haben an seinem Sein. Am klarsten wird das im Neuen Testament in den Schriften des Johannes, der als der Apostel der Liebe gilt und traditionell für das mystische Element in der christlichen Religion steht. »Das von Gott in uns«, von dem die Quäker als neuzeitliche Mystiker sprechen, ist in der Tat nichts anderes ist als die radikale Annahme des jüdischen Grundgebotes, das sich auf die Liebe zu Gott bezieht. »So liebe denn Ihn deinen Gott, mit all deinem Herzen, mit all deiner Seele, mit all deiner Macht« (5 Mose 6,5, übers. v. Martin Buber).

Was ist das für eine Liebe? Ich möchte zwei Punkte herausstellen, die mir wichtig sind. Der erste ist die Ganzheitlichkeit, aus der hier gesprochen wird. Du sollst Gott lieben »von ganzem Herzen, von ganzer Seele, von allem Vermögen«.

»Und wenn ich meine
ganze Habe verschenkte,
und wenn ich mein Leben dem
Feuer übergäbe,
hätte ich aber der Liebe nicht,
nützte es mir nichts.
Die Liebe ist langmütig,
die Liebe ist gütig.
Sie ereifert sich nicht,
sie prahlt nicht,
sie bläht sich nicht auf.

PAULUS,
ERSTER BRIEF AN DIE KORINTHER 13,3–4
(DAS HOHELIED DER LIEBE)

DER MENSCH. *Die Tradition der Bilder zur Schöpfungsgeschichte interpretiert die erste Rede, die Gott an »den Menschen« richtet (Gen 2, 16f.), als Rede an das erste Menschenpaar. In dieser Tradition steht auch das Detail des Deckengemäldes der Stabkirche von Ål im Hallingdal, Norwegen (rechte Seite).*

Wann tun wir denn etwas ganz, ohne Vorbehalte, ohne Wenn und Aber, ohne Lohnerwartung oder Strafbefürchtung, ohne Zwänge und ohne dieses tödliche »und dann?«, das den Augenblick zerstört? Wann leben wir denn etwas, das reines Jetzt wird, und in dem wir ganz das sind, was wir tun? »I am what I do« ist eine klassische mystische Formulierung für dieses Ganzsein. In der Liebe fallen Sein und Handeln zusammen. Wann erreichen wir diese Sammlung, diese unabgelenkte Aufmerksamkeit, die zur Liebe gehört? Der buddhistische Mönch Thich Nhat Hanh drückt das gleiche Grund-Dasein mit der Formel aus: »Das Geschirr spülen, um das Geschirr zu spülen.« Es ist ein Akt unabgelenkter Hingabe – und sie setzt die Fähigkeit des oder der Einzelnen voraus, sich an das Ganze zu binden. Das Ego ist nicht der letzte Horizont des Selbst. Wir können aus uns selbst herausgehen, die Wolke werden, die wir vorüberziehen sehen, das Lied werden, das wir singen. Wir sind nicht nur das begrenzte und berechenbare Produkt, zu dem wir uns oft machen. Im Anfang war die Beziehung, die uns konstituiert. Wir existieren, wie Emmanuel Levinas das ausgedrückt hat, »im Akkusativ«, angesprochen, angehaucht, angesehen und gebraucht. Ganzsein bedeutet dieses Glück des »siehe da!«.

Der zweite Punkt, der mir bei einem Nachdenken über Liebe unverzichtbar erscheint, ist die Gegenseitigkeit. Es gehört zum Wesen der Liebe, die Einteilungen in Geben und Empfangen, in Handelnde und Behandelte, in Spender und Gefäß, in aktiv und passiv zu unterlaufen und gerade die Einheit von Handeln und Beschenktwerden auszusprechen. Die Selbsthingabe, die uns an etwas bindet, das größer ist als das Ego, kann mit den Begriffen, die in der sexuellen Erfahrung der Hälfte der Menschheit wurzeln, allein nicht beschrieben werden.

Die Liebe denkt aber nicht nur interpersonal, sondern sie lebt in der strukturellen Beachtung von Wirklichkeit. Sie ist – und das ist eine der großen Stärken der jüdischen und der christlichen Tradition – untrennbar verbunden mit Gerechtigkeit. Ihr politischer Name ist Gerechtigkeit. Immer mehr Menschen leiden unter unserer Ökonomie. Immer mehr Menschen leiden unter unserer Ökologie. Diese Marktwirtschaft ohne Eingriffe zum Schutz der Schwächsten, ohne das Menschenrecht auf Arbeit hat kein menschheitliches Modell, sie kann nur für einen Teil der Reichen funktionieren. Zur Zeit sind mehr als 75 Prozent aller Staaten nach unserem System des Neoliberalismus organisiert. In neun von zehn dieser Staaten wird gehungert und verhungert. Hat der Markt nichts damit zu tun? Er kennt keine Bedürfnisse, nur Nachfragen; nach diesem Prinzip wird gehandelt. Wer nichts anzubieten hat, wonach Nachfrage besteht, ist tot. Denn das Bedürfnis selber ist nicht marktfähig.

Aber für Gott ist das Bedürfnis der Menschen das Wichtigste, es steht an erster Stelle, vor Produktivität und Leistung. Gott hört auch heute den Schrei seines Volkes wie einst in Ägypten, als er sagte: »Ich habe den Schrei meines Volkes gehört.« Er ist der, der unsere Bedürfnisse kennt, und er lebt dort, wo wir mit seinen Ohren hören. »Gott hat keine anderen Hände als unsere«, sagt Teresa von Avila. Gott lieben bedeutet nicht, die Verantwortung abschieben, sondern sie mit-

DIE GEMEINSAME HEIMAT. *Der linke Flügel des Triptychons mit der Mitteltafel »Der Garten der Lüste« (um 1480/90, Abb. S. 12) von Hieronymus Bosch verzichtet auf die Szenenfolge von der Erschaffung der Menschen über den Sündenfall bis zur Vertreibung aus dem Paradies (vgl. S. 33). Vielmehr ist der Garten von Eden das Irdische Paradies einer Gemeinschaft aller Geschöpfe.*

DIE TRENNUNG. *Detail aus dem Reliefschmuck des frühchristlichen Sarkophags für Junius Bassus (gest. 359). Gezeigt werden Adam und Eva nach dem Sündenfall, der den Mann und die Frau trennt: Sie verlieren sich gleichsam aus den Augen. Konkret ist es das Motiv der Scham, das die zur Seite gewandten Blicke motiviert.*

zutragen. Die beste Übersetzung für das, was die frühen Christen »Agape« nannten, ist nach wie vor »Solidarität«. Gerade sie ist unter uns gefährdet, weil Nächstenliebe als privates Hobby angesehen und nicht strukturell gedacht wird. Die Liebe zur Gerechtigkeit bleibt harmlos, weil unsere Geschichten von Gerechtigkeit dünn werden, weil unsere Erinnerung an das Herauskommen aus dem reichen sklavenhaltenden Ägypten vergessen wird in der religionsfreien und traditionslosen Welt. Ein bisschen Fairness (wie der neue Ersatzbegriff für Gerechtigkeit in der Ökonomie genannt wird), ist alles, was noch denkmöglich ist.

Eine in der religiösen Tradition gedachte interpersonale und strukturelle Liebe braucht nicht nur gelegentliche Empfindung, sondern auch Inszenierung. Sie braucht Geschichten, sie muss erzählt, gespielt, getanzt, gesungen und gepfiffen werden, sie geht ein in der Sprachlosigkeit einer Welt, in der alles besorgt, gekauft, hergestellt werden kann und in der zugleich der Mangel, das Fehlen einer wirklichen Beheimatung in dieser Welt (die mehr ist als ein benutzbares Objekt) immer sichtbarer wird. Die Liebe braucht Nahrung durch Traditionen und Geschichten, ihr Fehlen, ihre Verletzungen müssen bemerkt und benannt werden, sie muss immer wieder herbeigerufen werden. Gott ist kein »private property«.

Das jüdische Volk hat gelehrt, dass wir Gott nachahmen sollen, es gibt eine »imitatio Dei«, eine nachahmende Nachfolge. Gott hat Adam und Eva Kleider gemacht, als sie das Paradies verlassen mussten; so sollen auch wir die Nackten kleiden. Gott hat den Mose beerdigt; so sollen auch wir die Toten ehren und begraben. Gott hat der hungrigen Witwe bei Elija Brot geschenkt; so sollen auch wir die Kraft Gottes nachahmen und die Hungernden speisen. Gott vergibt den Menschen ihre Schuld, warum können wir unsern Schuldnern (z. B. den Hungernden in Nicaragua) nicht vergeben? Die Idee, den Markt als die letzte, alles ordnende Größe anzubeten, widerspricht dieser Vorstellung des menschlichen Lebens, das seine Ähnlichkeit zu Gott in der Nachahmung zeigt. Gott braucht uns für sein Reich. Es ist eine falsche, von dogmatischen Begriffen besetzte Theologie, sich Gott vorzustellen als einen unberührten, tränenlosen Herren, der niemanden braucht, um lebendig zu sein. Nichts hat mich so sehr in das Christentum gelockt wie dieses Wissen: Gott braucht mich.

Die größte Gefahr, die ich unter uns wachsen sehe, ist eine spirituelle Sache: dass wir uns selber für handlungsunfähig erklären und in dem Gefühl der eigenen Ohnmacht bleiben. Vielleicht trennt uns nichts so sehr von der Liebe als der anthropologische Pessimismus, der der Liebe nichts zutraut, weil er nicht weiß, dass sie das von Gott in uns artikuliert. Nichts ist so gottlos wie der Satz: »Daran kann man nichts machen, so ist es eben.« In diesem Denken wird unsere Verbundenheit mit Gott geleugnet, die sich durchhaltende Kraft, die immer wieder neu aufsteht und das Leben für alle einklagt. Diese weitergehende Kraft ist nicht die der supranaturalen Intervention, Gott ist kein »interventionist«, sondern ein »intentionist«, dessen Willen, dass leben für alle da sei, wir kennen können.

Eine der zentralen Aufgaben von religiöser Verbundenheit mit der ganzen menschlichen Familie und dem Leben aller Geschwister ist es, unsere Lebens-

»Die Liebe hört niemals auf.
Prophetisches Reden hat ein Ende,
Zungenrede verstummt,
Erkenntnis vergeht.
Denn Stückwerk ist unser
Erkennen,
Stückwerk unser prophetisches
Reden;
wenn aber das Vollendete kommt,
vergeht alles Stückwerk.«

PAULUS,
ERSTER BRIEF AN DIE KORINTHER 13, 8–10
(DAS HOHELIED DER LIEBE)

intentionen, unsere Wünsche zu artikulieren. Religion hilft uns dabei, unsere Wünsche zu erneuern, sie nicht gar zu klein auf das Erreichbare, das jetzt Mögliche, zu beziehen. Sie verbindet das Isolierte. Ihre wichtigste Sprache ist das Gebet, das Wunschdenken, das sich nicht abfindet mit dem, was jetzt ist. Die Liebe braucht diese Sprache, die über das Realistische, das Wahrscheinliche hinausgeht. Die Liebe zum Nächsten, zur Mitwelt, ist in der Liebe zu Gott aufgehoben. In solchen Wünschen ist Gott nicht ein Schicksalsgötze, in dessen Macht alles kommt wie es eben kommt. Es verbündet uns mit einem Gott, der nicht der allmächtige Sieger ist, sondern auf der Seite der Armen und Benachteiligten steht. Ein Gott, der immer noch versteckt ist in der Welt und sichtbar werden will.

Nichts kann uns scheiden von der Liebe Gottes, heißt es im Römerbrief (Röm 8,35). Diese tiefste Gewissheit erfahren wir nicht, wenn wir uns wie Kinder in den Mantel Gottes wickeln wollen und dann beim Erwachsenwerden glauben, ihn nicht mehr zu benötigen. Es ist zu kalt auf der Welt, als dass wir meinen könnten, es ließe sich ohne diesen Mantel leben. Die Gnade wärmt uns, aber sie macht uns zugleich am Mantel Gottes mitstricken.

Die seltsame Erfahrung, in der aus dem Schicksal da – oben ein Miteinanderleben hier – unten wird, hat ein Gläubiger des Islam vor langer Zeit einmal in einem Bild ausgedrückt. Der Mystiker Bayazid Histami hatte eine Wallfahrt nach Mekka unternommen. Er besucht das Haus Gottes mit dem heiligen Stein, der Kaaba. Er sagte: »Eine Weile umkreiste ich das Haus der Kaaba. Als ich bei Gott ankam, wurde ich gewahr, dass das Haus mich umkreiste.« Aus dem Suchen ist ein Gefundenwerden geworden, und aus der Übernahme von Dogmen und Lehrsätzen ein mystisches Leben mit Gott. Aus der Hilflosigkeit, in der wir uns Gott nur unterwerfen können oder ihn fallenlassen als eine vormoderne Illusion, wächst eine andere Stärke des Einsseins mit Gottes Liebe. Wir glauben, das Haus zu umkreisen, aber in Wirklichkeit kreist das Haus um uns, und wir sind schon lange in ihm.

»Jetzt schauen wir in einen Spiegel
und sehen nur rätselhafte Umrisse,
dann aber schauen wir von Angesicht zu Angesicht.
Jetzt erkenne ich unvollkommen,
dann aber werde ich durch und durch erkennen,
so wie ich auch durch und durch erkannt worden bin.
Für jetzt bleiben Glaube, Hoffnung, Liebe, diese drei;
doch am größten unter ihnen ist die Liebe.«

PAULUS,
ERSTER BRIEF AN DIE KORINTHER 13, 12–13
(DAS HOHELIED DER LIEBE)

GLAUBE, HOFFNUNG, LIEBE. *Von den Sieben Tugenden der christlichen Tradition sind die Vier Kardinaltugenden Klugheit, Gerechtigkeit, Tapferkeit und Maß griechisch-antiken Ursprungs und fanden in das Alte Testament Eingang, etwa in das Buch der Weisheit: »Wenn jemand Gerechtigkeit liebt, in ihren Mühen findet er die Tugenden. Denn sie lehrt Maß und Klugheit, Gerechtigkeit und Tapferkeit, die Tugenden, die im Leben der Menschen nützlicher sind als alles andere« (Weish 8, 7). Die Drei Göttlichen Tugenden (seit dem 13. Jahrhundert theologische Tugenden genannt), nämlich Glaube, Hoffnung, Liebe (1 Kor 3,13), sind dagegen als ursprünglich christlich zu betrachten, zumal in der Definition der Liebe als caritas. Sie lassen sich aber auf biblische Aussagen über den Horizont übertragen, in dem sich menschliches Verhalten im Spiegel biblischer Gestalten darstellt, beginnend bei den Erzeltern. Ihnen ist am Beispiel von Abraham und Sara das Aquarell (1978) von Emil Wachter gewidmet (rechte Seite).*

BILDERLÄUTERUNGEN

Im folgenden werden die Bildlegenden, die Abbildungen unmittelbar zugeordnet sind, zum einen durch die Angaben zu Entstehungszeit und -ort, zu Material, Technik, Format und Standort ergänzt. Zum anderen finden hier weiterführende Hinweise zum Verständnis der abgebildeten Werke ihren Platz.

Abkürzungen:
BAV: Biblioteca Apostolica Vaticana
ÖNB: Österreichische Nationalbibliothek
SMPK: Staatliche Museen Preußischer Kulturbesitz
Bei Gemälden:
Öl/Lw.: Öl auf Leinwand
Bei Handschriften:
fol.: folio (= Blatt); r: recto (= Vorderseite); v: verso (= Rückseite)

Mehrfach vertretene Prachthandschriften:

Biblia pauperum der British Library (Kings MS 5), eine ungewöhnliche Bilderhandschrift der »Armenbibel« aus dem 15. Jahrhundert. Ungewöhnlich sind das Querformat (17,9 x 38,4 cm) und die Verwendung von Gold und Silber.

Die »Biblia pauperum« gehört zu den typologischen Andachtsbüchern des Mittelalters, die darauf abzielen, den heilsgeschichtlichen Zusammenhang zwischen dem Alten und dem Neuen Testament verständlich zu machen: Alttestamentliche Personen und Szenen deuten als »Typen« auf analoge neutestamentliche »Antitypen« hin. So entspricht dem alttestamentlichen »Typus« Eva der neutestamentliche »Antitypus« Maria.

Faksimile-Edition: Faksimile Verlag, Luzern
Abb. S. 8, 131

Gumbertusbibel, benannt nach dem Gumbertuskloster in Ansbach (Besitznachweis um 1200), entstanden Ende des 12. Jahrhunderts in Bayern. Der Codex mit 394 Pergamentblättern im Format 67 x 43 cm enthält die lateinische Bibel (Vulgata). Mit 39, teilweise ganzseitigen Szenengruppen und 65 Schmuckinitialen besitzt er einen der umfangreichsten Bilderzyklen zur Bibel aus romanischer Zeit.

Erlangen, Universitätsbibliothek, Ms. 1
Abb. S. 75, 164, 167

Ingeborg-Psalter, benannt nach der Besitzerin Ingeborg von Dänemark. Handschrift der 150 Psalmen,, eingeleitet durch 27 Bildseiten mit alt- und neutestamentlichen Themen.

Chantilly, Musée Condé, Ms. 9.
Abb. S. 24 l., 41

Kreuzritterbibel, benannt nach dem Engagement des Auftraggebers, König Ludwig IX., des Heiligen, für die Kreuzzugsbewegung; entstanden in Paris um 1250. Ludwig IX. (1214-1270; reg. ab 1226) fand auf seinem letzten Kreuzzug den Tod und wurde 1297 heiliggesprochen. Ein weiterer Grund für die Bezeichnung »Kreuzritterbibel« liegt in der Darstellung alttestamentlicher Kampfszenen, die dazu dienen konnten, die aktuellen Kriegszüge als gerecht und gottgefällig zu legitimieren, indem sie an siegreiche Kämpfe des Gottesvolkes Israel anknüpften.

Der Codex entstand als reine Bilderhandschrift und reicht von der Schöpfung bis zur Geschichte Davids. Er besteht aus 46 Pergamentblättern im Format 39 x 29,5 cm, mit 283 Einzelbildern. Zerlegt in drei Fragmente, befindet er sich heute in New York (Pierpont Morgan Library, M 638), Los Angeles (J. Paul Getty Museum, 83 MA 55) und Paris (Bibliothèque nationale de France, Ms. nouv. acg. lat. 2294).

Faksimile-Edition: Faksimile Verlag, Luzern
Abb. S. 9, 26, 27, 64, 72, 81, 86 r., 137, 157

Stundenbuch aus Tours, entstanden um 1480/85. 116 Pergamentblätter im Format 15,8 x 9,5 cm. Hauptmeister der Ausstattung mit Miniaturen ist Jean Bourdichon (1457-1521).

Rom, BAV, Vat. lat. 3781
Faksimile-Edition: Belser Verlag, Stuttgart
Abb. S. 86 l., 162

Stundenbuch der Farnese (Farnese-Stundenbuch), benannt nach seinem Auftraggeber, Kardinal Alessandro Farnese (1520-1589), Mitglied einer der einflußreichsten Familien Italiens, aus der mehrere kunstsinnige Auftraggeber und Mäzene hervorgingen, die eine hochwertige Kunstsammlung (Palazzo und Galleria Farnese, Rom) zusammentrug.

Entstanden ist die Handschrift 1546 in Rom. Hauptmeister der Ausstattung mit Miniaturen im Stil der Spätrenaissance ist der in Kroatien geborene Miniaturist Giulio Clovic, auch Giulio Clovio genannt, (1498-1578).

Der Codex umfasst 114 Folios (128 Seiten) im Format 11,0 x 17,3 cm, davon 26 ganzseitige Miniaturen (mit Haupt- und Nebenszenen) sowie 37 Seiten mit aufwendigem Bordürenschmuck und reicher, aber dezenter Verwendung von Gold.

New York, Pierpont Morgan Library, M 69
Faksimile-Edition: Akademische Druck- u. Verlagsanstalt, Graz 2001, Codices Selecti, Band 106 sowie limitierte Buchhandelsausgaben.
Abb. S. 2, 25, 97

Urbino-Bibel (Bibel des Federigo da Montefeltro), benannt nach der Aufbewahrung in der Herzoglichen Bibliothek in Urbino bzw. nach dem Auftraggeber Federigo da Montefeltro (1422-1482, ab 1444 Graf, ab 1474 Herzog von Urbino). Der Codex mit 552 Pergamentblättern im Format 60 x 44,33 cm ist eine in zwei Bände aufgeteilte Gesamtausgabe der lateinischen Bibel (Vulgata), entstanden 1476-78 in Florenz. Jedes Buch der Bibel wird durch prachtvolle Bordüren und ein in der Regel gerahmtes Bild im Querformat eingeleitet.

Seit 1657 in Rom, BAV, Urb. lat 1+2.
Abb. S. 21, 56, 66, 115, 119, 171

Wenzelsbibel, benannt nach dem Auftraggeber Wenzel (1361-1419, als Wenzel IV. ab 1363 König von Böhmen, 1376/78-1400 röm.-dt. König); entstanden um 1400 in der Prager Wenzelswerkstatt. Der Codex mit 1214 Pergamentblättern im Format 53,5 x 37 cm enthält das Alte Testament (Bücher Genesis bis Jesus Sirach) in der Übersetzung ins Prager Deutsch des 15. Jahrhunderts. Der Text ist zweispaltig ausgeführt mit einspaltigen Miniaturen und reichem Bordürenschmuck. Heute ist der Codex in sechs Bände aufgeteilt.

Wien, ÖNB, Cod. 2759-2764.
Faksimile-Edition: ADEVA (Akademische Druck- und Verlagsanstalt), Graz
Abb. S. 40, 47, 50 (2), 51, 54, 59, 63, 67, 86, 88, 89, 105, 121, 125, 128, 135, 141, 152, 153

Weltchronik des Rudolf von Ems: Für den Stauferkönig Konrad IV. (1228-1254, röm. König seit 1237, als Konrad III. Herzog von Schwaben) verfasste Rudolf von Ems (um 1200-um 1254) in mittelhochdeutscher Sprache eine eng an das Alte Testament gebundene Weltgeschichte von der Schöpfung bis zum Tod des Königs Salomo. Diese Reimchronik ist zusammen mit der Vita Karls des Großen vom sog. »Stricker« in einer Prachthandschrift um 1300 überliefert. Der Codex umfasst 294 Pergamentblätter im Format 29,5 x 20 cm.

St. Gallen, Kantonsbibliothek Vadiana, Ms 302 Vad.

Faksimile-Edition: Faksimile Verlag, Luzern
Abb. S. 146, 150

Seite 2: Giulio Clović, »Salomo und die Königin von Saba« im Stundenbuch der Farnese, fol. 39r.

Seite 3: Albrecht Dürer (1471 – 1528), Holzschnitt 1511, Detail aus Abb. S. 34.

Seite 4: »Sündenfall und Vertreibung aus dem Paradies« im »Sehr reichen Stundenbuch des Herzogs von Berry« (»Très Riches Heures du Duc de Berry«), benannt nach dem Auftraggeber, Jean de France, Duc de Berry (1340-1416), begonnen um 1412, vollendet um 1485; Chantilly, Musée Condé, Ms. 65, fol. 25v.

Die Miniatur gehört zum Anteil der Brüder Jan, Pol und Herman von Limburg (gest. wie ihr Auftraggeber 1416). Das betreffende Blatt wurde im Marienoffizium vor dem Bild der Verkündigung an Maria eingefügt gemäß dem Zusammenhang zwischen Sündenfall und Erneuerung der Geschichte des Menschen durch die Inkarnation Gottes in Jesus: Maria ist die »neue Eva« und Jesus der »neue Adam«.

Seite 5: Gustav Klimt (1862-1918), »Judit II«, Wien 1909; Öl/Lw., 48 x 17,8 cm; Venedig, Galleria d'Arte Moderna.

Klimt reagierte mit dieser zweiten Fassung auf die Kritik an der Erotik seiner ersten Darstellung der Freiheitsheldin, doch blieb seine kostbar gewandete Judit eine »femme fatale« im Zeitgeist der Jahrhundertwende. Erst beim zweiten Blick fällt das Haupt des Holofernes auf.

Seite 6: Marc Chagall (1887-1985), »Hohelied I«, Vence 1956; Öl auf Papier, auf Lw. aufgezogen, 148 x 172 cm; Nizza, Musée National Message Biblique Marc Chagall.

Das Gemälde eröffnet einen fünfteiligen Zyklus zum Hohenlied, den Chagall, ab 1952 in zweiter Ehe mit Valentina (Vava) Brodsky verheiratet, autobiografisch gedeutet hat. Er versah den Zyklus 1980 mit der Widmung: »Für Vava, meine Frau, meine Freude und meine Fröhlichkeit.«

Seite 8: »Die Erschaffung Evas« in der Biblia pauperum der British Library, fol. 18r.

Die zugehörige neutestamentliche Szene bildet die Kreuzigung: Wie Eva aus der geöffneten Seite Adams hervorgeht, so fließt das Blut der Erlösung aus der Seitenwunde Jesu.

Seite 9: »Schöpfung und Sündenfall« in der Kreuzritterbibel, fol. 1v.

Seite 10: Michelangelo (1475-1564), »Die Erschaffung Adams« an der Decke der Sixtinischen Kapelle, 1508-12; Fresko.

Zum Bildprogramm, mit dem Michelangelo im Auftrag von Julius II. das Tonnengewölbe der päpstlichen Kapelle ausgestattet hat, gehören neun Bildfelder von der Schöpfung bis zur Geschichte des Noach. Das vierte Feld zeigt die Erschaffung Adams; zu den Gestalten, die der Mantel des Schöpfers umhüllt, gehört eine Frau, die als Eva bzw. Allegorie der Weisheit gedeutet wird. Das sechste Feld schildert als Doppelszene den Sündenfall (Abb. S. 36) und die Vertreibung aus dem Paradies (Abb. S. 37).

Seite 11: Michelangelo, »Eva«, Detail aus Abb. S. 10.

Seite 12: Hieronymus Bosch (um 1450-1516), »Der Garten der Lüste«, 's-Hertogenbosch um 1480/90; Öl auf Holz, 220 x 195 cm; Madrid, Museo del Prado.

Mitteltafel eines Triptychons mit den Seitenflügeln »Der Garten von Eden« (Abb. S. 178) und »Die Hölle«.

Seite 13: Drei Details aus Abb. S. 12. Das mittlere Detail mit einem Liebespaar lässt sich zu einer Stelle im Hohenlied in Beziehung setzen. Dort wendet sich die Braut gegen die »Töchter Jerusalems«, die vornehmen Damen mit hellem Teint, die keine Feldarbeit leisten und sich nicht der Sonne aussetzen müssen, und sagt in der Einheitsübersetzung von sich: »Braun bin ich, doch schön«. In der lateinischen Version der Vulgata lautet der Vers: »Nigra sum sed pulchra« (Schwarz bin ich, aber schön). Hierauf gründet der Slogan der schwarzen Bevölkerung in den USA während der 60er Jahre gegen die Vorherrschaft des weißen Schönheitsideals: »Black is beautiful«.

Seite 14: Heinrich Friedrich Füger (1751-1818), »Batseba im Bade«, Wien um 1790.

Eine Dienerin öffnet eine von David geschickte Schmuckschatulle.

Seite 15 links: Giotto (1267-1337), »Die Begegnung von Anna und Joachim an der Goldenen Pforte« (Ausschnitt), 1305/06; Fresko, ca. 150 x 140 cm; Padua, Arenakapelle.

Seite 15 rechts: »Liebespaar« im Rankenwerk einer Bordüre der Ottheinrich-Bibel (München, Bayerische Staatsbibliothek, Cgm 8010/1,2), 15. Jahrhundert, benannt nach dem zeitweiligen Besitzer, Kurfürst Ottheinrich von der Pfalz (1502-1559), der den Codex für Heidelberger Bibliotheca Palatina erwarb.

Seite 16: Giovanni Baglione (1566-1643), »Der Sieg der Himmlischen Liebe über die Welt, das Fleisch und den Teufel«, Rom um 1602; Öl/Lw., 183,4 x 121,4 cm; Berlin, SMPK, Gemäldegalerie.

Seite 17: Tizian (um 1490-1576), »Himmlische und Irdische Liebe«, Venedig 1515/16; Öl/Lw., 118 x 279 cm; Rom, Galleria Borghese.

Der Titel, der sich für diese Allegorie eingebürgert hat, verdeckt mit größter Wahrscheinlichkeit die ursprüngliche Funktion des Gemäldes: Es sollte wohl eine zurückhaltende Dame dazu ermutigen, sich den Wonnen der sinnlichen Liebe hinzugeben. In diesem Zusammenhang ist die »himmlische« Liebe kein Gegensatz der »irdischen«, sondern bildet deren höchste Steigerung.

Seite 18: »Hochzeit« in einer hebräischen Handschrift der Gesetzessammlung »Arba'a Turim« (Vier Ordnungen bzw. Reihen) von Isaak ben Ascher (1296-um 1343), Mantua 1435; Rom, BAV, Ross. 555, fol. 220v.

Seite 19: Michael Pacher (um 1435-1498), »Jesus und die Ehebrecherin«, Tafel des Wolfgangsaltars, vollendet 1481; Tempera auf Holz, 175 x 130 cm; St. Wolfgang (Salzkammergut), St. Wolfgang.

Seite 20: Raffael (1483-1520), »Die Heirat von Maria und Josef«, Perugia 1504; Öl auf Holz, 170 x 117 cm; Mailand, Pinacoteca di Brera.

Seite 21: »Die Heirat von Maria und Josef« in der Urbino-Bibel, Urb. lat. 2, fol 201r.

Seite 22: Tintoretto (1518-1594), »Jesus bei Maria und Marta«, Venedig um 1580; Öl auf Leinwand, 200 x 132 cm; München, Alte Pinakothek.

Seite 23: Raffael (1483-1520), »Maria aus Magdala«, Detail des Gemäldes »Die hl. Cäcilie«, Rom 1514; Bologna, Pinacoteca Nazionale.

Seite 24 links: »Der Auferstandene und Maria aus Magdala (Noli me tangere)« im Ingeborg-Psalter, fol. 29r.
Seite 24 rechts: Peter Paul Rubens (1577-1640), »Jesus und Maria aus Magdala (Christus und die reuige Sünderin)«, Antwerpen um 1618; Öl auf Holz, 147,4 x 130,2 cm; München, Alte Pinakothek.

Seite 25: Giulio Clović, »Die Taufe Jesu« im Stundenbuch der Farnese, fol. 35r.

Seite 26: »Jakob und Rahel/Treffen Jakobs mit Esau« in der Kreuzritterbibel, fol. 4v. (obere Hälfte).

Seite 27: »Jakobs Kampf mit dem Engel/ Treffen Jakobs mit Esau in der Kreuzritterbibel, fol. 4v (untere Hälfte).

Seite 28: »Der Sündenfall« in einer hebräischen Handschrift der Bibel, Nordfrankreich um 1280/90; London, British Library, Add. Ms. 116639, fol. 520v.

Seite 29: »Von der Schöpfung bis zum Traum des Pharao« in der Hamilton-Bibel; Neapel um 1350; Berlin, SMPK, Kupferstichkabinett, Ham. 94, fol.4r.

Seite 30: »Die Schöpfung«, um 1220; Kuppelmosaik; Venedig, Vorhalle von San Marco.

Seite 31: Hieronymus Bosch (um 1450-1516), »Erschaffung der Menschen, Sündenfall und Vertreibung aus dem Paradies«, linker Flügel des »Heuwagen-Triptychons«, 's-Hertogenbosch um 1490; Öl auf Holz, 135 x 45 cm; Madrid, Museo del Prado.

Seite 32: Albrecht Dürer (1471-1528), »Adam und Eva«, Nürnberg 1507; Öl auf Holz, 209 x 80 cm je Tafel; Madrid, Museo del Prado.

Seite 33: Peter Paul Rubens (1577-1640) und Jan Brueghel d.Ä.(1568-1625), »Adam und Eva im Paradies (Der Sündenfall)«, um 1620; Öl auf Holz, 74 x 114 cm; Den Haag, Mauritshuis.

Das Gemälde ist ein Gemeinschaftswerk von Rubens mit Jan Brueghel d.Ä. (gen. »Blumen-Brueghel«) als Spezialist für Faune und Flora.

Seite 34 links: Albrecht Dürer (1471-1528), »Der Sündenfall« im Zyklus »Das Marienleben«, erschienen 1511; Holzschnitt, 12,9 x 9,9 cm.

Der Holzschnitt erinnerte seinerzeit den humanistisch gebildeten Betrachter an den antiken Mythos vom ursprünglich »ungeteilten« Menschen: Dürers Menschenpaar erscheint in diesem Sinne als Wesen mit vier Beinen, das sich erst mit den Oberkörpern in zwei Wesen aufteilt. Wesentliches Merkmal der Trennung ist die gegenseitige Wahrnehmung im Blickkontakt, der die Distanz sowohl überbrückt als auch zum Bewusstsein bringt.

Seite 34 rechts: Hugo van der Goes (um 1440-1482), »Der Sündenfall«, Gent um 1470/75; Öl auf Holz, 32,2 x 21,9 cm; Wien, Kunsthistorisches Museum.

Linke Tafel eines Diptychons, dessen rechte Tafel die Beweinung Jesu zeigt. Der theologische Zusammenhang ergibt sich aus der Lehre von der Erlösung durch den Opfertod Jesu am Kreuz.

Seite 35: Francesco Zuccho (nach einer Zeichnung von Vittorio Bigeri), »Die Vertreibung aus dem Paradies«, 1740; Kupferstich, 19 x 11,5 cm.

Illustration zum XII. Gesang von John Miltons Epos »Das verlorene Paradies« (1667) in einer 1740 in Paris erschienen Prachtausgabe in italienischer Sprache.

Seite 36: Michelangelo, »Der Sündenfall«, vgl. S. 10.

Seite 37: Michelangelo, »Die Vertreibung aus dem Paradies«, vgl. S. 10.

Seite 38: »Abrahams Schoß«, Südrussland, um 1830/40; Ikone mit den Erzvätern Abraham, Isaak und Jakob; ehemals Peter und Paul Ikonengalerie, Vaduz, heute in Privatbesitz.

Seite 39: Wladimir-Susdal-Schule, »Hl. Dreieinigkeit«, 14. Jahrhunderts mit der Darstellung der »drei Männer« zu Gast bei Abraham und Sara im Hain von Mamre; Pittsburg, Sammlung G.R. Hann.

Seite 40: »Abraham und Sara in Ägypten« in der Wenzelsbibel, Cod. 2759, fol. 11v.

Seite 41: »Gott zu Gast bei Abraham« im Ingeborg-Psalter, fol. 10v.

Seite 42: »Gott zu Gast bei Abraham/Die Opferung Isaaks«, um 550; Mosaik; Ravenna, San Vitale.

Seite 43: »Abimelech gibt Abraham dessen angebliche Schwester Sara zurück«; 17. Jahrhundert; Bildteppich; Freiburg i.Br., Münster.

Seite 44: »Abraham und Sara wird ein Sohn verheißen« im Oktateuch (Handschrift der ersten acht Bücher der Bibel) von Smyrna, 12. Jahrhundert; fol. 170v (verbrannt).

Seite 45: Rembrandt (1606-1669), »Abraham und Isaak«, Amsterdam 1645; Radierung, 16 x 13,1 cm; Hamburg, Kunsthalle.

Seite 46: Andrea Vaccaro (1598-1670), »Die erste Begegnung von Isaak und Rebekka« (Ausschnitt), Neapel, um 1650; Madrid, Museo del Prado.

Seite 47: »Elieser und Rebekka am Brunnen« in der Wenzelsbibel.

Seite 48: Bartolomé Estéban Murillo, »Elieser und Rebekka am Brunnen«, Sevilla um 1650, Madrid, Museo del Prado.

Seite 49: Rembrandt (1606-1669), »Die Judenbraut«, Amsterdam um 1665; Öl/Lw., 121 x 166,5 cm; Amsterdam, Rijksmuseum.

Der Titel stammt aus dem 19. Jahrhundert. Eine der zahlreichen Hypothesen besagt, es handle sich um den persischen König Kyros und die Schäferin Aspasie, die Hauptpersonen eines Theaterstücks (1656) von Jacob Cats, das zu den Bühnenerfolgen in Amsterdam gehörte. Eine Federzeichnung Rembrandts »Abimelech belauscht Isaak und Rebekka« (um 1556, Privatbesitz) lässt es dagegen als wahrscheinlich erscheinen, dass das Gemälde Isaak und Rebekka zeigt. Es könnte sich zugleich um Rollenbildnis eines Braut- oder Ehepaares als Isaak und Rebekka handeln, denn solche »portraits historiés« waren zu dieser Zeit sehr beliebt.

Seite 50 oben: »Rebekka mit Esau und Jakob im Wochenbett/ Jakob und Rebekka mit ihren heranwachsenden Zwillingen« in der Wenzelsbibel.

Seite 50 unten: »Isaak segnet Jakob« in der Wenzelsbibel.

Seite 51: »Lea und Rahel mit den Alraunen, die Ruben seiner Mutter Lea gebracht hat/Jakobs Beischlaf mit Lea« in der Wenzelsbibel.

Seite 52: Hugo van der Goes (um 1440-1482), »Die erste Begegnung von Jakob und Rahel« (Ausschnitt), Gent um 1470; Federzeichnung auf Papier, 34 x 57 cm; Oxford, Christ Church Library Collections.

Seite 53: »Die erste Begegnung von Jakob und Laban«, Brüssel, 16. Jahrhundert; Bildteppich.

Seite 54: »Jakob, Lea und Rahel verlassen ihre Heimat/Laban in Jakobs Lager« in der Wenzelsbibel.

Seite 55: Bartolomé Estéban Murillo (1618-1682), »Laban in Jakobs Lager«, Sevilla um 1650.

Die häufig dargestellte Szene enthält das köstliche Detail, wie Rahel ihrem bestohlenen Vater Laban versichert, sich aufgrund der Menstruation nicht erheben zu können. Laban lässt sich täuschen, sodass ihm das Diebesgut unter Rahels Sitz verborgen bleibt.

Seite 56: »Jakob und seine Familie auf dem Weg nach Ägypten« in der Urbino-Bibel, Urb. lat. 1, fol. 27r.

Seite 57: Giovanni Benedetto Castiglione (1609-1663/65), »Jakobs Reise«, Mantua um 1650; Madrid, Museo del Prado.

Castiglione zählt zu den bekanntesten Tiermalern des Barock. Zu seinen Spezialitäten gehört der Einzug der Tiere in die Arche Noach und Jakobs Reise gewinnt den Charakter eines Viehtriebs.

Seite 58: »Juda und Tamar« im Wiener Codex 2554, um 1210.

Seite 59: »Juda von Tamar« in der Wenzelsbibel, um 1400.

Seite 61: Horace Vernet (1789-1863), »Juda und Tamar«, um 1840.

Seite 62: »Rut auf dem Felde« in der Bibel des Duc de Berry, Paris um 1390; Rom, BAV, Vat. lat. 50, fol. 145r.

Die im Auftrag vom Jean de France, Duc de Berry entstandene Prachthandschrift der Bibel beschränkt den Bildschmuck auf Initialen, die figürlich oder szenisch ausgestaltet sind.

Seite 63: »Rut und Boas auf der Tenne« in der Wenzelsbibel.

Die mimische Ausdruckskraft, die dazu geeignet ist, Boas als überrascht, neugierig, rücksichtsvoll zu charakterisieren, ist ein Beispiel für den hohen künstlerischen Rang der Maler in der Prager Wenzelswerkstatt. Dem psychologischen Realismus entspricht vielfach ein gegenständlicher Detailrealismus. Die Ornamentik dient der Bedeutungssteigerung.

Seite 64; »Rut und Noomi/Rut und Boas auf der Tenne« in der Kreuzritterbibel, fol. 18r.

Seite 65: »Rut und Boas auf dem Felde« im Oktateuch des Athosklosters Watopédi.

Seite 66: »Noomi mit ihrer Familie auf dem Weg von Betlehem nach Moab« in der Urbino-Bibel, Urb. lat. 1, fol. 110v.

Seite 67: »Rut und Boas auf dem Felde/ Ruts Teilnahme an der Mahlzeit des Boas und seiner Knechte« in der Wenzelsbibel.

Seite 68: Nicolas Poussin, »Der Triumph Davids«, Rom um 1630.

Seite 69: »Abischag wird zu David gebracht/Abischag liebkost David« in einer Bible moralisée, um 1410; Rom, BAV, Vat. reg. 25, fol. 81v.

Wie Abischag David am Kinn »krault«, ist in der Kunst des Mittelalters eine standardisierte Geste der Liebkosung.

Seite 70 links: »David beim Harfenspiel« in einer hebräischen Miszellen-Handschrift (Sammlung von Texten verschiedenen Inhalts, darunter Psalmen), Nordfrankreich um 1380/90; Deckfarben auf Pergament, 15,7 x 12,1 cm; London, British Library, Ms. Add. 11639.

Seite 70 rechts: Marc Chagall, »König David«, Vence 1962/63; Öl/Lw., 180 x 98 cm; Privatbesitz.

Seite 71: »Die Heirat von David und Michal«, Konstantinopel um 610/20; Silberschale, Durchmesser 27 cm; Nikosia, Antikenmuseum.

Seite 72: »David entrichtet Saul den Brautpreis/Heirat von David und Michal« in der Kreuzritterbibel, fol. 30r (obere Hälfte).

Seite 73: »Michal verhilft David zur Flucht« in einer Biblia pauperum, um 1430/40; Rom. BAV, Pal. lat. 871, fol. 5v (Detail).

Seite 74: »David tanzt vor der Bundeslade« in einer deutschsprachigen Historienbibel, Niederrhein um 1450; Staatsbibliothek Preuß. Kulturbesitz, Ms. germ. fol. 516, fol. 129r.

Seite 75 links: Davidstern an der Stadtmauer von Jerusalem.

Seite 75 rechts: »Michal verlacht David« in der Gumbertusbibel, fol. 161v (Detail).

Seite 76: »Die erste Begegnung von David und Abigajil« in einem Heilsspiegel, um 1430/40; Chantilly, Musée Condé.

Seite 77: »Der erste Begegnung von David und Abigajil« im Stundenbuch der Anne de Montmorency, 1549; Chantilly, Musée Condé, Ms. 1943, fol. 27v.

Seite 78-79: Lucas Floquet, »Die Geschichte von David und Abigajil« (nach einem verschollenen Werk des Hugo van der Goes), 1517; Öl auf Leinwand, 130 x 325 cm; Waarschoot,Saint-Ghislain.

Seite 80: Lucas Cranach d.Ä., »David und Abigajil«, Wittenberg 1509; Holzschnitt.

Seite 81: »Abigajil und Nabal/Tod Nabals« in der Kreuzritterbibel, fol. 33v (untere Hälfte).

Seite 82: Hans Memling, »David übergibt seinem Diener einen Ring für Bathseba (Ausschnitt aus »Bathseba im Bade»).

Seite 83; Hans Memling, »Batseba im Bade« (Ausschnitt), Brügge um 1485/90; Öl auf Holz, 191,5 x 84,6 cm; Stuttgart, Staatsgalerie.

Das schlanke Hochformat der Tafel und die Wendung Batsebas nach links (vom Betrachter aus gesehen) deuten daraufhin, dass es sich ursprünglich um den rechten Flügel eines Triptychons gehandelt hat. Es dürfte auf der Mitteltafel das Jüngste Gericht gezeigt und als »Gerechtigkeitsbild« gedient haben. Die Geschichte von David und Batseba bildete in diesem Zusammenhang ein Beispiel für ungerechtes Handeln, das mit göttlicher Strafe (Tod des erstgeborenen Kindes) geahndet wurde.

Seite 84: »Batseba im Bade« im Barberini-Stundenbuch, Paris um 1510; Deckfarben auf Pergament, 21,4 x 14 cm; Rom, BAV, Barb. lat. 487, fol. 67v.

Seite 85: Rembrandt (1606-1669), »Batseba mit Davids Brief«, Amsterdam 1654; Öl/Lw., 142 x 142; Paris, Musée du Louvre.

Als Modell diente Hendrickje Stoffels, Haushälterin und Lebensgefährtin des ab 1642 verwitweten Rembrandt. Bis zu ihrem Lebensende litt Hendrickje Stoffels unter der Ächtung als »Hure«. Zum Gesichtsausdruck Batsebas bzw. Hendrickjes vgl. Abb. S. 175. Auch hier erweist sich Rembrandt als der unvergleichliche malerische Interpret menschlicher Verhältnisse.

Seite 86 links: Jean Bourdichon (1457-1521), »David im Gebet« im Stundenbuch aus Tours, fol. 74r.

Seite 86 rechts: »Die Geschichte von David und Batseba« in der Kreuzritterbibel, fol. 41v.

Seite 87: Bernardo Strozzi (1581-1644), »David mit Abischag und Bathseba«, um 1630.

Seite 88: »Joschafat und Ahab in Samaria/ Zidkija schmiedet eiserne Hörner« in der Wenzelsbibel, Prag um 1400.

Seite 89: »Isebel verleumdet Nabot/ Nabot wird vor den Toren der Stadt gesteinigt« in der Wenzelsbibel.

Seite 90-91: »Der Tod von Jiram, Ahasja und Isebel« in einer Bible moralisée, um 1410; Vatikanstadt, Biblioteca Apostolica Vaticana.

Seite 92: Théodore Chassériau (1819-1856), »Die Toilette der Ester«, 1842; Öl/Lw; Paris, Musée national du Louvre.

Seite 93: Johann Creszenz Meyer, »Ester und Artaxerxes«, 1778; Hinterglasgemälde; Beromünster, Haus zum Dolder, Stiftung Dr. Edmund Müller.

Seite 94: Hans Burgkmair (1473-1531), »Die Geschichte Esters«, 1528; Öl auf Holz, 103 x 156,3 cm; München, Alte Pinakothek.

Das Gemälde gehört zu einem Zyklus von Historienbildern, die um 1530 für Herzog Wilhelm IV. von Bayern und dessen

Gemahlin Jacobea von Baden entstanden sind. Gemeinsam ist ihnen die Darstellung weltgeschichtlicher Ereignisse in Verbindung mit Helden oder Heldinnen des Altertums. Zur Gruppe der Frauen der Weltgeschichte gehört Ester.

Seite 96: Filippino Lippi (1457-1504), »Ester auf dem Weg zu Artaxerxes«, Florenz um 1489.

Seite 97: »Ester vor Artaxerxes« im Stundenbuch der Farnese.

Seite 98: Friedrich Wilhelm Kleukens, Einband einer bibliophilen Ausgabe des Hohenliedes, 1909.

Das Gemälde gehört zu den Vorarbeiten zu einem Mosaik im Speisesaal des Palais Stoclet in Brüssel.

Seite 99: Gustav Klimt (1862-1918), "Der Kuss (Erfüllung)", 1907/08; Öl, Silber- und Goldauflagen/Lw., 180 x 180 cm; Wien, Österreichische Galerie im Belvedere.

Seite 100 links: »König Salomo und seine Auserwählte« in der Winchester-Bibel, um 1150.

Seite 100 rechts: Oberrheinischer Meister, »Das Paradiesgärtlein«, um 1410; Öl auf Holz, 26 x 33 cm; Frankfurt/M., Städelsches Kunstinstitut.

Seite 102: Emil Wachter (geb. 1921), »Batseba«, 1989; Aquarell.

Der Künstler studierte Theologie und Philosophie, bevor er 1949 sein Studium an der Kunstakademie in Karlsruhe begann.

Seite 103: Robert Wyss (geb. 1925), Illustration zum Hohenlied, 1983; Holzschnitt.

Seite 104: Åke Gustavsson, Illustration in einer Ausgabe des Hohenliedes, 1971.

Seite 105: »Die Ankunft der Königin von Saba in Jerusalem« in der Wenzelsbibel.

Seite 106-107: Apollonio de Giovanni, »Die Reise der Königin von Saba nach Jerusalem«, 15. Jahrhundert; Florenz, Galleria Luigi Bellini.

Seite 108 links: Modell des von König Salomo erbauten Tempels.

Seite 108-109: Edward Poynter, »Der Besuch der Königin von Saba bei König Salomo«, 1890; Öl auf Leinwand, 234,5 x 350,5 cm; Sidney, Art Gallery of New South Wales.

Seite 109: Stelen vom Palast bei Marib.

Seite 110: »Salomo und die Königin von Saba«, Äthiopien, 15. Jahrhundert.

Seite 111: »Salomo und die Königin von Saba (Karl V., der Weise, von Frankreich und seine Schwester Marie de Hongrie)«; Brüssel 16. Jahrhundert; Brüssel, Collections de la Banque Nationale de Belgique.

Seite 112: »Die Anbetung der Könige/Salomo und die Königin von Saba« aus dem berühmten Turin-Mailänder Stundenbuch (Turin, Museo Civico d'Arte Antica, Inv No. 47), einem Teil des umfassendsten, jemals von Jean Duc de Berry in Angriff genommenen Gebet- und Messbuchprojektes, das allerdings erst nach seinem Tod, um die Mitte des 15. Jahrhunderts, vollendet wurde.

Seite 113: »Die Geschichte der Königin von Saba«, Äthiopien.

Seite 115: »Die Geschichte von Tobit, Tobias und Sara« in der Urbino-Bibel, Urb. lat. 1 fol 213v.

Seite 117: Jan Steen (1626-1679), »Die Hochzeit von Tobias und Sara«, Haarlem um 1667/68; Öl/Lw., 131 x 172 cm; Braunschweig, Herzog Anton Ulrich-Museum.

Seite 118: Rembrandt (1606-1669), "Sara erwartet Tobias (Junge Frau im Bett)", Amsterdam 1647; Öl/Lw., 81,3 x 68 cm; Edinburgh, National Gallery of Scotland.

Als Modell diente wohl Geertje Dircx, die nach Saskias Tod als Amme Rembrandts Sohn Titus versorgte und auf eine Heirat hoffte. Nachdem Rembrandt eine Lebensgemeinschaft mit Hendrickje Stoffels eingegangen war, verklagte ihn Geertje Dircx 1649 wegen eines gebrochenen Heiratsversprechens.

Seite 119: »Tobias mit Vater und Mutter« in der Urbino-Bibel (Detail aus Abb. S. 115).

Seite 121: »Die Rache von Simeon und Levi« in der Wenzelsbibel.

Seite 124: Emil Wachter (geb. 1921), »Tamar« und »Amnon«, 1988; Aquarelle.

Seite 125: »David lässt Tamar bitten, Amnon aufzusuchen/Amnon vergeht sich an Tamar« in der Wenzelsbibel.

Seite 127: Jan Steen (1626-1679), »Amnon und Tamar«, Haarlem 1668/70; Öl auf Holz, 67 x 83 cm; Köln, Wallraf-Richartz-Museum.

Seite 128: »Amnon lässt Tamar aus dem Haus schaffen/Tamars Verzweiflung« in der Wenzelsbibel.

Seite 129: Franz von Stuck (1863-1928), "Judit und Holofernes", München 1926; Öl/Lw., 157 x 83 cm; Schwerin, Gemäldegalerie.

Seite 130: Lucas Cranach d.Ä. (1472-1553), »Judit im Lager des Holofernes«, um 1520.

Seite 131: »Judit mit dem Haupt des Holofernes«, Biblia pauperum der British Library, 15. Jahrhundert, fol. 9r.

Seite 132: Tintoretto (1518-1594), »Judit verhüllt den Leichnam des Holofernes«, Venedig um 1530.

Seite 133: Cristofano Allori (1577-1621), »Judit mit dem Haupt des Holofernes«, Florenz 1613; Öl/Lw., 139 x 126 cm, Florenz, Palazzo Pitti.

Seite 134: Donatello (1386-1466), »Judit und Holofernes«, Florenz um 1456-60; Bronze, ursprünglich vergoldet, Höhe 236 cm; Florenz. Piazza della Signoria.

Seite 135: »Der schlafende Simson wird von Delila geschoren/ Simsons Gefangennahme und Blendung« in der Wenzelsbibel.

Seite 137: »Das Quellwunder/Simson in Gaza/Der schlafende Simson wird von Delila geschoren/ Simsons Gefangennahme und Blendung« in der Kreuzritterbibel, fol. 15r.

Seite 139: Peter Paul Rubens (1577-1640), »Simson und Delila«, um 1620: London, National Gallery.

Seite 139: Anthonis van Dyck (1599-1641), »Die Gefangennahme des Simson«, um 1628/30; Öl/Lw., 146 x 254 cm; Wien, Kunsthistorisches Museum.

Seite 140: »Simson und die Säule im Haus der Philister«, um 1300; Glasmalerei; Bad Wimpfen.

Seite 141: »Josef und die Frau des Potifar/ Die Verleumdung vor Potifar« in der Wenzelsbibel.

Seite 142: Tintoretto (1518-1594), »Josef und sie Frau des Potifar«, um 1550.

Seite 143 links: Meister der Josefslegende, »Josef und die Frau des Potifar«, tätig um 1490/1500, vermutlich in Brüssel; Öl auf Holz, Rundbild, Durchmesser 57 cm; München, Alte Pinakothek.

Das Gemälde ist eines von sechs erhaltenen Rundbildern mit Szenen aus dem Leben des Patriarchen Josef (Berlin, Gemäldegalerie; München, Alte Pinakothek und New York, Metropolitan Museum of Art). Weder der ursprüngliche Umfang des Zyklus noch der Verwendungszweck sind überliefert. Als Zyklus stehen die Rundbilder in der Tradition von Bilderzählungen über Josef als einem Vorläufer Jesu. Daneben diente Josef zunehmend als Vorbild für den idealen Herrscher.

Seite 143 rechts: »Beschuldigung Josefs« in einer Bible moralisée, um 1300.

Seite 144 links: Johann Peter Abesch, »Josef und die Frau des Potifar«, 1725; Hinterglasbild; Beromünster, Haus zum Dolder, Stiftung Dr. Edmund Müller.
Johann Peter Abesch war im Hauptberuf Geistlicher. Sein Bild sollte als Warnung vor Ehebruch dienen.

Seite 144 rechts: Rembrandt (1606-1669), »Josef und die Frau des Potifar«, Amsterdam 1634; Radierung; Haarlem. Teyler's Museum.

Seite 145: Carlo Graf Cignani (1628-1719), »Josef und die Frau des Potifar«, um 1700.

Seite 146: »Josef und die Frau des Potifar/ Die Verleumdung vor Potifar« in einer Prachthandschrift der Weltchronik des Rudolf von Ems.

Seite 147: Emil Wachter (geb. 1921), »Abraham«, 1982; Aquarell.

Seite 148: Rembrandt (1606-1669), »Die Verstoßung Hagars«, Amsterdam 1637; Radierung, 12,6 x 9,6 cm; Berlin, SMPK, Kupferstichkabinett.

Seite 149: Adriaen van der Werft (1659-1722), »Die Verstoßung Hagars«, um 1700.

Seite 150: »Sara verstößt Hagar/Ein Engel weist Hagar den Weg zu einer Quelle« in einer Prachthandschrift der Weltchronik des Rudolf von Ems.

Seite 151: Pietro Berrettini da Cortona (1596-1669), »Die Rückkehr der Hagar«, um 1630.

Seite 152: »Mose verteidigt Zippora und ihre Schwestern am Brunnen gegen die Hirten« in der Wenzelsbibel, Prag um 1400.

Seite 153: »Mose und seine Familie auf dem Weg nach Ägypten« in der Wenzelsbibel, Nr. 145.

Seite 154: »Das Wiedersehen von Mose und Zippora« in einer Biblia figurata, 15. Jahrhundert.

Seite 155: »Berufung des Mose am brennenden Dornbusch/ Mose und seine Familie begegnen Aaron/Mose und Aaron vor den Ältesten/Mose und Aaron vor dem Pharao« in der Goldenen Haggada, Katalonien um 1320/30; London, British Library, Add. Ms. 27210, fol. 10v.
Seite 156: Emil Wachter (geb. 1921),, »Mose« und »Zippora« in »Paare der Bibel. Gesichter und Geschichten, gesehen und erzählt von Emil Wachter«, Stuttgart 1978.

Seite 157: »Josef wird von seinen Brüdern den midianitischen Händlern verkauft/ Josefs Verleumdung durch die Frau des Potifar und Gefangenschaft« in der Kreuzritterbibel, fol. 5r.

Seite 158: Rembrandt (1606-1669), »Jakob segnet Josefs Söhne«, Amsterdam 1656; Öl/Lw., 175,5 x 210,5 cm; Kassel. Gemäldegalerie.
Es handelt sich wohl um ein Familienbildnis mit »portraits historiés« der Familienmitglieder als Jakob, Josef und Asenat.

Seite 161: Emil Wachter (geb. 1921), »Isaak und Rebekka«; Aquarell.

Seite 162: Jean Bourdichon (1457-1521), »Ijob und seine Freunde« im Stundenbuch aus Tours, fol. 88v.

Seite 163: »Ijob nach seiner Rechtfertigung« in den Rothschild-Miszellaneen (hebräischen Sammelhandschrift). Norditalien um 1450/75; Deckfarben auf Pergament, 21 x 16 cm; Jerusalem, Israel Museum, Ms. 180/51.

Seite 164: »Die Geschichte von Ijob« in der Gumbertusbibel, fol. 247v.
Die Beschädigung der Figur des Satans ist kein Zufall. Vielmehr handelt es sich um eine mutwillige »Attacke«, um die selbst im Bild wirksame Bedrohung durch das Böse abzuwehren.

Seite 166: Albrecht Dürer (1471-1528), »Ijob wird von seiner Frau mit Wasser übergossen« (Fragment des Jabach-Altars, ehemalige Außenseite des linken Flügels), Nürnberg um 1503/05; Öl auf Lindenholz, 96 x 51 cm; Frankfurt, Städelsches Kunstinstitut.
Dem Vorgang schauen zwei Musiker, »Pfeifer und Trommler«, auf der ehemaligen rechten Außenseite des Altars (Köln, Wallraf-Richartz-Museum) distanziert zu. Der Vergleich mit zeitgenössischen medizinischen Darstellungen lässt die Vermutung zu, dass Ijobs Frau ihrem kranken Mann Wasser zur Linderung seiner Leiden übergießt. Doch diese »therapeutische« Deutung tritt hinter ihrem Ausdruck der Verachtung und ihrem schwungvollen Vorgehen zurück.

Seite 167: »Allegorie der Weisheit« in der Gumbertusbibel, fol. 146v.

Seite 168: »Das Letzte Abendmahl«, 1652; Malerei auf Holz; Gol (Norwegen), Stabkirche.

Seite 169: Tizian (um 1490-1576), »Der Auferstandenen mit Maria aus Magdala (Noli me tangere»), Venedig um 1510; Öl auf Holz, 109 x 97 cm; London, National Gallery.

Seite 170: Michelangelo (1475-1564), »Jesus und die Samariterin am Jakobsbrunnen«, 1530.

Seite 171 links: »Abschied des Auferstandenen von Maria« in einem Passional, Böhmen um 1320; Prag, Universitätsbibliothek, Cod. XIV A 17, fol. 16r.
Der Codex entstand im Auftrag von Kunigunde, Tochter Ottokars II., von 1314 bis zu ihrem Tod 1321 Äbtissin des Benediktinerinnenklosters St. Georg in Prag.

Seite 171 rechts: »Tobit tröstet Gefangene« in der Urbino Bibel (Detail aus Abb. S. 115).

Seite 172: Max Beckmann (1884-1950), »Jesus und die Ehebrecherin«, Frankfurt 1917; Öl/Lw., 150 x 128 cm; St. Louis, Art Museum.

Seite 173 links: Palma Vecchio (um 1480-1528), »Jakob und Rahel« (Ausschnitt), Venedig um 1520/25; Öl/Lw., 146,5 x 250,5 cm; Dresden, Gemäldegalerie Alte Meister.

Seite 173 rechts: Ernst Ludwig Kirchner (1880-1938), »Triumph der Liebe«, Dresden 1909; Holzschnitt.

Seite 174: Michelangelo (1475-1564), »Der Weltenrichter«, Ausschnitt aus dem Jüngsten Gericht«, 1536-41; Fresko; Rom, Sixtinische Kapelle.

Seite 175: Rembrandt (1606-1669), »Batseba«, Ausschnitt aus »Batseba mit Davids Brief« (Abb. S. 85).

Seite 177: »Adam und Eva vor Gott«; Detail des Deckengemäldes der Stabkirche von Al im Hallingdal; Oslo, Historische Sammlung der Universität (Kopie in Al).

Seite 178 links: »Adam und Eva nach dem Sündenfall« am Sarkophag des Junius Bassus (gest. 359); Marmor; Rom, Grotten der Peterskirche.

Seite 178 rechts: Hieronymus Bosch (um 1450-1516), »Der Garten von Eden«, linker Flügel des Triptychons mit der Mitteltafel »Der Garten der Lüste« (Abb. S. 12); Öl auf Holz, 220 v 97 cm; Madrid, Museo del Prado.

Seite 181: Emil Wachter (geb. 1921), »Abraham und Sara«, 1978; Aquarell.

DIE AUTOREN

HERBERT HAAG, 1915 in Zürich geboren, studierte Philosophie, Theologie und Orientalistik in Rom (Lic. phil.), Paris (Lic. theol.), Fribourg/Schweiz (Dr. theol.), Jerusalem, Leiden und Boston. 1948-1960 war er Professor für Altes Testament an der Hochschule Luzern, 1960-1980 an der Kath.-Theol. Fakultät der Universität Tübingen. Er lebte in Luzern, wo er am 23. 8. 2001 verstarb. Von seinen zahlreichen Veröffentlichungen zu Welt und Umwelt der Bibel sowie zu Gegenwart und Zukunft der Katholischen Kirche, davon einige zusammen mit Katharina Elliger, erschien zuletzt: »Wenn er mich doch küsste – Das Hohelied der Liebe«, (mit Katharina Elliger), 1994 u.1995; »Am Morgen der Zeit«, 1995; »Worauf es ankommt«, 1997; »Zur Liebe befreit«, 1998; »Nur wer sich ändert, bleibt sich treu«, 2000.

KATHARINA ELLIGER, 1929 in Oberschlesien geboren, studierte Deutsch, Latein und Theologie. Als Gymnasiallehrerin arbeitete sie zunächst in Münster, ab 1962 in Tübingen. Sie lebt heute in Tübingen, ist in der Erwachsenenbildung tätig sowie als theologische Schriftstellerin, häufig in Zusammenarbeit mit Herbert Haag. Zu ihren zahlreichen Veröffentlichungen gehören neben Artikeln, Aufsätzen und Buchbeiträgen: »Wenn er mich doch küsste – Das hohe Lied der Liebe«, (mit Herbert Haag und 20 Holzschnitten von Robert Wyss), 1994 u. 1995; Katharina Elliger, »Paare in der Bibel – was damals alles möglich war«, 1996.

MARIANNE GROHMANN, 1969 in Wien geboren, studierte evangelische Theologie und Germanistik in Wien und Berlin. Nach Studienaufenthalten an der Hebräischen Universität Jerusalem 1992/93 und 1995/96 wurde sie Assistentin am Institut für Systematische Theologie in Wien und promovierte 1999. Sie lebt in Wien. Zu ihren Veröffentlichungen gehören die Beiträge: »Sara und Hagar. Anfragen an die Exegese von Gal 4,21-31 von der Wirkungsgeschichte her, in: Protokolle zur Bibel 7, 1998, S. 53-74; »Die Erzmütter: Sara und Hagar, Rebekka, Rahel«, in: Markus Öhler (Hg.), »Alttestamentliche Gestalten im Neuen Testament. Beiträge zur Biblischen Theologie«, 1999, S. 97-116; als Buch erschien »Aneignung der Schrift. Wege einer christli chen Rezeption jüdischer Hermeneutik«, 2000.

HELEN SCHÜNGEL-STRAUMANN, 1940 in St. Gallen geboren und in fünf Schweizer Kantonen aufgewachsen, studierte nach Abschluss des Züricher Abendgymnasiums Theologie in Tübingen, Paris und Bonn und promovierte 1969 im Fach Altes Testament an der Katholisch-Theologischen Fakultät der Universität Bonn. Nach ihrer Lehrtätigkeit an verschiedenen Schulen, darunter 1971-1987 die Pädagogische Hochschule Rheinland für Köln und Bonn, wurde sie 1987 Professorin für Biblische Theologie an der Universität Gesamthochschule Kassel. Helen Schüngel-Straumann lebt in Kassel und Graubünden. Ihre Tätigkeit begleiteten zahlreiche Veröffentlichungen in den Fächern Altes Testament, Biblische Ethik und Feministische Theologie. Zuletzt erschien das Buch »Die Frau am Anfang – Eva und die Folgen«, 1999.

DOROTHEE SÖLLE, 1929 in Köln geboren, studierte klassische Philologie und Philosophie, danach Theologie und Germanistik. 1969 erreichte sie eine breite Öffentlichkeit durch den von ihr und F. Steffensky 1969 gegründeten Arbeitskreis »Politisches Nachtgebet«. Nach ihrer Habilitation 1972 war sie, nach dem ihr eine Professur in Deutschland verwehrt blieb, als Nachfolgerin von Paul Tillich 1975-1987 Professorin am Union Theological Seminary in New York. Als Buchautorin und Lyrikerin und als engagierte Vertreterin der Friedensbewegung erwarb sie internationale Anerkennung, Heute lebt sie als freie Schriftstellerin in Hamburg. Zu ihren neueren Veröffentlichungen gehören: »Es muss doch mehr als alles geben. Nachdenken über Gott«, 1992; »Mutanfälle. Texte zum Nachdenken«, 1993; »Große Frauen der Bibel«, 1993; »Gegenwind. Erinnerungen«, 1995; »Maria – Kunst, Brauchtum und Religion in Bild und Text«, 1997; »Den Rhythmus des Lebens spüren. Inspirierter Alltag«, 2001.

CHRISTOPH WETZEL, 1944 in Bautzen geboren, studierte Kunst und Kunstgeschichte, Germanistik und Geschichte an den Akademien bzw. Universitäten Stuttgart, München, Wien und Konstanz. Nach seiner Tätigkeit als Gymnasiallehrer in Rottweil wurde er 1976 Verlagslektor sowie Autor literatur-, religions- und kunstgeschichtlicher Sachbücher. Seine Kenntnis religiöser Kunst eröffnete ihm die Möglichkeit der Bebilderung mehrerer Bibelausgaben, darunter: »Die Bibel. Die Stuttgarter Bibel der Buchmalerei«, 1996, und »Die große Bibel der Moderne«, 1999, sowie »Die Lutherbibel. Mit Meisterwerken aus dem Zeitalter der Reformation«, 2000. Zuletzt erschienen von ihm: »Jesus – 2000 Jahre Glaubens- und Kulturgeschichte« (mit weiteren Autoren), 1999; »Das Reclam Buch der Kunst«, 2001.

PERSONENREGISTER

Aaron 154
Abel 31
Abesch, Johann Peter 92, 144
Abigajil 27, 75-81, 96
Abimelech 43f., 48f.
Abischag 87
Abital 75, 81
Abner 74
Abraham 39-45, 47, 49, 87, 89, 147-152
Abschalom 14, 75, 81, 125, 128
Achschwerosch siehe Artaxerxes
Adam 5, 8, 10f., 28-37, 87, 119, 178f.
Adonija 75, 81
Adonis 142
Adriël 72
Ahab 88-91
Ahasja 89
Ahinoam 75, 80f.
Allori, Cristofano 132
Amnon 75, 81, 120-128, 141f., 144
Angelus Silesius 174
Anna 15
Apollonio de Giovanni 106f.
Artaxerxes (Achschwerosch, Xerxes I.) 92-97
Ascher 52, 57
Aschera 89
Asenat 157-160
Aschmodai 114, 116
Atalja 89
Augustinus 23, 31, 37, 98

Baal 88f.
Bach, Johann Sebastian 106
Baglione, Giovanni 16
Batseba 14, 27, 58, 82-87, 102, 158, 174
Beckmann, Max 172
Benjamin 57
Berdjajew, Nicolai 174
Berry, Duc de, Jean de France 4, 62
Betuël 47
Bilha 26f., 51f., 120, 147
Boas 14, 17, 27, 62-67
Bosch, Hieronymus 12, 31, 178
Botticelli, Sandro 102
Bourdichon, Jean de 86, 162
Brueghel, Jan d.Ä. 33
Buber, Martin 70, 172, 174
Burgkmair, Hans 95

Cäcilie, hl. 23
Castiglione, Giovanni Benedetto 57
Chagall, Marc 7, 71
Chassériau, Théodore 92
Christus siehe Jesus
Cignani, Carlo Graf 144
Clović (Clovio), Giulio 2, 97
Cortona, Pietro Berrettini da 150
anach, Lucas d.Ä. 80, 131
Cupido 144

Dan 52, 57
Dante Alighieri 143
David 14, 26f., 61f., 65, 67-87, 102, 109, 124-129, 131, 135, 141, 146, 158, 174
Debora 96, 134
Delila 27, 135-140, 146
Dina 54, 120-123, 125, 129
Donatello 134
Dürer, Albrecht 2f., 32, 34, 166
Dyck, Anthonis van 139

Edna 116, 118
Efraim 159
Egla 75, 81
Eliab 71
Elieser 47f., 152, 154
Elija 88-90, 179
Elimelech 62, 66
Elkana 18
Er 58
Eros 16f.
Esau 27, 48, 50f., 55, 57, 61, 73, 75, 159
Esra 67, 156
Ester 14, 26, 92-97
Etbaal 88
Eva 5, 10f., 28-37, 87, 119, 146, 166, 178f.

Freud, Sigmund 15-17
Füger, Heinrich F. 14

Gad 52, 57
Gerschom 152-154
Giotto 15
Goes, Hugo van der 34, 52, 78
Goethe, Johann Wolfgang 98f.
Goliat 61, 71, 129, 132
Gustavsson, Ake 104

Hagar 18, 42, 45, 47, 147-151
Haggit 81
Haile Selassie I. 110
Haman 94-97
Hamor 121
Hanna 18, 96, 114
Hawwah 35
Hebräer 11
Herakles 135
Herodes 73
Hesiod 16
Histami, Bayazid 180
Holofernes 5, 27, 123, 129-134, 140f.
Hongrie, Marie de 110
Hulda 96

Ijob 162-166
Isaak 39, 42-45, 47-50, 54, 57, 89, 147, 149, 151f., 160
Isai 65, 71f., 76
Isebel 88-91
Ismael 45, 148f., 151
Israel siehe Jakob
Issachar 54, 57
Ijob 27

Jaël 134
Jahwe 11f., 58, 60, 98, 104, 123, 147, 148, 153f., 158, 165
Jakob 20, 26f., 39, 48-57, 61, 73, 75, 89, 120-122, 125, 141, 146f., 152f., 158f., 173
Jakobus 20
Jedidja 87
Jehu 91
Jesaja 68
Jeremia 106
Jesus 14, 19f., 22-25, 58, 61, 67f., 75, 87, 98, 110, 113, 135, 143, 153f., 168, 170, 171f., 172, 174
Jezhak von Aksam 113
Jiftach 120
Jitream 75, 81
Jitro (Reguel) 152-154, 156
Joab 82, 84
Joachim 15
Johanna 22
Johannes 19, 22, 170
Johannes der Täufer 24
Jona 110
Jonadab 125f., 128
Joram 89
Joschafat 89
Joses 20
Josef 14, 26, 28, 57, 60, 141-146, 152, 156-160
Josef, hl. 20, 22
Juda 20, 52, 57-61, 116, 122
Judit 5, 14, 26f., 123, 129-134, 140

Kain 31, 35
Karl V. von Frankreich 110
Ketura 45
Kilab 75, 81

Kiljon 66
Kirchner, Ernst Ludwig 173
Kleukens, Friedrich Wilhelm 98
Klimt, Gustav 5, 98

Laban 26, 47, 51-55, 57
Lastman, Pieter 118
Lazarus 22, 170
Lea 18, 26f., 51-57, 120-123, 147, 160
Levi 52, 57, 121-123
Levinas, Emmanuel 176
Lippi, Filippino 96
Lilit 60, 110
Lot 40
Lukas 20, 154
Luther, Martin 98, 113

Maacha 75, 81, 125
Machlon 66
Manasse 159
Mann, Thomas 60, 141, 160
Manoach 135
Mara 67
Maria 20, 22, 98, 100, 148, 170f.
Maria aus Magdala (Maria Magdalena) 22-24, 168
Maria von Betanien 22
Markus 20
Marta von Betanien 22, 170
Matthäus 20, 65, 87, 110, 153
Medici, de' 134
Meister der Josefslegende 143
Meister Eckart 173
Melchisedek 68
Memling, Hans 82
Menelik 113
Merab 71f.
Meyer, Johann Creszenz 94
Michael, Erzengel 35
Michal 27, 71-75
Michelangelo Buonarroti 10f., 36f., 170, 174
Milka 47
Milton, John 35
Mirjam 96, 134
Montmorency, Anne de 76
Mordechai 92, 94-97
Mose 18, 152-156, 158, 174, 179
Mozart, Wolfgang Amadeus 160
Murillo, Bartolomé Estéban 48, 55

Nabal 76, 78-81
Nabot 88-90
Naftali 52, 57
Nahor 47
Natan 82, 86f.
Nebukadnezzar 108, 129, 132
Nehemia 67, 156
Noach 31
Noomi 14, 62, 65-67

Obed 65, 67
Oberrheinischer Meister 100
Omri 88
On 157, 159f.
Onan 58f.
Orpa 62

Pacher, Michael 19
Palma Vecchio 173

Paltiël (Palti) 73f., 80
Parmenides 16
Paulus 24f., 42, 44, 151, 172, 176, 179f.
Peninna 18
Perez 61
Petrarca, Francesco 173
Petrus 23
Pilatus 143
Platon 16
Potifar 141-146, 160
Potifera 157, 159
Poynter, Edward 108

Rafael, Erzengel 114, 116, 119
Raffael (Raffaello Santi) 20, 23
Raguël 114, 116, 118
Rahab 58, 65, 87
Rahel 14, 18, 26, 51-57, 120, 147, 152, 160, 173
Rebekka 14, 26, 47-51, 62, 75, 147, 152, 160
Reguel siehe Jitro
Rehabeam 109
Rembrandt, Harmensz. van Rijn 45, 48, 85, 118, 144, 148, 158f., 174
Ruben 51f., 57, 122, 159
Rubens, Peter Paul 24, 33, 139
Rudolf von Ems 146, 150
Rut 17, 26f., 58, 62-67, 87, 158

Saba, Königin von 2, 105-113
Saint-Saëns, Camille 135
Salmanassar 114
Salmon 65
Salomo 2, 65, 87, 100, 105-113, 126, 158
Samuel 73-75, 81-84, 87, 120f., 124-126, 128
Sara 14, 18, 26, 39-45, 47, 49, 52, 60, 96, 114-119, 147f., 150, 160, 180
Saul 71-76, 80, 135
Schefatja 75, 81
Schela 61
Schima 125
Schottroff, Luise 170
Sebulon 54, 57
Serach 61
Sichem 120-123, 129
Silpa 26f., 51f., 120, 147
Simeon 52, 57, 121-123, 159
Simon 20, 22
Simson 27, 107, 113, 135-141, 146
Sinon 143
Sisera 134
Steen, Jan 117, 127
Stoffels, Hendrikje 85
Strozzi, Bernardo 87
Susanna 87

Tamar 58-61, 87, 116, 120, 122-128, 141f., 144
Teresa von Avila, hl. 176
Thich Nhat Hanh 176
Tintoretto 22, 132, 142
Tizian 17, 168
Tobias 26, 60, 114-119, 158
Tobit 114, 116, 118f., 171

Urija 65, 82, 84, 86f., 158

Vaccaro, Andrea 46, 47
Venus 142
Vernet, Horace 61

Wachter, Emil 102, 124, 147, 156, 160, 180
Waschti 92
Werft, Adriaen van der 148
Wyss, Robert 103, 191

Xerxes I. siehe Artaxerxes

Zippora 152-156, 158

BILDNACHWEIS

Der Verlag dankt allen Archiven, Bibliotheken, Fotografen, Museen und Sammlern für Ihre Unterstützung bei der Erarbeitung des Bildprogramms durch die entgegenkommende Bereitstellung von Bildvorlagen.

Besonderer Dank gilt dem Präfekten der Biblioteca Apostolica Vaticana, Don Raffaele Farina, und dem Vaticana-Archiv des Belser Verlages in Stuttgart für Abbildungen u.a. aus den Faksimile-Editionen der Stundenbücher aus Rouen, von Jean Bourdichon und der Biblia Pauperum aus der Palatina;

Herrn Dr. Manfred Kramer und dem Faksimile Verlag Luzern für die Erlaubnis für Abbildungen aus den Faksimile-Editionen Die Kreuzritterbibel (1998), Biblia Pauperum (1993), Très Riches Heures (1984), Die Ottheinrich-Bibel (in Vorbereitung), Les Heures de Turin-Milan (1994), Die Weltchronik des Rudolf von Ems (1982);

sowie Herrn Mag. Alexander Wilhelm und der Akademischen Druck- und Verlagsanstalt, Graz für die Erlaubnis für Abbildungen aus den Faksimile-Editionen des Farnese-Stundenbuches (2000) und der Wenzelsbibel (1981 – 91).

DAS HOHELIED
Holzschnitt von Robert Wyss

Trotz intensiver Recherchearbeiten konnte für einige Abbildungen der Verbleib der Urheberrechte nicht eindeutig geklärt werden, wofür wir um Verständnis bitten.

Akademische Druck- und Verlagsanstalt, Graz 2, 25, 40, 47, 50 (2), 51, 54, 59, 67, 88, 89, 97, 105, 121, 125, 128, 135, 141, 152, 153
Archiv EMB, Luzern 10, 11, 12, 14, 32, 36, 37, 39, 46, 53, 55, 57, 58, 63, 80, 87, 92, 96, 106/107, 130, 132, 133, 134, 140, 149, 151, 173 (l), 174
Archiv für Kunst und Geschichte, Berlin 17, 61, 155, 167
Archiv Christoph Wetzel 3, 34 (l), 35, 71, 98
Art Gallery of New South Wales, Sydney (Foto: Ray Woodbury) 108/109
Artothek, Peissenberg 17, 24, 33, 95, 100 (r), 127, 143, 166
Atlantis Verlag, Zürich 44, 65

Bentschev Ivan, Bonn 38
Biblioteca Apostolica Vaticana, Vatikanstadt (Fotos: Belser-Studio im Vatikan, Federico Sardella) 21, 29, 41, 56, 62, 66, 69, 73, 84, 86 (l), 99/91, 115, 119, 162, 171 (r)
Bildarchiv Preussischer Kulturbesitz, Berlin (Fotos: Hans-Jörg Anders) 16, 74

Faksimile Verlag, Luzern 4, 8, 9, 15 (r), 26, 27, 64, 72, 81, 86 (r), 112, 131, 137, 146, 150, 157
Freiburger Münsterbauverein, Freiburg (Foto: Vieser) 43

Gemäldegalerie, Kassel (Foto: Brunzel) 158
Giraudon Bridgeman, Paris 70 (r), 76, 77
Gustavsson Åke, Göteborg 104

Herzog Anton Ulrich-Museum, Braunschweig (Foto: Keiser) 117

Kunsthistorisches Museum, Wien 139

Maertens Hugo, Brügge 12 (m + r), 78/79
Mauritshuis, Den Haag 34 (r)
Mercatorfonds, Antwerpen 52, 138, 148, 154
Motovun Book, Luzern 18, 19, 20, 22, 23, 24 (l), 28, 70 (l), 75 (r), 100 (l), 108 (l), 109 (r), 110, 113, 144 (r), 163, 171 (l), 172, 173 (r)
Musee de la Banque Nationale de Belgique 111
Musei Civici Veneziani 5
Musei Civicia, Padova 15 (l)
Museo del Prado 12 (l), 13, 31, 48, 68, 142, 178 (r)

National Galleries of Scotland, Edinburgh 118
National Gallery, London 169

Österreichische Galerie Belvedere, Wien 99

Privatsammlung (Foto: Courtesy of Sotheby's, London) 170

Rijksmuseum-Stichting, Amsterdam 49
RMN, Paris (Foto: Gérard Blot) 6, 85, 175

Sächsische Landesbibliothek, Dresden 145
Sakuma Yasuo, Tokio 168, 177
Schlensog Stephan, Tübingen 75 (l)
Staatliches Museum, Schwerin (Foto: Walford) 129
Staatsgalerie, Stuttgart 82, 83
Stiftung Dr. Edmund Müller, Beromünster 93, 94, 144 (l)
Stiftung Leonard v. Matt, Stans 42, 178 (l)

Universitätsbibliothek, Erlangen 164, 167

Wachter Emil, Karlsruhe 102, 124 (2), 147, 156 (2), 161, 181
Wyss Robert, Adligenswil/Luzern 103

Zentralbibliothek, Luzern 45, 143